토기장이

"우리는 진흙이요 주는 토기장이시니
우리는 다 주의 손으로 지으신 것이라"(이사야 64:8)

산상수훈, 삶으로 읽다

한기채 지음

산상수훈, 삶으로 읽다

한기채 지음

토기장이

들어가는글

이 땅에서부터 천국 살기

사람들은 대체로 설교 듣는 것을 싫어한다. 설교자가 우월한 입장에서 명령하고 지적하여 듣는 우리를 주눅 들게 한다는 선입견 때문이다. 심지어 무슨 조언을 하려고 하면 "설교하지 마!"라고 응수한다. 그런데도 설교를 해야만 하는 목사들의 처지는 얼마나 딱한가? 그래서 종종 나는 "설교하겠다"고 하지 않고 "증언하겠다" 내지는 "이야기 한 자락 하겠다"고 한다. 그런데 사람들은 간증이나 이야기는 또 해달라고 한다. 즉 앙코르를 받는다.

세상이 이러하니 아무리 예수님의 설교라도 산상수훈을 부담스러워 하여 회피하는 경우도 많이 보았다. 예수님의 비유나 이적, 행적 이야기는 얼마나 재미있고 흥미로운가? 하지만 다시 한 번 생각해 보면, 산상수훈은 우리에게 수많은 영감을 주고, 우리가 얼마나 소중한 존재이며, 얼마나 위대한 가능성을 가지고 있는지, 얼마나 큰 복을 받았는지를 깨닫게 하는 말씀이다. 예수님은 듣는 자들을 축복하셨고, 그들을 지극히 높여 불러 주셨고, 하늘나라의 시민으로 대우하셨다. 이 말씀을 듣노라면 인간과 자연 만물을 만드신 하나님의 놀라운 솜씨와 섭리를 찬양하게 된다.

마태복음 5장부터 7장까지는 산상설교(山上說敎) 혹은 산상수훈(山上垂訓)이라 불린다. 이는 예수님께서 직접 하신 말씀 모음집이며, 영원히 변치 않을 보석 같은 말씀들이다. 위대한 기독교 윤리학자이면서 설교자인 헬무트 틸리케와 디트리히 본회퍼가 산상수훈에 대한 책을 쓴 것처럼, 기독교윤리학을 전공한 나도 언젠가 예수님 가르침의 골갱이가 들어 있는 산상수훈에 대한 책을 쓰는 것을 오랫동안 소망했다. 이제야 기회를 얻어 23개 장에 걸쳐 예수님의 주옥같은 말씀을 하나씩 묵상하려고 한다. 맑고 깊고 오묘한 '진리의 우물'에서 '오늘, 여기'를 살아가는 우리에게 '생명의 물'을 주실 것을 고대한다.

산상수훈은 마태복음을 여는 열쇠가 되는 중요한 말씀일 뿐 아니라, 구약의 율법과 복음서와 서신 전체를 보는 안목을 열어준다. 우선 예수님은 구약의 율법을 잘 알고 있는 유대인들에게 말씀하신다. 구약과 신약, 율법과 복음의 관계성을 이어가며 심화시킨다. 사도들의 서신도 산상수훈에 기초한 말씀들이며 그 해석이라고 볼 수 있다. 모든 성경 말씀이 다 하나님의 말씀으로 소중하게 다루어져야 하지만, 선지자들의 증언과 사도들의 증언은 '예수님이 직접 하신 말씀과 행동'과는 분명한 구분이 있다. 그래서 바울은 '주께 받은' 말씀과 '내 의견'을 구분해서 말한 적도 있다 (고전 7:25). 산상수훈은 예수님께서 직접 하신 말씀으로 단연 성경 최고의 권위를 지닌다. 그러므로 예수님도 율법이나 전통에 대해서 "너희는 이렇게 들었으나" "나는 너희에게 말한다"라고 분명하게 대조해서 말씀하셨다. 산상수훈은 다른 말씀들을 여는 열쇠라고 말할 수 있다. "성경으로 성경을 해석하라"고 했을 때, 산상수훈의 정신을 따라 다른 말씀들을 해석해야 한다. 그래서 무엇보다 먼저 산상수훈을 전체적으로 자세하게 살펴보는 것이 중요하다.

왜 신앙생활을 해도 삶이 바뀌지 않는가? 신앙대로 살지 못하는 것이 우리의 문제다. 이는 신앙생활을 산상수훈으로부터 시작하지 않았기 때문이다. 얼마든지 순간적으로 회개하고 예수님을 주님으로 영접함으로 구원받은 하나님의 자녀가 될 수 있다. 그러나 당장 죽거나, 아니면 죽어서 하늘나라에 갈 때까지 마냥 기다릴 수 없다. 이 땅에서부터 하나님의 자녀로 하늘나라를 앞당겨 살아야 한다. 산상수훈은 우리를 이미 천국 시민으로 대우하며 이 땅에서 그렇게 살아가는 방법을 안내하고 있다. 장래 천국에 들어갈 뿐 아니라, 현재 마음과 삶에 천국을 이루게 하는 것이다. 산상수훈은 천국 생활에 대한 기초 가이드다. 그래서 때로는 실천 불가능한 이상적인 내용이 나오기도 한다. 그만큼 복음은 불가능한 것을 가능하게 하는 능력이다. 우리는 죄 많은 세상에서 불완전한 존재로 살고 있지만, 예수님은 우리에게 실망하지 않으시고 원수까지도 사랑하며 완전한 삶을 살 수 있는 은혜의 삶을 소망하신다. 이 땅에서 천국을 보게 하신다. 이것이 '불가능한 가능성'(impossible possibility)이다.

산상수훈에는 기독교 세계관과 가치체계가 오롯이 담겨 있다. 예수님은 세상을 살아가는 '더 좋은 길', '더 나은 방법'을 가르치신다. 산상수훈을 다시 깊이 묵상하면서 하나님이 우리를 이렇게까지 존귀하게 여기신다는 것에 감동을 받았다. 이러한 감동이 책을 읽는 분들에게 그대로 전달되었으면 좋겠다. 또한 이 책이 새로운 영감을 불어넣는 도구가 되었으면 좋겠다. 이 일에 협력하신 중앙교회 성도들, 원고 정리를 도와준 동역자 김재명 목사님, 정성스럽게 책으로 만들어 준 조애신 대표와 토기장이 사역자들에게 깊은 감사를 드린다.

중앙성결교회 목사 서재에서
한기채

차례

들어가는 글

1 제발 좀 다르게 살라	• 10
2 세상에 이런 복도 있나?	• 22
3 울고 있나요?	• 37
4 애통은 온유를 낳고	• 53
5 아! 복된 갈망이여	• 70
6 우리의 긍휼은 하나님의 긍휼을 부른다	• 86
7 맑은 마음에 하나님이 비친다	• 101
8 평화를 이끌어 내는 사람들	• 117
9 아주 특별한 복	• 134
10 맛나고 빛나게 살라	• 149
11 더 나은 의	• 163
12 예물보다 먼저 화목	• 176

13 마음의 간음	• 192
14 옳다 옳다, 아니라 아니라	• 208
15 왕십리 정신	• 222
16 너희도 온전하라	• 238
17 아버지의 상을 받으라	• 252
18 이렇게 기도하라	• 267
19 무엇을 먼저 구할까?	• 283
20 눈의 티를 빼주는 법	• 298
21 좋은 것으로 주심	• 312
22 좁은 문, 좁은 길	• 325
23 무너지지 않는 삶	• 341

1
제발 좀 다르게 살라

> 예수께서 무리를 보시고 산에 올라가 앉으시니 제자들이 나아온지라 입을 열어 가르쳐 이르시되 마 5:1-2

마태복음 5장 1절과 2절은 산상설교를 하시기 위한 준비다. "예수께서 무리를 보시고 산에 올라가 앉으시니 제자들이 나아온지라"(마 5:1). 예수님은 모세와 대비된다. 출애굽기 20장부터 24장에는 모세가 시내 산에 혼자 올라 하나님과 언약을 맺고, 율법의 두 돌판을 받아 내려오는 광경이 그려진다. 반면 예수님은 제자들과 함께 소위 '팔복산'에 올라 새 언약을 세우시며, 하나님의 종말 백성의 '복된 삶의 지침'을 알려 주신다. 모세를 통해 주신 율법도 하나님의 선물이지만, 범죄한 인류에게는 정죄밖에 가져올 것이 없다는 점에서 두려움 가운데 주어졌다.

하지만 예수님이 주신 산상수훈은 은혜 가운데 복음으로서 주어진 것이다. 하나님께서 모세에게 말씀하신 것처럼, 예수님은 제자들에게 하나님으로서의 권위를 가지시고 산상수훈을 주신다. 이 산상수훈은 참된 행복과 의로움에 이르는 길을 보여 준다. 예수님은 자기의 십자가 희생으로 말미암아 우리가 더 이상 율법 아래 있지 않고 은혜 아래 있음을 알려 주시며, 율법의 완성을 요청하시면서 또한 가능하게 하신다. 이것이 산상수훈이다.

솔직히 산상설교는 모세 율법보다 훨씬 실천하기 어렵다. 좁은 길이다. 그러나 예수님이 함께하시면 쉽고 가볍다(마 11:30 참조). 어디 산상설교뿐이겠는가! 복음도 위험하다. 코로나19를 경험하면서 예배도 위험하다, 기도도 위험하다는 것을 실감한다. 선한 것 치고 쉬운 것이 없다. 하나님은 진리와 믿음 안에서 우리에게 '모든 것'을 요구하신다. 우리를 위해 모든 것을 쏟아 부으신 하나님이 우리에게도 모든 것을 원하신다. 이제 우리에게 유보된 것은 아무것도 없이, 전부 하나님의 것이 되었다. 산상수훈이 어렵지만 어찌하겠는가! 기독교인으로서, 하나님의 구원받은 백성으로서, 하나님의 사랑받는 자녀로서 반드시 걸어가야 할 길이다.

산상수훈은 라인홀드 니버가 말한 것처럼 '불가능한 가능성' (impossible possibility)이다. 인간의 죄의 실상 때문에 불가능하지만(impossible), 하나님의 은혜로 가능하다(possible). 기적이 일어나기를 바라고 믿음으로 나갈 뿐이다. 주님께서 도와주실 것이다. 하나님이 우리에게 요구하신 것은 반드시 성취할 수 있도록 하나님께서 이끄신다.

산상수훈은 원래 '어디에서' '누구에게' 주어졌는가? 예수님께서 "산"(오로스)에 오르셨다. '오로스'(산)는 언덕에 가깝다. 갈릴리 호수 인근에는 그다지 높은 산은 없고 거의 언덕이다. 마태는 구약을 체결한 '모세의 시내 산'과 대비하여 종말론적 새 언약을 상징하도록 '산'으로 묘사했다. 물리적인 산의 높이가 무엇이 중요하겠는가! 하나님의 아들이요, 하나님에 의해 보내심을 받은 예수님은 언제 어디서나 하나님과 함께하셨고, 아버지의 뜻을 받아 우리에게 계시하셨다. 산상수훈은 성자 예수님을 통한 성부의 뜻이다. 일반적으로 '산에 오르는 것'은 하나님께 가까이 즉 하나님의 임재로 나아간다는 뜻이다. 우리는 때때로 주님의 음성을 정확히 듣기 위해 세상과 구별되어 주님께 나아가야 한다.

산상수훈은 "제자들"을 대상으로 주어졌다. 산상수훈 직전에 예수님의 신유 및 축사 사역으로 "수많은 무리들"이 갈릴리와 데가볼리와 예루살렘과 유대와 요단 강 건너편에서 예수님을 따랐다(마 4:25). 하지만 예수님께서 산에 오르자 그들은 종적을 감추고 오직 '제자들'만 남는다. 무리는 사역의 대상이고 제자들은 사역자들이다. 무리에서 제자로 나아간다. 아마 그들은 최초의 제자인 베드로, 안드레, 야고보, 요한일 것이다. 복음의 정수와 본질에 가까워질수록 사람들은 줄어든다. 넓은 평지에서 점점 좁아지는 봉우리로 오르기 때문이리라. 진리와 생명의 길은 '좁은 길'임이 다시 한 번 증명된다. 병 고침, 배부름 같은 이적 때문이 아니라, 말씀을 따를 때 제자가 된다.

하지만 산상수훈은 제자들만 들어야 할 말씀이 아니라, 모든 인류에게 필요한 말씀이다. 모세의 시내 산은 사람들이 오르는 것을 금했지만 예수님은 그들이 올라오는 것을 금하지 않으셨다. 그래서 산상수훈이 끝났을 때 "무리"들이 그의 가르치심에 놀랐다고 한다(마 7:28). 이제 제자에서 무리로 나아간다. 진리를 선포하는 일은, 그 시작은 미약하지만 나중은 창대하리라.

예수님의 산상수훈은 '권위 있는 말씀'이다. 이것은 세상의 법규와 달리, 영원한 영적 구속력이 있는 하나님의 말씀이다. 그래서 예수님은 '앉으셔서' 산상수훈을 말씀하셨다. 예수님의 앉으신 자세는 권위의 상징인 랍비들의 교육 방법이었다. 예수님의 앉으신 자세도 권위를 의미한다. 랍비에 비견할 수 없는 월등한 권위다. 예수님께서 "입(스토마)을 열어" 말씀하셨다는 표현도 동일하다. 진리만을 말씀하시는 성자 예수님께서 제자들과 인류에게 주시는 '공식적인' 말씀이다.

산상수훈의 성격은 천국의 대헌장이다. 하나님 나라의 시민윤리요, 하나님 나라 백성의 삶의 도리다. '이렇게 살면 기독교인이 된다'가 아니라, '너희는 하나님의 자녀이니 이렇게 살라'라는 명령이다. 우리가 어떤 사람이 되기를 원하시는지, 어떻게 살기를 원하시는지를 하나님의 관점에서 보여 준다. 이것은 '바코드 신앙'이 아니다. 상점 관리인이 떨어진 바코드를 주워 상품에 붙였다고 한다. 나중에 알고 보니 잘못된 상품에 붙여 혼란이 초래되었다고 한다. 하지만 계산기는 내용물을 보지 않고 바코드만 읽는다.

신자들 위에는 기독교인이라는 바코드가 붙어 있다. 하지만 하나님은 바코드만을 보지 않으신다. 하나님은 그 내용물까지 보신다. 산상수훈은 바로 기독교인이 되어야 할 진정한 모습을 우리에게 보여 준다. 명목상의 신자가 되어서는 안 되고 실질적인 신자가 되어야 한다. 산상수훈을 주신 하나님의 뜻을 엄중히 생각해야 한다. 기독교라고 모두 다 기독교인가? 교회라고 다 교회인가? 신천지도 기독교와 교회라는 바코드를 붙이고 있다. 나라에서 종교 교리를 가지고 규제할 수 없다고 하지만 그들은 종교사기, 가출, 무임금 착취, 패륜, 금품 갈취, 가정 파괴 같은 일을 자행한다. 양의 탈을 쓴 이리다. 우리 주변에 있는 사이비들을 보라. 산상수훈을 금과옥조로 여기는 자만이 참된 신앙인의 표지다.

그렇다고 산상수훈을 통해, 기독교의 은혜를 '값비싼 은혜'로 만들려는 것은 아니다. '값싼 은혜'도 문제지만, '값비싼 은혜'도 문제다. "싼 게 비지떡"이라고 예수님의 은혜를 경멸하면서 함부로 살아도 안 된다. 구원의 비용이 너무 비싸서 "오르지 못할 나무 쳐다보지도 말자"는 식으로 자포자기하게 하려는 것도 아니다. 참된 양식과 참된 음료인 당신의 살과 피를 주시기 위해, 십자가 위에서 죽으신 예수님의 은혜는 '값없이 주신(priceless) 은혜'이지만 세상에서 가장 '값진 은혜'다. 우리는 그 큰 은혜에 부응해야만 한다.

하지만 우리는 그렇게 살지 못하고 있다. 대한민국 국민의 25% 정도가 그리스도인이라고 한다. 그 가운데 구원의 확신을 가진 신자도 상당수다. 하지만 신자들이 자살, 가정 파탄, 범죄율에서 불신자들과 크게 다르지 않다면 이 어찌된 일인가? 목사들의 경우, 그들의 믿음이 과연 삶에 어떤 영향을 미치고 있는가? 신자들의 경우, 우리가 믿는 예수님, 우리가 듣는 설교가 현실 생활에 사실상 영향을 미치고 있는가? 신앙의 생활화, 믿음과 행함의 일치가 필요한데, 산상수훈은 그 진리를 소리 높여 외치고 있다. 나는 때때로 광고에 등장하는 연예인들이 과연 그 자신도 그 상품을 소비할까 하는 의문이 들 때가 많다. 자신도 소비하지 않으면서 그 상품을 광고하는 것은 자기를 믿는 사람에게 사기가 아닌가? 이런 위선과 거짓이 기독교인에게 있어서는 안 될 것이다.

그렇다면 산상수훈은 이 땅 위에서 진정 구현될 수 있는가? '로고스' 되신 예수님께서 육신을 입으셨듯이(성육신), 이 진리의 보화가 개별 성도들의 옷이 될 수 있을까? 학문에서 다루는 가상적인 이념형(ideal form)처럼, 예전에 선원들이 배를 조타하기 위해 기준점으로 삼았던 북극성처럼, 현실에서는 전혀 존재할 수 없는 신앙의 모습이 아닐까 하는 의구심도 들 것이다. 예수님은 팔복의 화육이다. 팔복은 예수님의 자화상이고 자서전이다. 내가 목회하기 위해 교수직을 사직할 때, 한 선배 교수는 "한 목사는 사람이 변화된다고 믿는가?"라고 질문했다. 그는 목회하다가 교수가 된 사람으로서, 타락한 본성의 완고함에 질려 버린 분이었다. 그러나 나는 믿는다! 예수님은 사람을 변화시키실 수 있다고. 변질이 아니라 변화되게 하실 수 있다고. 산상수훈이 그리는 아름답고 품격 있는 신자의 모습으로 조형하실 수 있다고! 그것이 가능하기 때문에 예수님께서 말씀하시는 것 아닌가?

보수신학은 개인의 죄의 문제, 즉 회개와 용서라는 지평 안에서 움직인다. 반면 진보신학은 사회악, 구조적 악을 제거하는 것에

방점을 둔다. 보수든 진보든, 죄의 문제 즉 '죄 관리 복음'이라는 공통점이 있다. 그래서 죄 사함을 위한 복음, 사회 참여를 위한 복음은 많이 연구되어 왔지만, 안타깝게도 '제자 된 삶을 위한 복음'은 별로 없었다. 나는 개인의 영혼의 정화와 성품의 변화, 제자도, 그리고 사회적인 책임이 골고루 갖추어질 때 전인적인 구원이 이루어진다고 본다. 산상수훈은 전인적 구원에 이르는 중요한 길이 될 것이다.

2020년 연초에 코로나19 사태가 터졌을 때, 보건방역당국은 현장 예배를 한시적으로 중단해 달라고 교회에 요청해 왔다. 나는 예배를 중단하거나 대체할 수는 없다고 생각한다. 물론 예외적인 경우가 있다. 병원에 입원해 있다든지 특수한 일을 하고 있기 때문에 현장 예배를 드리지 못할 때는 온라인으로 예배에 참여할 수 있다. 물론 현장에서 드리는 예배가 '기본'으로서 전제가 될 때에 한에서 말이다. 방역 협조 차원에서 예배를 중단하자는 의견도 있었다. 나는 이에 흔들리지 않았지만, 교회의 '대사회적 책임'을 언급하신 장로님의 말씀 때문에 고민이 많았다. 신앙은 수직적 차원과 수평적 차원, 개인적 차원과 사회적 차원이 있기 때문이다.

그렇다면 이 둘을 모두 아우를 방안은 없는가? 모일 수 있는 신자들이 모여 거룩하고 영광스러운 예배를 드림으로 온라인으로 예배에 참여할 수 있는 길을 열어 놓는 것이다. '안전한 예배 환경 만들기'와 '신령과 진정으로 예배드리기'가 답이었다. 교회 시설을 철저하게 방역하고, 세정제와 마스크를 비치하며, 출입자의 체온을 측정하고, 거리두기를 하여 좌석을 지정하고, 예배 순서를 조정하였다. 노약자나 건강에 이상을 느끼거나 감염지역에 다녀온 분들은 가정을 하나님이 거하시는 성소로 바꾸어 온라인으로 예배에 참여할 수 있게 하였다. 온라인으로 참여할 수 없는 노년 세대 분들은 미리 가정 예배서를 우편으로 보내 드렸다. 교회에서 예배드리는 분들이나 가정에서 예배에 참여하는 분들 모두가 귀하고, 서로는 서로를 필요로 한다. 이처럼 양자택일이 아니라 양자를 아우르는 제3의 길이 있듯이, 산상수훈도 여러 복음을 통합할 수 있는 능력이 있는 복된 길이다.

장차 살펴보겠지만, 산상수훈은 '팔복'으로부터 시작된다. 팔복의 핵심은 하나님의 나라다. 아주 연로하신 권사님이 이런 요청을 하셨다. "목사님, 하나님 나라에 대해서 설교해 주세요." 그분이 의미하는 바를 이해하지 못하는 바가 아니다. 곧 가게 될 하나님 나라다. 그런데 여기서 예수님이 말씀하시는 하나님의 나라는 저 먼 곳, 미지의 나라가 아니다. 우리가 현재 살고 있는 곳을 천국으로 만드는 것이다. 즉 하나님의 나라를 앞당겨 살아가는 것이다. 엄밀하게 말해서 '천국'(heaven)과 '하나님의 나라'(kingdom of God)라는 용어는 강조점이 다르다. '천국'은 '하늘에 있는 나라'인 반면, '하나님의 나라'는 '하나님이 다스리시는 나라'(통치)라는 뜻이다. 유대인들은 종말론적 '천국'에 대한 기대가 많았는데, 예수님은 이것을 '하나님 나라'로 표현하심으로써, 유대인의 천국관을 정정해 주려 하셨다.

예수님은 당시의 다양한 종말론을 하나님 나라에 대한 개념으로 바꾸셨다. 물론 팔복에서는 예수님께서 "천국"이란 용어를 사용하지만, 다른 곳에서는 주로 "하나님의 나라"라고 하셨다. 유대인이었던 마태가 거룩하신 하나님의 이름을 망령되이 일컫지 않기 위해, '하늘'이라는 공간 개념을 활용한 것 같다. 마태복음에는 '천국'이 36회 언급되었고, '하나님의 나라' 혹은 '나라'는 11회 사용되었다(마 6:10, 13, 33, 12:28, 13:43, 19:24, 20:21, 21:31, 43, 25:34, 26:29). 다른 복음서에는 '천국'이라는 용어가 한 번도 나타나지 않고, 예수님이 말씀하신 '하나님 나라'가 일상적인 용어로 사용된다. 누가복음에는 16회 언급되어 있다.

그렇다면 이것은 무엇을 의미하는가? "회개하라, 하나님 나라의 삶이 '지금, 여기에서도'(here and now) 너희에게 선택 가능한 길이 되었다." 우리는 예수님을 통해서 지금 하나님 나라를 알 수 있고, 들어갈 수 있고, 경험할 수도 있다는 의미다. 하나님 나라의 미래적 차원 대신 현재적 차원이 강조되고 있다. 천국은 공간적으로 죽음 뒤에 들어가는 곳이라는 개념이 강하지만, 그 천국은 사실 땅 위의 모든 것과 보이지 않는 영적인 세계까지 포함해야 한다. 하나님의 통치, 그리스도의 통치가 미치는 곳이 천국이기 때문이다. 하나님의 주권(lordship)이 인정되고, 그분의 통치 아래 살아가는 것이 천국이다. 하나님은 멀리 떨어져 계신 분이 아니라, 현재 우리의 삶에 관여하시는 분이다. 하나님 나라의 자원이 현재 인간의 생활과 분리되지 않는다. 따라서 우리는 이 땅 위에서도 하나님 나라의 가치관을 구현하며 그대로 살아가야 한다.

그런 점에서 기독교와 교회는 세상의 타락한 문화에 대한 대항문화(counter culture)가 될 수 있다. "그러므로 그들을 본받지 말라"(마 6:8). "그들"이란 구체적으로 불신자(이방인), 형식적인 신앙인(바리새인, 서기관)인데, 그들처럼 살지 말라는 의미다. 우리는 세상 사람들을 본받는 것이 아니라 예수님을 본받아야 한다. 사실 이런 요구는 구약에도 있었다.

하나님께서는 이스라엘을 애굽에서 이끌어 내신 뒤에 "너희는 너희가 거주하던 애굽 땅의 풍속을 따르지 말며 내가 너희를 인도할 가나안 땅의 풍속과 규례도 행하지 말고 너희는 내 법도를 따르며 내 규례를 지켜 그대로 행하라 나는 너희의 하나님 여호와이니라"(레 18:3-4)라고 하셨다. "여호와께서 이와 같이 말씀하시되 여러 나라의 길을 배우지 말라"(렘 10:2). 교회는 세상 사람들과도 달라야 하고, 다른 종교인들과도 달라야 한다. 하나님 나라 백성으로 사는 것은 구별되게 살아가는 것이다. 이것이 거룩이고 성결이다. 산상수훈이 목적하는 바가 이것이다.

100세를 사신 분이 "이렇게 오래 살 줄 알았다면, 몸 관리를 좀 더 잘하는 것인데…"라고 하면서 아쉬워했다고 한다. 우리가 영원히 살 줄 안다면 우리는 얼마다 더 잘 준비해야 하겠는가! 세상은 우리의 신앙생활을 존중해 주지 않는다. 세상은 우리가 다르게 사는 것을 용납하지 않는다. 그래서 경건하게 사는 자는 핍박을 받는다. 그래도 산상수훈의 가르침을 따라 살아야 한다.

산상수훈을 들은 무리의 반응이 마태복음 7장 28-29절에 기록되어 있다. 무리가 그분의 가르침에 놀랐다. 왜냐하면 예수님의 가르침은 그들의 서기관들과 달랐기 때문이다. 서기관들은 인용하기에 급급했고, 학식과 교양을 일부 주기는 했지만 그 안에는 생명이 없었다. 반면 예수님은 "권위 있는 자"와 같았고, 그 말씀은 폐부를 찌르는듯 아프기는 했지만 그 안에는 생명이 있었다.

사실 예수님의 권세는 아버지의 독생자의 권세다. 모세의 말씀을 들은 이들에게 "너희는 들었으나 나는 너희에게 말한다"라는 표현이 무려 6번 언급된다. 모세의 권위를 뛰어넘는 권세는 오직 신적 존재만이 가능하다. 하지만 일반적으로 인자(人子) 되신 예수님께서 그 말씀대로 먼저 사셨기 때문에 더욱 큰 권세가 있었다. 권위는 삶에 달려 있다. 말로만이 아니라 삶이 담겨 있을 때 강력한 힘을 발산한다.

간디는 산상수훈을 읽고 "왜 기독교를 최고의 종교라고 하는지 알겠다"고 평하면서, "예수는 인류의 위대한 스승"이라고 치켜세웠다. 하지만 그도 예수님을 제대로 안 것이 아니다. 그는 기독교인이 아니라 힌두교도로 남았기 때문이다. 그런 점에서 그는 산상수훈을 다 이해한 것도 아니다. 산상수훈은 복음서의 나머지 내용과 다르지 않다. 산상수훈은 단순히 가르침이 아니다. 교훈만도 아니다. 예수님 자신이다. 예수님과 그분의 말씀을 분리시킬 수 없다. 예수님은 바로 하나님의 아들이요 그리스도이시다. 예수님을 통해 하나님 나라가 이미 들어와 있기 때문이다. 그분 안에서 우리는 하나님 나라를 이미 맛보고 있다.

2
세상에 이런 복도 있나?

> 심령이 가난한 자는 복이 있나니 천국이 그들의 것임이요 마 5:3

당신은 행복한가? 왜 행복한가? 아니면, 왜 행복하지 않은가? 시편 1편과 마찬가지로 산상수훈의 팔복(마 5:3-10)은 "복이 있나니"(마카리오이)라는 선언으로부터 시작된다. '행복'은 모든 인간이 추구하고 꿈꾸는 것이다. 많은 사람들이 행복에 대하여 이야기했지만 참된 행복을 찾기 위해서는 예수님께서 하시는 말씀을 들어야 한다.

행복은 개인이 '주관적'으로 느끼는 감정인데, 예수님은 하나님이 보시는 관점에서 '객관적'으로 선포한다. '누가 뭐래도 너는 행복한 존재다.' '네게서 행복이 보인다.' '행복이 네게 있다는 것을 내가 증언한다.' 이런 말씀이다. 나는 내가 행복하지 않은 것 같은데, 예수님은 행복하다고 지금 말씀하신다. 정말 이상하지 않은가? 예수님은 행복을 위한 어떤 조건을 제시하는 것이 아니고, '지금 있는 그대로 행복하다'라고 주장하시기 때문이다. 예수님은 우리 안에 이미 행복을 주셨는데, 우리는 그 선물꾸러미는 풀어보지도 않고 아직도 무언가 멀리 있는 것을 찾으려고 밖으로 헤매고 있지는 않은가? 전지전능하신 하나님이 이미 행복하다고 선언하시는데, 누가 아니라고 부정할 것인가? 따라서 예수님의 행복이론은 세상이 말하는 행복론과 다르다.

    사람들은 부탄이 국민 행복 지수 1위라고 익히 알고 있다. 그런데 2019년에 나온 'UN 국가별 행복지수'에서는 95위로 나온다. 천국과 지옥을 왕래한 셈이다. 왜 이렇게 다른 통계가 나오는가? 이전과 다른 기준을 적용해서 측정했기 때문이다. 행복의 조건은 획일화되어 있지 않다. 참고로 한국은 54위다. 행복을 위한 조건들은 측정자에 따라, 시대에 따라 달라진다는 것을 극명하게 보여 준다. 측정할 때마다 행복감이 요동을 친다면, 이런 행복을 참된 행복이라고 할 수 있을까?

    복음은 '적절한 조언'(good advice)이 아니라 '기쁜 소식'(good news)이다. 예수님은 진정한 행복이 무엇이며, 누가 복된 사람인가를 가르치셨다. 팔복을 보면, 복을 받기 위해 '무엇을 하라'고 요구하시기보다는, 특정한 어떤 '태도'나 '상태'가 복되다고 하신다. 마태복음 7장 17절은 이런 사실을 웅변적으로 보여 준다. "이와 같이 좋은 나무마다 아름다운 열매를 맺고 못된 나무가 나쁜 열매를 맺나니." '좋은 나무'가 되면 저절로 '아름다운 열매'가 따라온다. 복은 소유에 있지 않고 존재에 있다. 따라서 소유 이전에 존재가 중요하다. 물질적인 복 이전에 인격적인 복, 성품과 관련된 복을 받아야 한다.

세상의 행복은 우연이나 물질에 근거하므로 세상에 영향을 받고 변하고 없어진다. 환멸을 준다. 반면 팔복은 성품과 존재의 복이니 빼앗길 수 없는 행복이요, 변함없이 영원한 행복이요, 하나님 나라의 일부요, 주님의 행복이다. '주님의 행복'이란 주님이 가지신 행복이며, 주님이 주실 행복이라는 뜻이다. 팔복은 예수님과 예수님의 행복을 담고 있다. "내가 이것을 너희에게 이름은 '내 기쁨'이 너희 안에 있어 '너희 기쁨'을 충만하게 하려 함이라"(요 15:11). 설교는 설교자를 반영한다. 예수님과 설교를 분리할 수 없다. 예수님을 제대로 알아야 팔복을 제대로 이해할 수 있다. 설교자가 설교를 설교 되게 한다. 팔복 안에는 예수님의 성품이 투영되어 있는데, 이는 그리스도인의 성품과 행동의 모델과 목표로 주어진 것이다. 이러한 성품은 예수님을 따르는 모든 그리스도인의 성품이어야 한다. 예수님처럼 되어야 하는 것이다. 그런 점에서 팔복은 예수님께 초점을 맞추고 있으므로 기독론이 담겨 있다고 보아야 한다.

세상은 어떤 사람을 두고, "아 저 사람, 참 복 많이 받았다"라고 감탄하는가? 사업이 대박이 나서 돈벼락 맞은 사람, 자식이 잘 된 사람, 명문대학을 나온 사람, 부잣집에 태어난 사람, 인물이 출중한 사람, 높은 지위에 오른 사람 등등이 있을 것이다. 한국은 전통적으로 '수(壽), 부(富), 강녕(康寧), 유호덕(攸好德), 고종명(考終命)'을 오복(伍福)이라 했다. 즉 장수, 부귀영화, 평안함, 남에게 선한 영향력을 행사하는 것, 임종을 평안히 맞는 것이다. 헬라 문화에서는 훌륭한 자식을 두는 것, 물질적으로 부요한 것, 지혜가 특출한 것을 복되다고 했다.

그러나 예수님은 이런 것을 복 받았다고 말씀하시지 않았다. '가진 것이 많을수록 행복하다'는 헛된 신화를 깨트리는 것이다. 예수님이 말씀하시는 팔복의 내용들은 헬라 문화권에서는 경멸받아 마땅한 것들이었고, 무슨 수를 써서라도 피해야 하는 것들이었다.

기독교의 축복(blessed)은 행복(happiness)과 다르다. 행복은 우연(happen)이나 행운으로 주어지지만 축복은 누군가의 피 흘림(bleed)과 희생으로 주어진 것이다. 예수님의 십자가의 희생으로 우리 모두가 축복을 받았다. 팔복도 모두 역설적이다. "죽고자 하면 살고, 살고자 하면 죽는다", "높아지고자 하면 낮아지고, 스스로 낮추는 자는 높아진다", "먼저 된 자로서 나중 되고, 나중 된 자로서 먼저 될 자들이 많다"고 하신 예수님의 말씀을 통해 볼 때, 하나님의 나라는 이런 역설로 가득한 곳이다.

하나님 나라의 질서는 현 세상의 질서와 완전히 다르다. 따라서 우리는 '긍정을 위한 부정'을 받아들일 자세를 갖추고 있어야 한다. 우리의 이성과 감성이 거부한다고 해도, 역설적인 진리를 수용하는 것은 신앙의 중요한 한 면모다. 팔복을 통해 예수님께서 천국 시민의 특권과 특성을 말씀하시면, 어린아이처럼 "아멘"으로 화답하고 사모할 때, 하나님은 필요를 채워 주실 것이다.

팔복의 구조는 어떠한가? 팔복은 그 순서대로, "심령이 가난한 자", "애통하는 자", "온유한 자", "의에 주리고 목마른 자", "긍휼히 여기는 자", "마음이 청결한 자", "화평하게 하는 자", "의를 위하여 박해를 받은 자"이다. 팔복은 황금 사슬로 연결되어 있다. 1단계에서 8단계로 올라가면서 점차 강도가 더해지는 점층적 상승 구조로 되어 있다. 영적인 진보가 점진적으로 이어지면, 결론적으로 소위 '구복'(아홉 번째 복, 5:11-12)에 이르게 된다. 심령이 가난한 자는 애통해 한다. 애통한 자는 온유한 자가 된다. 그 뒤에 의를 구하고, 긍휼한 마음을 품고, 마음이 청결해지고, 화평한 삶을 살다가 마지막에는 의를 위해 박해를 받는 삶조차도 기꺼이 받아들인다. 이처럼 단계를 밟아갈수록 복이 커진다.

또한 팔복은 유사한 것들끼리 짝을 이루기도 한다. 심령이 가난한 자(1)와 긍휼히 여기는 자(5), 애통하는 자(2)와 마음이 청결한 자(6), 온유한 자(3)와 화평하게 하는 자(7), 의에 주리고 목마른 자(4)와 의를 위하여 박해를 받는 자(8)가 그렇다. 그리고 첫 번째 복부터 네 번째 복까지는 하나님과의 수직적인 관계를, 다섯 번째 복부터 여덟 번째 복까지는 수평적 관계 즉 이웃과의 관계를 다룬다. 다름 아닌 하나님 사랑과 이웃 사랑의 성품이다. 두 번째부터 일곱 번째까지는 복이 미래형으로 서술되는 반면, 첫 번째와 여덟 번째는 현재시제로 주어진다. 축복은 현재적일 수도 있고, 미래적일 수도 있다는 의미다. 그래서 지금 못 받았다고 실망할 필요는 없다. 나중에 받을 것이 확실하다.

마태의 산상설교와 대비되는 것이 누가의 평지설교(눅 6:20-

26)다. 평지설교에는 팔복(八福) 대신 사복사화(四福四禍)가 나온다. 현재 이 땅에서 지금 가난한 자, 주린 자, 우는 자, 버림받은 자는 복이 있지만, 이 땅에서 지금 부요한 자, 배부른 자, 웃는 자, 칭찬받는 자는 화가 있다는 것이다. 누가는 "지금"이라는 단어를 반복적으로 사용해서, 현세에서의 복이 다가오는 세상에서는 화의 근원이 될 것을 밝히고 있다. 기독교적 반전과 역설의 한 사례라 할 수 있다.

팔복의 각 문장을 분석하면 세 부분으로 나눌 수 있다. "복되도다"라는 행복의 선언을 뜻하는 헬라어 복수 형용사 '마카리오이'를 사용한 후, 관사 '호이'로 시작하면서 행복의 상태를 나타냈다가, 행복의 이유를 제시하기 위해 접속사 '호티'로 이끌리는 부분이다. '아! 행복하도다(행복선언). 마음이 가난한 사람들이여(행복상태), 천국이 너희들의 것이다(행복이유).' 헬라어 원문에서는 "복되도다"라는 형용사를 제일 앞, 주어보다도 앞에 둠으로써 강조하고 있다. 하나님 나라의 복은 이처럼 단도직입(單刀直入)적인 축복 선언이다.

하나님은 우리에게 조건부적으로 어떤 것을 요구하시기 전에, 먼저 축복 선언부터 하신다. 우선 선물부터 주신다. 따라서 이들 문장은 평서문이지만, 감탄문 같은 분위기를 가지며, 8번에 걸쳐 같은 형식을 반복하고 있다. 주어와 술어 사이에 계사(繫辭), 즉 영어의 be 동사에 해당하는 말이 없고, "복되도다"라는 형용사가 주어를 직접 설명해 주고 있다. 이는 제자들에게 주어지는 복이 시간을 초월한 복으로서 현재도 누릴 수 있는 것임을 암시한다. 즉, 그들은 '이미' 복을 받고 있고, '장차' 그 성취를 목격하게 될 것이다. 형식논리학적으로 볼 때, 팔복은 압축된 삼단 논법이라고 할 수 있다. (대전제) 하늘나라를 얻는 사람은 행복하다. (소전제) 심령이 가난한 사람은 하늘나라를 얻는다. (결론) 그러므로 심령이 가난한 사람들은 행복하다.

예수님은 첫 번째 복으로 '심령이 가난한 자'(프토초이)를 제시하신다. "심령이 가난한 자는 복이 있나니 천국이 그들의 것임이요"(마 5:3). 이는 예수님이 구유에 오신 것을 상기시켜 준다. "여우도 굴이 있고 공중의 새도 거처가 있으되 인자는 머리 둘 곳에 없다"(마 8:20)는 예수님의 모습을 보여 준다. 김우현 감독은 최춘선 할아버지를 주인공으로 〈심령이 가난한 자〉라는 다큐멘터리 영화를 만들었다. 세상에 이런 복도 있나? 가난을 복이라고 하다니 제정신인가? 어떤 사람은 이런 복에 대한 언급을 보면서 조롱이라고 여길 것이다. 도대체 예수님은 무슨 근거로 이런 사람을 복 받았다고 하시는 것인가?

우리가 보기에는 앞뒤가 맞지 않고, 상식에 어긋나고, 논리가 서지 않고, 터무니없는 비이성적인 말로 들리지만, 그 안에는 진리를 담고 있다. 진리의 말씀이 이상하게 들리는 것은 세상에서 그렇게 주장하지 않기 때문이고, 그것을 듣는 자가 세상에 속한 자이기 때문이다. 첫 번째 복은 세상에 없는 복이다. 세상이 알지 못하는 복이다. 세상 가치관도 아니다. 예수님은 세상이 꺼리는 가난, 애통, 온유, 굶주림과 목마름을 복되다고 축하하신다. 혼란스럽기만 하다. 그래서 이것이 천국의 복이요 천국의 가치관이 되는 것이다.

사실 '심령의 가난'은 기독교인의 근본적인 성품이다. 로이드 존스는 이렇게 말한다. "이것이 팔복의 첫머리에 오는 것은 심령이 가난해지지 않고서는 천국에 들어갈 수 없기 때문이다." 이 복은 모든 복의 열쇠다. 첫째 복이 다른 모든 것의 기초다. 이 복을 받지 못하면 다른 복은 보지도 못한다. 심령의 가난은 모든 축복의 기본이다. 심령이 가난해지는 것은 비우는 것이요, 나머지 복은 채우는 것이다. 비워야 채울 수 있다. 천국에는 심령이 가난하지 않은 사람이 한 사람도 없다. 그렇다면 우리는 어떻게 심령이 가난한 자가 될까?

1. 비움

가난한 마음은 '물질의 가난'을 뜻하지 않는다. 부자든 가난한 자든 '영의 가난'을 말한다. 즉 심령이 가난하다는 것은 영의 문제다. '심령'은 헬라어로 '프뉴마'다. "하나님은 영이시라"할 때의 영(靈)도 '프뉴마'다. 따라서 하나님의 영(프뉴마)과 인간의 심령(프뉴마)은 만나게 되어 있다. 하지만 하나님의 영을 만나지 못할 때 우리 영(심령)은 가난해지고 결핍되고 곤고함을 느끼게 된다. 이것을 예민하게 느끼는 사람이 심령이 가난한 자가 아니겠는가! 우리가 교회에서 예배드리지 못할 때, 영적 갈망이 더하지 않는가! 반면 은혜에 대한 갈망이 없다면, 아무런 감각도 없다면, 부족함을 느끼지 못한다면, 그는 영적으로 건강하지 못하다는 방증이다. 며칠을 굶었는데 허기를 못 느끼는 사람과 같다.

또한 심령의 가난은 하나님 앞에서 자기 자신에 대한 어떤 태도를 나타낸다. 이사야는 "화로다 나여 망하게 되었도다"(사 6:5)라고 했다. 사도 바울은 "오호라 나는 곤고한 사람이로다"(롬 7:24)라고 하면서 영적으로나 윤리적으로 자신이 파산했음을 선언했다. 사도 요한은 영광을 받으신 예수님을 만나자 자기가 마치 "죽은 자 같이"(계 1:17) 되었다고 했다. 자기 안에 의가 없음을 통감한 것이다. 이처럼 모두 자신의 영적인 가난을 고백했다. 자기 자신을 더 이상 의지할 수 없다는 고백이다.

이렇게 하나님 앞에서 자신의 영적 가난을 고백하는 자는 복이 있다. 왜냐하면 영적으로 풍성히 채울 수도 있고, 비게 할 수 있는 것은 하나님이시기 때문이다. 유대 베들레헴 사람 엘리멜렉과 나오미는 흉년을 피해 모압으로 갔다가 모든 것을 잃었고, 십 년 만에 나오미가 며느리 룻과 함께 귀향했다. "내가 풍족하게 나갔더니 여호와께서 내게 비어 돌아오게 하셨느니라"(룻 1:21). 룻기는 가난해진 나오미와 룻을 풍성히 채우시는 하나님의 인자하심과 성실하심의 이야기다. 가난해졌다 해도 하나님께 고백하면서 나아가면 그분이 채워 주신다. "이 곤고한 자가 부르짖으매 여호와께서 들으시고 그 모든 환난에서 구원하셨도다"(시 34:6).

심령의 가난은 하나님을 지향할 때만 느껴지는 것이다. 하나님 앞에 설 때만 감지된다. 사람 앞에서가 아니라 하나님 앞에서만 이러한 사실을 깨닫게 된다. 하나님을 바라보면 바라볼수록 자신의 가난을 느끼게 된다. 엄청난 부자 앞에 섰다면 나의 가진 것을 자랑할 수 있겠는가? 하나님을 바라볼수록 자신의 무능을 깨닫게 될 뿐이다. 하나님 앞에 서면 나의 부족함을 내놓을 수밖에 없다. 우리가 무엇인가 할 수 있다고 생각하면 복을 받지 못한다. 자신의 힘으로 할 수 없다는 것을 먼저 깨달아야 복을 받는다. 자신이 얼마나 죄인이며 멸망 받을 존재인가를 알기 전에는 그분이 얼마나 영광스러운 분인지 알지 못한다. 우리는 하나님 앞에서 죄와 무능력을 발견해야 한다. 빈손으로 나와야만 하나님을 붙들 수 있고, 하나님이 주시는 것을 받을 수 있다. 가난한 자만이 충만히 채워진다. 요약하면 가난은 하나님 앞에서 깨어진 마음이라고 할 수 있다.

심령이 가난한 자의 특징은 영적 갈망이 크다는 것이다. 자신이 가난하기 때문에 오직 하나님을 갈망하고 하나님을 바라보고 하나님을 의지할 수밖에 없다. '나는 아무것도 가진 것도 없고, 의지할 것도 없고, 할 수 있는 것도 없습니다'라고 고백하면서 하나님께 나아간다. 나의 부족을 고백하는 것은 하나님의 풍부가 나에게 머물게 하기 위함이다. 세리와 바리새인의 기도는 심령의 가난이 누구에게 있었는지를 보여 준다. "세리는 멀리 서서 감히 눈을 들어 하늘을 쳐다보지도 못하고 다만 가슴을 치며 이르되 하나님이여 불쌍히 여기소서 나는 죄인이로소이다"(눅 18:13). 반면 바리새인은 자기 자랑만 늘어놓다가 의롭다 하심을 얻지 못한 채 성전을 떠나야 했다. "그러나 화 있을진저 너희 부요한 자여 너희는 너희의 위로를 이미 받았도다"(눅 6:24).

하나님 앞에서 자신이 철저하게 가난하다는 사실을 보는 사람은 영안이 열린 것이다. 마음의 가난의 반대는 마음의 부요함인데, 라오디게아 교회에서 이 같은 모습을 볼 수 있다. "나는 부자라, 부요하여 부족한 것이 없다"(계 3:17). 그런 자들은 안약을 사서 눈에 넣고 치유를 받아야 한다. 가련한 자신의 모습을 제대로 볼 수 있어야 한다. 하나님을 향해 눈을 뜨고 바라보고 자신을 채워 주시기를 갈망해야 한다.

2. 겸손

심령이 가난하다는 것은 겸손하다는 의미다. 하나님은 교만한 자를 물리치시고 겸손한 자에게 은혜를 주신다. 겸손은 심지가 약한 사람을 가리키는 것도 아니며, 꾸며낸 가짜 겸손을 의미하는 것도 아니다. 사사 시대에 이스라엘이 미디안에게서 강력한 통치와 착취를 당할 때 하나님은 기드온에게 나타나 민족을 구원하라고 하셨다. 그때 그는 "오 주여 내가 무엇으로 이스라엘을 구원하리이까 보소서 나의 집은 므낫세 중에 극히 약하고 나는 내 아버지 집에서 가장 작은 자니이다"(삿 6:15)라고 하면서 겸손을 드러냈다.

비록 큰 능력과 자질을 지니고 있다고 해도, 모든 것을 하나님으로부터 바라는 자, 하나님 앞에 빈손으로 서 있는 자가 겸손한 자다. 단순하고 순수하고 순전한 마음을 지닌 자다. 세상에서 가장 탁월한 학자 앞에서 나의 학식을 자랑할 수 있겠는가? 성자 앞에서 나의 선함을 내놓을 수 있겠는가? 이처럼 우리는 절대적이고 초월적인 하나님 앞에서 겸손해야 한다. 이 지상에서 하나님께 무엇을 받았든지, 무엇을 이루었든지 하나님 앞에서 낮추어야 한다. '나는 아무것도 아니며, 아무것도 할 수 없습니다'라고 하면서 하나님을 붙들고 철저하게 복종해야 한다. 이는 다른 대안이 많을지라도, 먼저 그리고 무엇보다도 하나님의 은혜와 자비와 능력을 구하는 자세다.

사도 바울은 고린도교회에 고린도후서를 써 보내면서, 하나님에 대해 "낙심한 자들을 위로하시는 하나님"(고후 7:6)이라고 했다. "낙심한 자"라는 표현은 형용사 '타페이노스'의 명사형으로, '겸손한 자' 혹은 '낮추어진 자', '짓눌린 자', '초라한 자'라는 의미다. 겸손해질 때 주님이 위로하신다는 것을, 사도 바울은 고린도교회 분쟁 사태를 통해 뼈저리게 체험했다. 야고보도 "주 앞에서 낮추라 그리하면 주께서 너희를 높이시리라"(약 4:10)라고 했다.

3. 의탁

심령이 가난하다는 것은 하나님께 전적으로 의탁한다는 것이다. 자기 스스로 일을 처리하지 않고, 하나님께 매달리는 것이다. 즉 하나님만을 의지하는 삶, 전적으로 의존하는 상태다. 베드로가 밤이 새도록 고기잡이를 한 적이 있었다. 평생토록 고기잡이로 잔뼈가 굵은 사람이었지만 그 밤은 수확이 전혀 없었다. 그렇게 실패와 좌절감 가운데 있을 때 예수님께서 자기 배에 올라 무리를 가르치셨고, 가르침 후에 깊은 데로 가서 그물을 내리라고 하셨다. 목수임을 아는데, 예수님께서 베드로에게 고기잡이 훈수를 두신 것이다.

심령이 가난한 자만이 '남의 말이 들린다'. 그리고 '말씀에 의지하여 행동한다'. 베드로가 예수님의 권세를 인정하고 순종했더니 두 배가 가라앉을 정도로 많은 고기를 잡게 되었다. 요즘은 왜 이런 기적이 없는가? 말씀에 전적으로 의탁하지 않기 때문이다. 놀람과 두려움이 베드로를 위시한 모든 사람을 붙잡았다. 베드로는 즉각 예수님 무릎 아래에 엎드렸다. "주여 나를 떠나소서 나는 죄인이로소이다"(눅 5:8). 그는 거룩하신 예수님, 전능하신 자 앞에 섰을 때 자신이 얼마나 작고 무력하고 죄 많은 인간인지 알게 되었다. 그리고 그동안 자기가 고기잡이를 할 수 있었던 것도 다 하나님의 은혜와 돌봄과 능력 주심에 의해서였다는 것을 전율 가운데 깨닫게 되었다. 그리하여 베드로는 이런 역설적인 고백을 한 것이다.

왜 예수님이 자기에게서 떠나기를 바라겠는가. 다만 그는 예수님의 거룩함과 신성과 능력에 압도되어 버린 것이다. 그리고 이제는 자기 재주나 경험이나 지식에 무릎 꿇지 않고, 오직 예수님께만 무릎 꿇겠다는 각오를 드린 것이다. 베드로는 실패 후에 고백을 했는데, 이 고백은 '죄의 고백'을 넘어 '전적 의탁의 고백'이다.

실제로 베드로는 이 사건 이후, 부르심을 따라 사람을 낚는 어부가 되기 위해 오직 주님을 따라가는 주의 제자가 되었다. 주님만을 의지하는 존재가 되었다.

심령이 가난한 자는 하나님만 전적으로 의지하는 자다. 그리고 하나님을 떠나서는 아무것도 할 수 없다는 것을 절감하고 고백하는 자다. 하나님께 의탁한다는 것은 세상의 것들과 분리되어 오직 하나님과 온전한 화합을 한다는 의미도 들어 있다. "나는 포도나무요 너희는 가지라 그가 내 안에, 내가 그 안에 거하면 사람이 열매를 많이 맺나니 나를 떠나서는 너희가 아무것도 할 수 없음이라"(요 15:5). 예수님은 베드로에게 자기주도적인 삶에서 전적의존의 삶으로의 변화가 신앙의 성숙이라고 말씀하신 적이 있다. "내가 진실로 진실로 네게 이르노니 네가 젊어서는 스스로 띠 띠고 원하는 곳으로 다녔거니와 늙어서는 네 팔을 벌리리니 남이 네게 띠 띠우고 원하지 아니하는 곳으로 데려가리라"(요 21:18).

심령이 가난한 자가 복된 이유는, 천국이 그들의 것이 될 것이기 때문이다. 세례 요한과 예수님의 공생애 사역의 일성(一聲)은 "회개하라 천국이 가까이 왔느니라"였다. 천국을 소유하기 위해서는 회개해야 한다. 여기서 회개의 방향 중 하나가 '심령이 가난한 자가 됨'이다. 당신은 심령이 가난한가? 천국을 소유할 만한 존재인가? 그리고 첫 번째 복과 여덟 번째 복이 모두 천국 소유와 관련이 있다는 점도 눈여겨봐야 한다. 팔복은 천국으로 열고, 천국으로 문을 닫는 '인클루시오' 통합 구조로 짜여 있다. 참 행복은 하늘

나라로 열리고, 하늘나라로 마무리된다. 이런 자들이 하나님 나라로 들어오고, 하나님 나라에서 살아가기 때문이다.

심령이 가난한 자, 도발적인 언사를 쓰자면 '영적인 거지'는 행복하다. 그는 천국을 소유한 사람이기 때문이다. 천국이 그의 모든 부족한 것을 채워 준다. 심령이 가난한 자들은 현재 하늘 왕의 관심과 돌봄을 받고 있다. 갈급한 마음으로 교회를 찾아와 예배를 드리며, 교회에 나올 수 없는 상황이면 가족과 모여 주일 가정 예배를 드리며, 온라인으로라도 신령과 진정으로 예배에 참석하며, 매일 성경을 읽고 들으며, 정해진 시간에 맞춰 기도를 드리는 자들은 복이 있도다. 그들은 심령이 가난한 자들이기 때문이다.

3
울고 있나요?

애통하는 자는 복이 있나니 그들이 위로를 받을 것임이요 마 5:4

가수 조동진의 노래 〈행복한 사람〉 1절은 이렇다. "울고 있나요? 당신은 울고 있나요? 아아 그러나 당신은 행복한 사람. 아직도 남은 별 찾을 수 있는 그렇게 아름다운 두 눈이 있으니." 당신은 언제 울어 보았는가? 왜 울었는가? 어떤 이는 이루지 못한 소망 때문에, 어떤 이는 잃어버린 것 때문에, 어떤 이는 억울하고 원통해서, 어떤 이는 시련을 당해서, 어떤 이는 실패해서, 어떤 이는 아파서, 어떤 이는 이별해서, 어떤 이는 사랑하는 사람이 죽어서 울었을 것이다. 이처럼 이 땅을 살아가는 우리들은 상실, 이별, 실패, 좌절, 불화, 빈곤 때문에 운다.

그런데 이런 것들 앞에서 울지 않고 그냥 웃어넘긴다면 복이 없다. 누구나 애도하는 기간이 필요하다. 울음과 눈물은 우리 영혼의 해독제라고 하니, 우리는 슬플 때 울어야 한다. 하지만 누구 앞에서 우는가가 더 중요하다. 믿는 자는 하나님 앞에서 울어야 한다. 그 슬픔을 혼자 풀려고 하지 말고 하나님께 가져와야 한다. 그럴 때 그 슬픔은 복이 있다.

"애통하는 자"는 헬라어로 '펜수운테스'로서, 동사 '펜쎄오'의 현재형 시제다. 동사의 현재형은 계속적이며 반복적 행위를 나타낸다. 우는 것이 습관이 된 것을 암시한다. 즉, '울보는 복되다'라는 의미다. 또한 애통은 격심한 비통을 동반하는 것으로, 사랑하는 자가 죽었을 때처럼 강렬한 슬픔을 내포한다. '애통하다'(펜쎄오)는 '수난을 받다'(파스코)라는 단어에서 파생했다는 것이 어원학자들의 중론이다. '예수님의 고난' 같은 고통으로 인해 우는 것이 애통이다.

그런데 이런 애통은 육체적, 인간적, 물질적인 손실이 발생했을 때만 찾아오는 것이 아니다. 애통은 '심령이 가난한 자'에게 찾아오기도 한다. 심령이 가난한 자에게는 필연적으로 큰 애통이 찾아온다. 가난하여 마지막까지 다 비우고 나면 그다음엔 눈물만 난다. 하나님의 안목으로 나의 영의 상태를 살피니, 자신의 바닥을 정확하게 보게 되니, 죄로 죽어 있는 자신의 주검을 보니, 마음이 미어져서 애통하게 된다. 성도란 하나님과 자기를 보면서 많이 애통해하는 사람이다.

애통하는 자는 복이 있다. 시인 윤동주가 〈팔복〉이라는 시를 썼다. "슬퍼하는 자는 복이 있나니, 슬퍼하는 자는 복이 있나니, 슬퍼하는 자는 복이 있나니, 슬퍼하는 자는 복이 있나니, 슬퍼하는 자는 복이 있나니, 슬퍼하는 자는 복이 있나니, 슬퍼하는 자는 복이 있나니, 슬퍼하는 자는 복이 있나니, 저희가 영원히 슬플 것이요." 우리는 이 시가 예수님의 팔복을 패러디했다는 것을 안다. 그런데 그는 팔복을 모두 '슬픔'으로 바꾸었다. 그리고 8번의 외침 뒤에는 좋은 결말을 예상했는데, 시인은 우리의 기대를 한껏 고양시킨 뒤에 더욱 절망의 나락으로 떨어뜨린다. "저희가 영원히 슬플 것이요." 현재적 슬픔을 꿋꿋이 견디면서 미래적 소망을 갈구했지만, 일제 식민 치하 조선 반도와 민족의 암울한 운명만이 그의 마음에 있었기 때문이다. 시인에게 있어서 회복과 기쁨은 정말 난망했다. 그래서 더 슬프다.

반면 예수님은 애통하는 자에게 분명히 '복'을 말씀하셨다. 애통하면 그때부터 하나님께서 채워 주시고 위로해 주신다. 슬픔이 힘이 되고, 슬픔이 소망이 되고, 슬픔이 위로가 되고, 슬픔이 평화가 되고, 슬픔이 천국이 될 것이다. 따라서 아무리 암울한 시대라도 애통하는 자는 이 땅의 소망이다.

현시대는 어떤 시대인가? 예수님의 시대와 같이, 피리를 불어도 춤추지 않고, 슬피 울어도 함께 울지 않는 세상(마 11:17)이다. 세상은 공감하지 않는다. 불쌍히 여기는 마음이 없다. 완악하다. 세상이 피하고 싶어 하는 것이 슬픔이요, 눈물이다. 특별히 남자는 어릴 적부터 '울지 마라'고 교육을 받았다. 세상 사람들이 돈, 교육, 권력, 명예를 악다구니를 써가면서 추구하는 것도 눈물 날 일, 애통할 일이 없게 하려는 것이다. 이런 것들이 없어서 가슴 아픈 눈물을 많이 흘려 보았기 때문이다. 세상에서는 애통에서 벗어나려고 애를 쓰는데, 예수님은 '애통하는 것이 복되다' 하시니 놀라울 뿐이다. '이 말씀을 진심으로 하신 것일까? 혹시 반대로 말씀하신 것이 아닐까?' 하는 의구심도 든다.

다른 팔복들처럼, 두 번째 축복 선언도 문장 구조가 동일하다. '복이 있나니(행복선언), 애통하는 자는(행복상태), 그들이 위로를 받을 것임이요(행복이유).' 내 딸아이가 어렸을 때, 무슨 일만 있으면 나에게 와서 울었다. 내가 "넌 왜 자꾸 우니?" 물으면, 딸아이는 "그러면 아빠가 도와주잖아!"라고 대답했다. 맞다. 사람도 그러할진대 하나님은 어떠하시랴! 우리의 눈물은 하나님 마음을 녹인다. 애통은 우리의 일에 하나님을 초대하는 초대장이다. 눈물은 그분의 개입과 위로와 축복을 부른다. 장례식을 치르는 자는 조문객이 누가 왔는지, 누구의 조화가 왔는지 마음을 쏟다. 대통령이나 사회 유력인사가 보낸 조화를 보면, 유족이 위로를 많이 받았을 것으로 추측한다. '누가 위로를 했는가'가 중요하다. 애통하는 자는 '하나님께서' 위로하신다. 전지전능하시고 초월적인 존재가 위로하신다. 그러면 우리는 언제 그리고 무엇 때문에 애통하는가?

1. 인간적인 슬픔 때문에 애통하라

우리는 이 땅 위에서 살아갈 때 질병, 이별, 상실, 아픔, 실패 등 많은 슬픈 일을 당한다. 내 기억 속에는 크게 애통해 본 적이 세 번 있다. 고등학교 전기입학시험에서 떨어졌을 때, 부모님의 반대를 무릅쓰고 무일푼으로 신학교에 들어갔을 때, 아버지가 돌아가셨지만 미국 유학 중으로 빈소를 지키지 못했을 때 많이 울었던 기억이 난다.

　이런 인간적인 슬픔도 하나님 앞에 가지고 나오면 복이 될까? 그렇다. 고등학교를 후기에 미션 스쿨에 입학함으로써 신앙의 길로 들어서게 되었고, 이후 복음의 전파자가 되어서 온 가족의 영혼이 구원을 받게 되었으며, 임종은 지키지 못했지만 성령님께서 부친의 영혼이 천국에 있음을 확신하게 해주셔서 큰 위로를 받게 하셨다. 슬픔이 변하여 기쁨이 되었다. 세상에 하나님이 위로하지 못할 애통은 없다. 하늘의 하나님이 치유할 수 없는 땅의 슬픔은 없다. "내가 네 기도를 들었고 네 눈물을 보았노라"(왕하 20:5). 히스기야는 죽을병에 걸렸을 때 면벽(面壁) 기도를 하면서 애통했더니 하나님께서 생명을 15년 더 연장시켜 주셨다(사 38:5). 나는 하나님 앞에서 우는 것이 부끄럽지 않다. 눈물이 양약처럼 슬픔을 씻어 준다. 내가 울어야 스트레스가 사라지고, 마음이 치유되고, 완악한 마음이 부드러워지고, 막혔던 것들이 뚫린다. 슬픔을 만나면 무조건 울라. 그러면 가장 인간적이면서도 가장 하나님의 자녀다운 사람이 된다.

2. 죄에 대해 애통하라

우리의 애통은 세상적인 문제보다 영적인 문제에 있어서 더 커야 한다. 특별히 죄의 문제를 크게 애통해야 한다. 이것은 경건한 슬픔이다. 이런 관점으로 이 복을 다시 설명하자면, "아! 복이 있도다. 사랑하는 자의 죽음을 애도하는 것같이 자기의 죄에 대해 슬퍼하는 자여. 그대는 하나님의 위로를 받으리라"고 할 수 있다. 죄가 즐거움이 아니라 극심한 고통이라고 느껴지도록 슬퍼해야 한다.

죄에 대한 애통은 진정한 성화와 성숙을 가져온다. 죄에 대해 아파할 때 거룩함에 이르게 되고, 깨끗한 양심을 소유하게 된다. "하나님을 가까이하라 … 두 마음을 품은 자들아 마음을 성결하게 하라 슬퍼하며 애통하며 울지어다 너희 웃음을 애통으로, 너희 즐거움을 근심으로 바꿀지어다 주 앞에서 낮추라 그리하면 주께서 너희를 높이시리라"(약 4:8-10). 탄광에서 일하는 광부는 온몸이 분진과 먼지로 검게 되지만, 오직 눈과 치아만은 하얗다. 수시로 눈물이나 타액이 나와서 닦아 주기 때문이다. 매일 샤워를 하는 것처럼, 우리도 매일 눈물로 회개하지 않으면 이 죄악된 세상에서 거룩함을 유지할 수 없다. 죄로 더럽혀진 내 눈을 눈물로 씻어내지 않으면 하나님을 볼 수 없다. 눈에 이물질이 들어가면 즉시 눈물이 분비되듯, 영혼을 더럽히는 죄가 침투하면 즉각 회개와 애통의 눈물을 흘려야 한다.

애통은 두 가지 방향으로 나타난다. 하나는 우리 안에 없어야 할 것, 즉 죄(罪)가 있음으로 인한 애통인데, 이는 죄의 제거와 정화로 이끈다. 또 하나는 우리 안에 마땅히 있어야 할 것, 즉 의(義)가 없음으로 인한 애통이다. 이는 하나님의 거룩함으로 귀결된다. 이 두 가지는 동전의 양면과 같다. 적극적인 죄와 소극적인 죄이기 때문이다. 여하튼 애통하는 자는 '슬픈 사람'이지만 결코 '비참한 사람'은 아니다. 성결은 눈물의 씨앗이다. 이런 눈물이 위로의 씨앗이 되고 거룩함의 자양분이 되기 때문이다. 눈물로 소망이 자란다. 참회시인 시편 51편에서 다윗은 이렇게 말한다. "하나님이 구하시는 제사는 상한 심령이라 하나님이여 상하고 통회하는 마음을 주께서 멸시하지 아니하시리이다"(시 51:17). 다윗은 자신이 죄인임을 알고 통회 자복하며 애통했다. 하나님은 그런 기도를 원하시며 응답하신다. 눈물로 내 메마른 영혼을 적셔야 한다. 눈물이 사막 같은 마음을 옥토 같은 마음으로 만든다. 눈물만이 굳어진 마음의 땅을 다시 기경할 수 있게 해준다. 광야에 물이 들어오면 사람 살 곳이 되듯, 눈물이 우리를 살린다.

바울은 '심령의 가난'이 '애통'으로 전환되는 과정을 잘 보여준다. "오호라 나는 곤고한 사람이로다 이 사망의 몸에서 누가 나를 건져내랴"(롬 7:24). 바울은 자신을 '곤고한 사람'이라고 하면서, 자신이 영적으로 파산한 자임을 알고 슬퍼하고 있다. 애통하는 마음이 없이 진정한 회개는 없다. "너희는 옷을 찢지 말고 마음을 찢고 너희 하나님께로 돌아올지어다"(욜 2:13). 18세기 아메리카 인디언 선교사인 데이비드 브레이너드는 1740년 10월 18일 자 그의 일기에 다음과 같이 썼다. "아침 경건 시간에 내 영혼은 완전히 녹아 버렸으며, 나의 엄청난 죄성과 비열함으로 인해 통렬하게 애통했다." 구원의 참 기쁨 이전에 회개가 있어야 한다. 지금 우는 자가 나중에 울지 않는다. 지금 울지 않으면 나중에 슬피 울며 이를 갊이 있을 것이다.

3. 이 세상의 악에 대해 애통하라

세상에 만연된 사회악들 즉 타락, 거짓, 비리, 착취, 불의, 구조적인 악 때문에 애통해야 한다. 이런 마음이 '사회적 양심'을 지닌 마음이다. 기독교인은 개인 문제만이 아니라, 사회의 문제들을 안고 슬퍼해야 한다. 우리는 애통하는 마음을 통해 고통당하시는 하나님을 느낄 수 있다. "무법한 자들의 음란한 행실로 말미암아 고통당하는 의로운 롯을 건지셨으니 (이는 이 의인이 그들 중에 거하여 날마다 저 불법한 행실을 보고 들음으로 그 의로운 심령이 상함이라)"(벧후 2:7-8). 아브라함과 헤어져 소돔 성에 들어간 롯은 그 성에서 자행되는 일들로 인해서 마음이 상했다. 롯도 그러했는데 하나님의 마음은 얼마나 아프셨을까? 롯은 하나님의 마음을 느끼며 소돔을 위해서 중보하며 애통하며 기도했을 것이다. 우리도 그런 자세를 공유해야 한다.

요한 웨슬리도 그의 일기에 이렇게 썼다. "내 영혼은 뉴캐슬 거리를 걸을 때도 매일 매일 고통스러웠다. 우리의 삶을 맡긴 가난한 사람들의 어리석고 뻔뻔스러운 죄악 때문에 그리고 그들의 멋모르는 불경스러움 때문이다. 군인들의 끊임없는 저주와 맹세, 방자한 신성 모독은 소박한 귀에는 고문과 같은 것이어야 한다. 하나님을 경외하거나 이웃을 사랑하는 사람이 어떻게 무관심하게 이런 말을 그냥 넘길 수 있겠는가?" 참된 기독교인은 다른 사람들의 죄 때문에 애통한다. "그들이 주의 법을 지키지 아니하므로 내 눈물이 시냇물 같이 흐르나이다"(시 119:136). "너는 예루살렘 성읍 중에 순행하여 그 가운데에서 행하는 모든 가증한 일로 말미암아 탄식하며 우는 자의 이마에 표를 그리라"(겔 9:4). 애통하는 자가 받게 될 이마의 표는 하나님의 심판의 날에 죽음과 심판을 모면하게 한다.

로마서에서 예수 그리스도와 그에 대한 믿음으로 말미암는 구원을 선포한 바울은 9장부터 예수님을 거절하는 자기 동족을 위해 중보한다. 그는 혈족인 이스라엘 백성에 대하여 "큰 근심과 그치지 않는 고통"(롬 9:2)이 있다고 고백한다. 또 고린도 이방인들의 죄에 대해서도 "내가 마음에 큰 눌림과 걱정이 있어 많은 눈물로 너희에게 썼노니"(고후 2:4)라고 했으며, "하나님의 뜻대로 하는 근심(grief)"(고후 7:10)이라고 했다. "이제도 눈물을 흘리며 말하노니 여러 사람들이 그리스도의 십자가의 원수로 행하느니라"(빌 3:18) 하며 탄식을 쏟아 놓기도 했다. 내가 다른 사람들 때문에 애통한다고 해도 아직 그들에게 위로가 임하지는 않는다. 대신 그들을 향한 불붙는 마음이 나에게 일어난다. 내가 하나님께 쓰임을 받는다. 그리고 하나님께서 그들에게 역사하여 그들을 변화시키시고 그들도 생명의 길로 초대하실 것이다.

4. 세상의 가련한 자들을 위하여 애통하라

이는 '눈물의 사역'으로서, 다른 사람의 아픔을 함께하는 일이다. 욥은 가난한 사람들, 장애를 갖고 살아가는 사람들을 볼 때 눈물이 나왔다고 말한다. "고생의 날을 보내는 자를 위해 내가 울지 아니하였는가 빈궁한 자를 위해 내 마음에 근심하지 아니하였는가"(욥 30:25). 눈물로 고통받는 자와 연대하는 것이다.

　나는 한동안 CTS 방송국에서 〈7000미라클〉이라는 프로그램을 진행한 적이 있다. 어려운 분들, 선교사님들을 인터뷰하면서 도와주는 프로그램이다. 일주일에 한 번씩 녹화할 때마다 힘이 들었다. 그들의 말을 들어주는 것만으로도 힘이 들었다. 정말 눈물 없이 들을 수가 없었다. 내 호주머니부터 털지 않을 수가 없었다. 이 방송을 시청하시던 중앙교회 교인인 최한식 장로님과 이귀자 권사님은 때때로 물질로 도움을 주셨다. 권사님이 소천하신 뒤에 자신도 어려우신 장로님께서 평생 어려운 분들을 위하던 권사님을 생각하면서 구제에 써 달라고 5000만 원을 나에게 맡기셨다. 가슴 아픈 사연을 들을 때, 감동이 되는 대로 주라고. 나는 그 돈을 어려운 분들에게 전하면서 권사님이 여전히 살아서 일하고 있음을 느꼈다.

　물질을 나눌 여유가 없어도 시간을 함께 보내며 말을 들어주고 말씀을 전해 주며 기도해 줄 수 있다. 예수님께서 자기 십자가를 지고 골고다로 가실 때, 슬피 우는 여인들을 위해서 이렇게 말씀하셨다. "예루살렘의 딸들아 나를 위하여 울지 말고 너희와 너희의 자녀를 위하여 울라"(눅 23:28). 암브로시우스 주교는 어거스틴의 어머니 모니카에게 "눈물로 기도한 자녀는 망하지 않는다"는 유명한 말을 남겼다. 우리는 자녀뿐 아니라 다른 사람을 위해서도 울어야 한다. 공동체를 위해 울어야 한다. "슬프다 이 성이여

전에는 사람들이 많더니 이제는 어찌 그리 적막하게 앉았는고 전에는 열국 중에 크던 자가 이제는 과부같이 되었고 전에는 열방 중에 공주였던 자가 이제는 강제 노동을 하는 자가 되었도다"(애 1:1). 애가는 예레미야의 슬픔의 노래다. 예레미야, 느헤미야, 호세아, 바울은 모두 이웃을 위해 애통했던 분들이다. 눈물의 사역자였다. 세상 고통과 죄로 인하여 상한 심령을 가진 자는 복되다. 이런 애통을 통해서만 하나님을 아는 기쁨을 맛볼 것이다. 다른 사람들을 위해 울 때 하나님이 친히 오신다.

예수님은 '눈물의 사람'이요 '슬픔의 사람'(man of sorrow)이셨다. 나사로의 무덤 앞에서는 그 남매들이 불쌍해서 우셨고, 예루살렘의 죄악과 완고한 마음을 보시고는 "예루살렘아 예루살렘아"(마 23:37) 하시며 눈물을 흘리셨다. 히브리서 기자는 예수님에 대해 육체에 계실 때 "심한 통곡과 눈물로 간구와 소원을 올렸고"(히 5:7)라고 소개한다. 예수님은 고통을 누구보다 더 잘 아신다. 그래서 우리를 중보하실 수 있고 구원해 주실 수 있다. 우리가 예수님의 눈을 갖게 된다면, 예수님의 마음을 갖게 된다면, 틀림없이 세상을 위해 울며 애통해할 것이다. 주님, 우리에게 주님의 안목을 주시고, 주님의 심장을 주시고, 주님의 눈물을 주소서.

예수님을 믿으면 믿을수록, 신앙의 연륜이 쌓이면 쌓일수록, 애통할 거리, 애통의 제목, 애통의 눈물이 더 많아진다. 요사이 나는 시도 때도 없이 운다. 신문을 보다가도, 텔레비전 보다가도, 라디오 듣다가도, 대화 중에도 운다. 코로나19로 인해 그 이단성이 드러난 신천지에 빠진 사람을 볼 때 눈물이 난다. 어찌 그리 가출한 청년도 많고 깨어진 가정도 많은가! 코로나19로 사망한 분들을 보니 눈물이 난다. 바이러스와 악전고투하고 있는 의료진과 공무원과 자원봉사자들을 볼 때 눈물이 난다. 코로나로 목숨을 잃은 사람을 볼 때 눈물이 난다. 그 외에도 부모에게 버림받은 아이들, 학대받는 자들, 가난과 질병에 찌든 자들을 볼 때 마음이 아프다. 이전에는 메마른 눈으로 인해 볼 수 없었던 세상이 비로소 보인다.

괴테의 성장소설 「빌헬름 마이스터의 수업시대」에 수록된 탄금시인에 나오는 시의 일부처럼. "눈물 젖은 빵을 먹어 본 적이 없는 자, 슬픈 밤을 단 한 번이라도 침상에서 울며 지새운 적이 없는 자, 그는 당신을 알지 못하오니, 하늘의 권능이시여…."

애통이 없으면, 진정한 삶에서 동떨어지고 진정한 사랑으로부터 멀어진다. 애통은 우리가 피해야 할 것이 아니라 배워야 할 것이다. '경건한 슬픔'과 '상한 마음'은 성도를 성도답게 하며, 세상과 구별시키는 특징이다. 영성가들은 참된 애통과 슬픔의 유익을 알고 있었다. 그러므로 잔칫집보다 초상집에 가라고 했다. "슬픔이 웃음보다 나음은 얼굴에 근심하는 것이 마음에 유익하기 때문이니라"(전 7:3). 그리하여 다윗은 애통의 눈물을 주님의 병에 담아 주실 것을 호소했다. "나의 눈물을 주의 병에 담으소서"(시 56:8). 애통의 눈물이 무가치한 것이라면, 무엇을 하려고 주님 앞에 보관해 달라고 했겠는가! 애통의 눈물은 고귀하고 거룩한 보물이다. 애통은 우울증이 아니다. 그것에는 용서와 위로가 보장되어 있다. 애통하는 자는 복이 있는 자다.

애통도 어느 정도의 길이가 되어야 한다. 애통이 회개를 낳고, 회개가 겸손을 낳아, 겸손이 하나님의 위로를 초래하기 위해서는 애도의 '기간'이 필수적이다. 우리는 이 애도의 기간을 통해 자신의 죄와 세상의 죄를 목격하고 깨우치게 된다. 인생의 좌표를 재정립하며 하나님의 영광을 위한 길을 모색하여 나아가게 된다. 따라서 애통하는 자에게도 인내가 필수적이다.

한때 휫필드는 십자가를 묵상해도 "눈물이 나지 않아 슬프다"라고 고백했다. 웨슬리 듀엘은 "나에게 눈물을 주옵소서"라고 다음과 같이 기도했다.

> 사랑의 주님이시여!
> 내가 기도하옵나니 내게 눈물을 주옵소서.
> 내가 중보 기도할 때 눈물을 주시고
> 매일같이 당신 보좌에 무릎 꿇을 때에 눈물을 주옵소서.
> 내게 눈물을 주시고 마침내 중보하는 법을 배우게 하옵소서.
> 못에 상한 주님이시여!
> 나의 이 차디찬 돌 같은 마음을 깨뜨려 주시고
> 당신의 거룩한 불로써 이 마음을 녹여 주옵소서.
> 당신의 사랑의 열정으로 내 마음을 가득 넘쳐흐르게 하시고
> 당신의 소원에 굶주리게 하소서.

나의 마음에서 온갖 완악함을 제거해 주시고

마침내 내가 배고프고 목마르고 갈망하게 하소서.

죄로 파멸된 영혼들을 향한 갈망이 내 속에 있기까지

내 속에 모든 것을 소멸시키는 불이 타오르게 하소서.

당신의 눈물로 내 마음을 차고 넘치게 하시고

그곳에서 당신의 십자가를 보게 하소서.

그리하여 마침내 이 세상의 다른 모든 것이 내게 죽게 하시고

주님의 십자가 외에는 이 세상의 그 모든 것을

한낱 찌꺼기로 알게 하소서.

내 마음이 항상 십자가로 상한 마음이 되게 하시고

인간들의 영혼을 위해 피를 흘리게 하소서.

영혼들을 위한 부담감으로 날마다 나의 영혼이 녹게 하시고

마침내 당신의 고통을 함께 나누게 하소서.

우리를 위해 생명을 바치신 당신의 사랑을 설교할 때

내게 눈물을 주시고

사람들과 함께 중보 기도할 때 눈물을 주옵소서.

내게 눈물을 주소서.

하나님의 사랑이 내 마음을 다시 녹이게 하옵소서.

-「열정적인 지도자」중에서

웨슬리 듀엘처럼 이렇게 눈물을 흘리며 씨를 뿌리는 자는 기쁨으로 단을 거둘 것이다. 천국은 눈물을 흘리며 애통하는 과정을

통해 들어가는 곳이다.

5. 애통하면 하나님의 위로를 받는다

애통이 복이 되는 이유가 무엇인가? 예수님께서는 헬라어 접속사 '호티'를 통해 그 이유를 제시하신다. "그들이 위로를 받을 것임이요." 애통하는 자가 받게 될 위로는 세상 혹은 하나님께 받을 수 있다. 그런데 세상이 주는 위로는 제한적이고 일시적이기 때문에 참된 복이 되지 못한다. 여기서 말하는 위로는 하나님께서 주시는 것이다. 명시적으로 하나님이 거론되지는 않았지만, 그 주체가 하나님이심을 드러낸다. 이런 수동태를 '신적 수동태'(divine passive)라고 한다. 하나님이 주시는 위로가 얼마나 크면 그 모든 슬픔을 덮고도 남는다.

영어의 '위로하다'(comfort)는 '함께'(com-)와 '진지'(fort)의 합성어로 함께 지지해 준다는 뜻이다. '위로하다'의 헬라어는 '파라칼레오'다. 어원 분석을 하면, '파라-'(옆에서)와 '칼레오'(부르다, 말을 하다)의 합성어다. 어려움에 빠졌을 때, 누군가 곁에 있어 주면서, 용기를 북돋아 주고, 희망을 주며, 격려하고, 나아갈 길을 조언하며, 새로운 시야를 열어 주며, 도와주고, 법정에서 변호해 주는 등 다양한 스펙트럼의 의미 군을 가진다.

이 단어에서 파생한 '파라클레토스'는 흔히 '보혜사'(保惠師)로 번역된다. 우리가 섬기는 성삼위 하나님, 성부, 성자, 성령께서는 근원적으로 파라클레토스 보혜사이시다. 성부께서는 "하나님께서 그들의 눈에서 모든 눈물을 씻어 주실 것임이라"(계 7:17)는 표현을 통해 우리의 위로자 되심을 밝혀 주셨다. 성자와 성령은 요한복음을 통해 보혜사임이 분명하게 밝혀졌다. "내가 아버지께 구하겠으니 그가 또 다른 보혜사를 너희에게 주사 영원토록 너희와 함께 있게 하리니"(요 14:16). 예수님도 보혜사이시고 성령님도 "또 다른 보혜사"이시다. 가장 큰 위로자는 성삼위 하나님이시다. 성삼위 하나님께서는 애통하는 자에게 친히 찾아오셔서 닦아 주시고, 들어주시고, 달래 주시고, 어루만져 주시고, 쓰다듬어 주시고, 가라앉혀 주심으로써 위로하신다. '자, 이제 그만 슬퍼해라. 생명으로 바뀌는 네 모습을 보아라. 네가 눈물을 흘리는 까닭에 새 생명을 얻지 않았느냐?'

애통하라. 그리하면 하나님의 위로를 받게 될 것이다. 그 위로는 세상이 줄 수 없는 위로다. 세상에서 당한 재난 때문이든, 자신의 죄 때문이든, 세상의 죄악 때문이든, 불쌍함 때문이든, 중보하기 위해서든, 할 수 있는 한 많이 애통하라. 애통하는 자는 하나님의 위로를 받고 천국을 맛보게 되리라. 애통이 변하여 기쁨이 될 것이다. 값없이 주시는 은혜를 만끽하게 되리라. "모든 눈물을 그 눈에서 닦아 주시니 다시는 사망이 없고 애통하는 것이나 곡하는 것이나 아픈 것이 다시 있지 아니하리니 처음 것들이 다 지나갔음이러라"(계 21:4).

4
애통은 온유를 낳고

온유한 자는 복이 있나니 그들이 땅을 기업으로 받을 것임이요 마 5:5

코로나19가 한국 사회에 '거친' 심성과 '자극적인' 언어를 불러일으켰다. 언어에도 온도가 있어서 어려울수록 따뜻한 말을 해야 할 터인데, 오히려 차가운 말, 막말이 팽배하다. 교회 폐쇄, 예배 중단, 예배 대체, 행정명령, 예배 강행, 민형사상 조치 등. 예배를 목숨보다 소중히 여기는 교회들과 감염병 전파를 막기 위해 강경한 조치를 취하는 보건당국의 실랑이 속에서 나타나는 용어들이다.

 교회나 예배는 결코 폐쇄되거나 중단될 수 없고, 중단되어서도 안 된다. 하지만 파괴적인 전염병을 막겠다는 보건당국의 고충도 이해하지 못하는 바가 아니다. 지금 우리는 특수적이고 예외적인 상황에 처해 있는 것이 아닌가? 따라서 우리는 거친 용어로 상대를 자극하고 격분시키고 선동하기보다는 제3의 길을 모색해야 한다. 성도들의 안전을 지키면서 사회적인 책임을 다할 수 있는 '안전한 예배 환경 만들기 캠페인'을 전개하면서, 보건당국의 우려를 씻어 주고, 예배도 정상적 범위 안에서 드릴 수 있는 길을 찾는 것이다.

이 얼마나 온유한 언어인가? 얼마나 화합하는 언어인가! 우리는 사용하는 어휘를 조심해야 한다. 거친 말은 다툼을 만들 뿐이다. 온유한 말은 화평을 맺는다. 가는 말이 고와야 오는 말도 곱다. "온순한 혀는 곧 생명나무이지만 패역한 혀는 마음을 상하게 하느니라"(잠 15:4).

중세 시대에 페스트가 유럽에 창궐할 때도 유대인들은 피해가 적었다. 유대인들은 평상시 물 끓여 먹기와 손 씻기 습관이 있었는데 이것이 재난 상황에서 큰 위력을 발휘했다. 사실 이런 건강한 습관들은 모세 율법에 있는 정결법에 영향받은 바가 큰데, 정결법에는 음식물 정결, 진영 밖 격리, 거리 두기, 시간 갖기, 홀로 있게 하기 등의 규칙들이 있었다. 교회에서는 안전한 예배 환경 조성을 위해 최고의 방역 노력을 기울이며, 각 가정과 개인은 일상을 잠시 유보하고 멈추어 서서 물리적 거리 두기를 실천하며 '홀로 있음의 영성'을 함양하는 천금 같은 기회로 삼는 것이 좋다. 하나님과 함께하는 '홀로 있음의 영성'이 성숙해져야 이웃과 함께하는 '함께 있음의 영성'도 커진다. 두 영성은 보조를 맞추어 같이 가야 한다. 교회는 '모이는 교회'와 '흩어지는 교회'의 균형을 잡아야 한다.

코로나19 사태는 '흩어지는 교회'를 더욱 굳건히 세울 절호의 기회다. 원시적인 교회는 가정이 교회였는데, 이제는 교회가 가정이 되는 것이다. "내가 교회다." "당신이 교회다." "우리가 교회다." 교회에 모이지 못할 형편이라면 가정이 교회가 되게 하라. 따라서 이래도 저래도, 우리 영성에 도움이 되는 방향으로 가져가야 한다. 어떤 상황이든 이렇게 긍정적으로 생각해야 한다. 긍정적인 생각은 온유하고 창의적인 언어로 표출된다.

　예수님 당시에 존재했던 열심당은 젤롯당이라고도 불렸다. 그들은 정치적인 메시아를 고대하면서, 로마 제국을 힘으로 격파하여 퇴치하고 민족적 자유와 해방을 성취하려 했다. 그들의 모토는 "가서 취하라!", "죽이고 물리쳐라!"였다. 그들의 언어와 행동은 폭력, 투쟁, 용맹, 공격성, 권력 지향, 경쟁, 적자생존으로 특징지어질 수 있다. 하지만 그들의 시도는 물거품이 되었고, AD 70년에 예루살렘과 성전이 로마에 의해서 파괴되는 참극으로 끝을 맺었다.

　반면 기독교는 로마제국의 박해를 받으면서 성장했다. 믿음 소망 사랑으로 살면서 온갖 박해를 견뎌냈다. 신자들은 마치 어린 양처럼 순교의 길을 걸어갔다. 순교자가 많아질수록 교인들의 숫자는 늘어만 갔다. 결국 로마 제국은 기독교 앞에 무릎을 꿇게 되었고, 기독교를 공인하고 국교로까지 받아들이게 되었다. 종교 사회학자인 로드니 스타크는 「기독교의 발흥」에서 '어떻게 기독교가 로마를 이겼는가?'에 대해 서술했다. 로마는 황제에 대한 충성과 숭배를 강요하고 근친상간, 유아 살해 등 온갖 죄악에 빠져 있으면서 기독교에 대한 극심한 박해를 가했는데, 어떻게 기독교가 국교가 되고 세계종교로 도약하게 되었을까?

　주후 165년과 251년 역병이 로마를 강타했을 때, 이교도와 초기 기독교와의 차이가 극명하게 갈리게 되었다. 로마 제국의 1/3이 죽어 갈 때, 유증상자는 집 밖에 버려지고 시체는 방치되었을 때, 기독교인들은 위험을 무릅쓰고 병자를 돌보고 죽은 자를 보살폈다. 기독교인들은 역병 속에서도 목숨을 걸고 재난 가운데 있는 자들을 구제하고 섬기는 사랑을 실천하였다. "그것은 이교도 교리와 사상에서는 찾아볼 수 없는 하나님의 사랑이다. 하나님의 사랑을 경험한 자는 서로 사랑할 수밖에 없게 된다는 것이다. 고난 속에서도 이 사랑을 실천하는 매력적인 종교가 바로 기독교였다."

온유한 사람들의 완벽한 승리였다. 로키산맥을 따라 여행을 하다 보면 캐나다에서 미국으로 이어지는 아름다운 산과 강이 장관을 이룬 것을 볼 수 있다. 그 아름다운 풍광은 물과 바위 간의 오랜 싸움의 결과물이다. 바위에 부딪치는 물이 산산이 부서지기 때문에 단단한 바위가 더 강하고 물이 지는 것 같지만, 그렇지 않다. 유구한 세월을 지나면서 결국 물이 돌을 깎아내고 부드러운 물이 강물의 길을 내고 결국은 지형과 길을 바꾼다. 물이 돌을 이긴다. 온유가 힘이다.

산상설교는 표면상으로는 "제자들"(마 5:1)을 상대로 주어졌다. 하지만 자세히 읽어 보면 내포 독자에게 주는 어투로 쓰였다. '제자들'을 포함해서 '무리들', 그리고 '우리들'도 모두 예수님의 말씀을 듣고 있다는 인상을 받는다. 팔복 중 세 번째 복에 이르니, 팔복은 세상에서 생각하고 말하는 것과는 반대된다는 것을 어느 정도 알 것 같다. 세상에서는 힘, 세력, 능력, 정복, 공격성이 있어야 승리하고 전리품을 챙길 수 있다. 그렇지 않으면 자기 밥도 찾아 먹기 힘들다. 알렉산더, 시저, 나폴레옹, 히틀러, 스탈린 같은 정복자들을 보라. 그들은 나라와 땅을 차지하기 위해 전쟁을 일으켰다. 용맹스럽게 공격하는 자가 땅을 차지했다. 따라서 헬라 철학에서는 '용기'를 위대한 덕목으로 취급한다. 최근에는 '실행력'(execution)이라는 이름으로 포장되어 유통되고 있다.

그런데 예수님은 "참 행복하다. 온유한 사람들아, 그들이 땅을 물려받을 것이다"라고 선언하셨다. "온유한"의 헬라어 원어는 '프라우스'다. 이는 본래 짐승을 길들여서 주인이 시키는 대로 하게 한다는 의미다. 망아지를 길들이는 것을 보았는가? 준마(駿馬)는 원래 야생마를 길들여서 만든다. '프라우스'는 '잘 다스려진 짐승'이란 뜻에서 확장되어 사람에게 적용되었다. '점잖은', '사려 깊은', '예의 바른', '부드럽고 따뜻한' 사람. '프라우스'는 친절함, 유순함, 겸손함, 온화함, 부드러움 등 평화로운 성향을 나타내는 형용사가 되었다.

팔복 중 앞의 세 개의 복(심령 가난, 애통, 온유)은 '하나님과의 관계'라는 관점에서 '우선적으로' 해석해야 한다. 따라서 '수평적인 관계의 온유'는 '수직적인 관계의 온유'를 전제로 해야 한다. 그렇다면 나는 왜 하나님에 대해서, 그분의 뜻에 대해서 온유하지 못할까? 조급함, 야망, 분노, 불안, 불신, 미숙, 자존심 때문이다. 그에 따라 상실감, 실망감이 크게 들고, 다른 사람과도 멀어진다. 온유가 없는 자의 손해는 이만저만 큰 것이 아니다.

진정으로 강한 자만이 온유할(meek) 수 있다. 온유함(meek)은 연약함(weak)이 아니다. 힘은 부드러움에서 나온다. 물맷돌이 강하게 발사되기 위해서는 무릿매가 유연하게 회전되어야 한다. 건강한 자화상과 자긍심을 가진 사람, 내적으로 강한 사람이 온유할 수 있다. 열등감을 가지거나 교만한 사람은 온유할 수 없다. 온유한 사람은 외유내강(外柔內剛) 형이다. 칼집이 칼을 품고 있듯, 이런 사람은 온유의 옷 속에 내면의 강력함을 가지고 있다.

온유함이 강함이라고 했을 때, 그 힘은 어떻게 표출되는가? 온유는 제어되고 통제된 힘이다. 아무 때나 발산되는 것이 아니라 '올바른 방향', '분명한 목적' 즉 하나님 나라와 하나님의 뜻을 위해 조율되는 힘이다. 강렬한 태양, 강한 바람, 거센 파도, 핵이 통제되면 유익한 에너지가 되지만, 통제되지 않으면 대형 재난만을 일으킬 뿐이다.

코로나19 바이러스는 인간의 몸을 파괴하는 21가지 바이러스 유형 중의 하나로 지구상에 존재하는 일억 가지 바이러스 유형의 작은 일부에 불과하다. 대다수 바이러스는 우리 존재 자체에 꼭 필요하다. 바이러스는 무기 영양소 재순환에 중요한 일부다. 바이러스는 미세하고 하찮게 보이지만 사실상 먹이 그물을 통한 영양소 재순환에서 필수적 역할을 수행한다. 바이러스는 생명에 필수적이고, 그 가운데 일 퍼센트 미만이 병원성이 있다.

코로나19는 통제되지 않은 바이러스라서 위험하다. 엄청난 힘과 속도를 자랑하는 자동차라도 제동 기능이 없다면 흉기에 불과

하다. 거기에 브레이크를 달아 통제할 수 있을 때, 비로소 유용한 자동차가 된다. 짐승이 아무리 큰 힘을 갖고 있더라도 길들여지지 않는다면, 인간에게 무슨 유익이 있을 것인가? 사람도 자기 내면을 다스릴 줄 알 때, 위력을 발휘하게 된다. "노하기를 더디하는 자는 용사보다 낫고 자기의 마음을 다스리는 자는 성을 빼앗는 자보다 나으니라"(잠 16:32).

성경은 모세를 온유한 사람이라고 한다. 하지만 모세는 본래 상처가 많은 사람이다. 태어나자마자 상황이 어떻든 부모에게 버림을 받았고, 입양되어 바로의 궁정에서 생활했지만 지배층인 애굽 사람들에 의해 멸시와 조롱과 배척을 당했다. 안락한 환경과 좋은 교육을 받았지만 그의 본성은 충동적이었고, 감추어진 분노가 그를 지배했다. 40대에 그가 민족을 위해 행한 일은 애굽인 노동 감독관 한 명을 쳐 죽이고 도망치는 일이었다.

하지만 하나님이 그를 다루시니 온유한 사람이 되었다. 하나님은 사람을 쓰시기 전에 먼저 다루신다. 각자의 잠재력을 극대화하기 위해서 다루신다. 하나님은 모세로 하여금 40년 동안 광야에서 양치기로 살게 하심으로써 그를 온유하게 하셨다. 모세는 비로소 자기 자신을 통제할 수 있게 되었다. 이것이 큰 복이었다. 하나님의 사역을 할 때 구스 여자 일로 형 아론과 누이 미리암의 비방과 저항을 받았지만, 그는 맞대응하여 싸우지 않았다. 묵묵히 참으며 인내하며 도리어 중보 기도할 뿐이었다. 그로 인해 그는 "이 사람 모세는 온유함이 지면의 모든 사람보다 승하더라"(민 12:3)라는 평가를 받는 사람이 되었다. 모세가 세상에서 가장 온유한 사람이 된 것은 하나님께 통제를 받았기 때문에, 하나님께 순종했기 때문에, 하나님을 전적으로 신뢰했기 때문이다. 하나님이 그를 다루셨고 길들이셨다.

요즘 다시 읽게 되는 책은 제레드 다이아몬드의 「총, 균, 쇠」다. 저자는 이 책에서 유라시아 문명이 세계를 제패하게 된 과정을 규명하고 있다. 그에 따르면 오래전부터 유라시아인들은 인간에게 유익한 야생 식물을 잘 다루어서 농작물로 탈바꿈시켰다. 말하자면 식물을 온유하게 만든 것이다. 여기서 더 나아가 그들은 야생 동물들을 잘 다루고 길들여서 가축으로 만들었고, 인간이 필요로 하는 것을 얻어내는 수단으로 삼았다. 각종 동물을 다스리는 과정에서 동물에 있는 박테리아나 바이러스 등 병원균을 극복하는 면역력을 얻게 되었다. 무수한 세균이나 병원균과 함께 살 수 있는 역량이 생긴 것이다. 대항해와 신대륙 발견 시대에 유럽인들이 아메리카 원주민을 정복한 것은 총과 칼에 의한 것보다, 그들 몸 안에 있던 면역력 때문이었다. 아메리카 원주민들은 그동안 이런 미생물을 접해 보지도 못했고 그것들을 길들이지 못했기 때문에 속수무책으로 무너질 수밖에 없었다.

현재 코로나19 사태가 심각하지만, 결국 인간은 그것조차도 길들이게 될 것이다. 온유하게 만들 것이다. 그러면 인간은 좀 더 자유롭게 살아갈 수 있는 능력을 갖추게 될 것이다. 원예에서 사용되는 접붙임은 왕성한 생명력을 지닌 대목(臺木)에, 좋은 열매를 맺는 접목(椄木) 가지를 붙이는 방식이다. 나무에서 나쁜 성질들은 제거하고 좋은 성질들이 서로 만날 수 있도록 통제하고 다룸으로써 세상에 없던 유용한 품종을 만들어 낸다.

하나님께서 나를 얼마나 다루시는지에 따라, 즉 '내가 얼마나 온유해지는가'에 따라 내 운명과 쓰임이 달라진다. 이런 온유함은 우리 몸과 마음과 입술 모두에 미쳐야 한다. 때로 우리는 이런 성찰적인 질문을 던져야 한다. '나는 왜 이 귀한 몸을 이렇게 쓰고 있나?' '나는 왜 이런 생각을 마음에 품고 있나?' '나는 왜 이런 말을 내뱉고 있나?' 주님의 만져 주심과 다루어 주심을 위해 기도해야 한다. 우리를 통제해 주시고 온유하게 해달라고 간구해야 한다.

우리의 잠재력의 개발, 가능성의 극대화는 온유함에 달려 있다. 전쟁에 쓰이는 말은 훈련된 야생말이지, 처음부터 집에서 기른 말이 아니다. 인간의 엄청난 가능성이 낭비되거나 폐기되는 것은 온유하지 않기 때문이다. '베드로'는 말뜻이 '반석'인데, 그는 초대교회에 든든한 기초를 놓은 인물이다. 처음에는 잔돌이요 잡석에 불과했지만, 예수님의 손길에 의해 다듬어져서 위대한 반석이 된 것이다. 세베대의 아들 요한과 야고보는 '우레의 아들들'이라 불릴 정도로 성정이 불같았다. 하지만 예수님에 의해 길들여지자, 한 명은 의인 야고보가, 한 명은 사랑의 사도 요한이 되었다. 그들의 삶이 얼마나 위대하게 되었는가?

이런 온유한 사람들의 특징은 하나님께는 충성과 순종으로, 사람들에게는 용서와 사랑으로 대한다는 점이다. 온유함이야말로 진짜 복 받는 길이다. 온유함이 없으면 복이 결국 복이 되지 못한다. 세상적인 복을 보라. 복 받은 것처럼 보이던 자가 갑질이나 해 대다가 결국은 파멸로 끝난다. 왜 하나님이 주시는 복이 세상 복과 다른가? '온유의 그릇'에 담아 주시기 때문이다. 온유의 그릇에 담기지 않은 복은 어느덧 사라져 버린다. 온유한 자는 하나님의 손이 쓰시기에 편리하다. 그 안에 겸손, 부드러움, 용서, 인내, 자족이 들어 있다.

온유는 하나님의 뜻을 진심으로 선호하는 마음이다. 온유한 사람은 자기 뜻과 방법을 포기하고, 하나님의 뜻과 방법을 따르는 사람이다. 하나님의 말씀에 순종하는 것이 더 중요하다고 생각한다. 왜 현대인들은 화가 충만한가? 왜 현대인들은 그렇게 쉽게 상처를 받고 상처가 많은가? 왜 현대인들은 그렇게 자신이 잘났다고 하는 것인가? 내가 더 옳고 내가 더 훌륭한데, 나를 몰라주고, 무시하고, 정당하게 대우해 주지 않고, 내 뜻대로 움직여 주지 않는다고 생각하기 때문이다. 현대인의 자기본위적 태도, 이기주의적인 태도는 하나님을 알지 못하고 그 뜻에 순종하지 못함에서 비롯된다. 온유는 오직 하나님의 뜻에 굴복할 때에만 얻어지는 것이다. 하나님이 없는 자는 온유함도 없다.

목회자들은 목양자로 세움을 받았기 때문에 맡겨진 양들을 잘 인도해야 한다. 하지만 목회자들도 하나님께는 양들이기 때문에 끊임없이 그분의 다스리심과 다루심을 받게 된다. 거친 부분이 마모되어 부드러워지고 온유해지도록 말이다. 나도 목회하는 동안 하나님에 의해 다루심을 많이 받았다. 내 안에 여러 가지 욕심과 야망과 성질이 있기 때문에 주변과 부딪히는 일도 많았다. 하나님은 이 상황 저 상황, 이 사람 저 사람을 통해 나를 다루셨다. 하나님은 다듬어진 만큼 우리를 쓰신다. 온유해진 만큼 크게 사용하시고 큰 영향력을 발휘하게 하신다.

내가 미국에서 유학할 때, 여러 갈등으로 생채기가 난 어려운 교회의 담임으로 이민 목회를 한 적이 있었다. 그들은 시간만 나면 예배당 안에서 다투었다. 그런데 어느 집사님이 반공 강연을 할 거라고 하면서 본당을 내어 달라고 요구했다. 그분들이 '성소' 개념에 대해 잘 모르고 계신 것 같아 나는 다른 제안을 했다. "집사님, 그 정도 인원에 그런 성격의 행사라면 교육관이나 식당에서 해도 충분하지 않겠습니까?" 그랬더니 "안 됩니다. 손님들이 오는데, 우리 안방을 내드려야 하지 않습니까?" 하는 것이다. 하나님께 드리는 예배가 아니라면 다른 데에서 하시라고 권하자 그분은 발끈했다. "당신이 목사야? 당신이 목사라고 유세하는 거야?" 갑작스러운 공격에 당황했지만, 이내 마음이 침착해졌다. 대꾸하고 싶지 않았다. 그렇게 참고 웃어 넘겼다. 아마도 하나님께서 여러 가지 시련과 말씀으로 그동안 내 마음을 다루어 오셨기 때문이리라. 며칠 뒤, 이 소식을 들은 그의 부인이 추리닝 한 벌을 가지고 찾아와 미안하다고 대신 사과했다. 이 일을 통해 깨달은 것이 있다. '온유한 자는 복이 있나니, 그가 추리닝을 받을 것임이요.'

중앙교회에 처음 부임했을 때도 어려움이 많았다. 당회를 열기만 하면 2~3시간은 다반사였고, 물고 물리는 의견 충돌을 봐야 했다. 평소 같았으면 듣다 말고 자리를 박차고 나갔을 것이다. 하지만 주님이 주시는 인내심과 온유함으로 버텼다. 나도 모르게 견디다 못해 일어나 나갈까 봐, 그러면 다시는 영영 돌아오지 못할까 봐, 앉은 의자를 꼭 붙들고 버티고 버텼다. 그 인내의 시간, 온유를 빚어내는 시간이 지나니, 좋은 시간이 왔다. 온유해야 사람을 얻는다. 온유해야 복을 받는다.

온유의 비결은 본질과 비본질을 구분할 줄 아는 분별력이다. 온유한 사람들이 덜 경쟁적이고 덜 공격적인 것은, '더 높은 가치'를 알고 있기 때문이다. 중요한 것은 고수하되, 덜 중요한 것은 얼마든지 양보한다. 자존심이 없어서가 아니라 자존감이 높기 때문이다. 상처받지 않고 남의 말을 경청하는 능력도 이것과 연관이 되어 있다.

세상은 온유한 자를 약한 자라고 생각하고, 그를 이용하고 무시하고 가로채려 한다. 하지만 온유는 중용과 절제와 아량이 잘 균형을 이룬 강력한 상태다. 온유는 극단에 치우치지 않는 중용이요, 마음을 잘 다스리는 절제요, 받아들이기 힘든 것도 수용할 수 있는 넓은 아량이다. 이런 사람의 정신적 공간(mental space)은 넓다. 심리적 쿠션이 있다. 마음의 여유가 많다. 존재 깊은 곳에 평강이 있고, 그 평상심을 잃지 않고 유지한다. 이런 사람은 칭찬받을 때 우쭐대지 않고, 조롱받을 때 화를 내지 않으며, 모든 것을 하나님의 손에 의탁하고 하나님께 감사드린다. 경우에 따라 거룩한 분노를 발산하지만, 절제된 분노다. 남 앞에서 자기 자신을 낮추기도 한다. 자기 자신을 드러내지 않고 하나님을 드러낸다. 따라서 온유한 자는 사람과 하나님의 관계에서 창조적인 여유를 갖게 된다.

온유함은 어떻게 형성되는가? 온유함은 애통함과 의에 목마른 태도에서 나온다. 자신의 죄에 대해 애통할 때, 자신의 무가치함에 애통할 때 생긴다. 자신에 대해 절망해 보지 않은 사람, 세상의 죄와 악 때문에 눈물 흘려 보지 않은 사람은 온유에 대해 알지 못한다. 자신의 죄를 깨닫고 깊이 절망하며 눈물을 흘려 본 사람만이 그 안에 온유한 성품이 만들어진다. 마음이 겸손해지고 낮아져서 하나님만을 바라보게 된다. 애통은 자신의 죄에, 온유는 하나님의 거룩하심에 초점을 맞춘다. 그런 점에서 애통(두 번째 복)이 온유(세 번째 복)를 낳는다. 애통하면 온유해진다. 온유하게 되려면 많이 울어야 한다. 더 울어야 한다.

온유의 화신은 예수님이시다. 마태복음에는 '온유'라는 단어가 세 번 나오는데, 5장 5절을 빼고는 예수님과 관련이 있다. "나는 마음이 온유하고 겸손하니 나의 멍에를 메고 내게 배우라"(마 11:29). "네 왕이 네게 임하나니 그는 겸손하여(온유) 나귀, 곧 멍에 메는 짐승의 새끼를 탔도다"(마 21:5). 나귀 타신 예수님도 온유하시지만, 한 번도 멍에를 매어 본 적이 없는 나귀도 온유했음을 보게 된다. 예수님의 온유하심이 나귀에게 전달되어 처음 손님 예수님을 온순하게 모셨다. 온유는 예수님의 성품이다. '하나님의 어린 양'으로서 예수님은 온유하심으로 십자가를 지셨고, 또한 부활하셨다. 나폴레옹이 세인트헬레나 섬에 유배되었을 때 마지막으로 이런 말을 남겼다. "나는 칼로써 온 유럽을 정복하였지만 결국 실패하고 말았다. 그러나 예수는 사랑의 십자가를 통하여 온 인류를 정복하였구나."

온유는 또한 성령께서 우리 안에서 만드시는 성품으로서, 성령의 9가지 열매 중 하나다(갈 5:23). 온유는 큰 권세와 능력을 동반할 수 있다. 온유한 성품이 힘을 불러온다.「삼국지」에서 탁월한 지략가요 군사 영웅인 조조보다 유약한 유비를 더 존귀하게 여기는 이유는, 유비의 온유함 때문이다. 유비는 눈물의 사람이요 인의의 사람이었다. 기독교 순교자들은 온유했지만 결코 약한 자들이 아니다. 순교자 스데반 집사는 '죽을 만큼' 강한 자였다. 야성과 열정의 사람 바울도 하나님에 의해 다루어지니 온유한 사람이 되었고 기독교사에 엄청난 위업을 남긴 인물이 되었다. 주님 안에서 철옹성 같은 느낌을 주는 사역자가 되었다. 온유는 겸손하고 부드럽지만 강인하다. 마치 어머니의 온유를 연상시킨다.

온유한 자가 받을 상급은 무엇인가? "그들이 땅을 기업으로 받을 것임이요"(마 5:5). 다윗의 시편 37편에 보면, 시인은 악을 행하는 자들 때문에 불평하고 시기하고 분노하지 말라고 권고한다. '왜 저런 악인들이 이 세상에서 잘되고 형통하고 부유한가?'라고 하면서 격노하지 말라는 의미다. 대신 하나님을 의뢰하고, 하나님께 맡기고, 하나님을 기뻐하라고 했다. 왜냐하면 결국 땅을 차지하는 것은 하나님을 소망하는 자, 온유한 자들이기 때문이다. "여호와를 소망하는 자들은 땅을 차지하리로다"(시 37:9). "온유한 자들은 땅을 차지하며 풍부한 화평으로 즐거워하리로다"(시 37:11).

온유한 아브라함은 손아래 조카 롯과 헤어지면서, 먼저 분깃을 정하라고 우선 선택권을 주었다. "네가 좌하면 나는 우하고 네가 우하면 나는 좌하리라"(창 13:9). 롯은 풍요로워 보이는 소돔을 선택했다가 큰 재앙을 만났지만, 거친 황무지를 받게 된 아브라함은 믿음의 조상으로 더욱 큰 갑부가 되었다. 어거스틴은 다음과 같이 경고하였다. "지금 땅을 차지하기를 바라는 자들은 조심해야 한다. 당신이 만약 온유하다면 그것을 차지할 것이지만, 자만한다면 오히려 땅이 당신을 차지할 것이다." 소유욕이 강한 자는 결국 소유가 그를 삼킬 것이라는 말이다.

이삭도 온유함으로 복을 받았다. 그랄로 이주했던 이삭은 하는 일마다 잘되어 블레셋 사람들의 시기를 받았다. 비록 구박을 받고 떠나야 했지만, 가는 곳마다 우물을 팠고 그곳에서 물이 나왔다. 블레셋 사람들이 우격다짐으로 그의 우물들을 빼앗아가도 그는 세 번이나 양보했다. 결국 블레셋 왕 아비멜렉이 직접 찾아와서 머리를 조아리고 이삭과 화친하고 평화조약을 맺었다. "여호와께서 너와 함께 계심을 우리가 분명히 보았으므로"(창 26:28). 이삭은 그곳 이름을 '르호봇'(장소가 넓음)이라고 짓고, 거기서 형통함과 평안을 누릴 수 있었다. 하나님이 그의 지경을 넓혀 주시는 복까지 받게 되었다.

처음에는 손해를 보는 것 같지만 결국은 승리한다. 권리도 없고 힘도 없던 사람들이 땅을 차지한다. 불의와 폭력으로 땅을 차지하는 자는 잃을 것이고, 포기하고 십자가에 이르기까지 온유한 사람이 새 땅을 차지하게 될 것이다.

본회퍼는 팔복을 '포기'에 대한 요구라고 보았다. 자신의 마땅한 권리를 포기하라는 것이다. 예수 그리스도 때문에 자신의 모든 권리를 포기하고 살아가라는 것이다. 사람들이 책망해도 침묵한다. 사람들이 폭력을 가해도 참는다. 사람들이 쫓아내면 물러난다. 자신의 권리를 위해 재판을 걸지도 않는다. 이런 사람이 온유한 사람이다. 온유는 자기 권리를 내려놓는 것이다. 모든 권리를 하나님께 맡기는 것이다. 그런 자들에게 주님이 기업을 약속하신다. 이렇게 땅이 권리와 힘이 없는 자에게 속한다. 폭력과 불법으로 땅을 차지한 자는 잃게 될 것이다.

온유한 자가 "땅"을 기업으로 받는다고 했을 때, 이 "땅"은 현대에 어떤 의미가 있을까? 과거에 이스라엘은 가나안 땅을 할당받았는데 오늘날의 온유한 자는 다른 형태의 복을 받는다. 이 땅은 물질적인 복이라는 협소한 의미만 가진 것이 아니라, 사회적인 복, 관계의 복, 영적인 복을 아우른다. 하나님은 온유한 자에게 사람들의 마음을 얻게 하심으로써 '땅'을 주신다.

'사람의 마음'을 얻는 것이 무엇보다 중요하다. 예수님을 보라. 그분은 비록 소유한 것은 없으셨지만 온 인류의 마음을 얻으셨다. 예수님은 태어나 구유에 누우셔야 했고, 공생애 기간 중에는 '머리 둘 곳'이 없으셨다. 운명하실 때는 로마 제국 관할의 골고다 언덕 위에서 죽으셨고, 무덤도 남의 것이었다. 땅 한 평도 차지하신 적이 없다. 하지만 부활하신 뒤에는 하늘과 땅, 즉 새 하늘과 새 땅이 모두 그분의 것이 되었다. 사람의 마음은 곧 사람들에 대한 영향력을 의미한다. 온유한 자가 감동을 준다.

또한 온유한 자는 종말에 하나님의 나라 즉 천국을 상속받게 될 것이다. 그 천국에서 예수 그리스도와 함께 다스리게 될 것이다. 지금 살아가는 삶에서 물질적인 땅을 받지 못했다고 좌절하고 있는가? 걱정하지 말라. "여호와께서 자기 백성을 기뻐하시며 겸손한 자를 구원으로 아름답게 하심이로다"(시 149:4). 끝날 때까지 아직 끝난 것이 아니다. 예수님께서 다시 오시듯, 우리에게 주시겠다는 땅도 분명히 우리 눈앞에 펼쳐지게 될 것이다. "내게 줄로 재어 준 구역은 아름다운 곳에 있음이여 나의 기업이 실로 아름답도다"(시 16:6).

5
아! 복된 갈망이여

의에 주리고 목마른 자는 복이 있나니 그들이 배부를 것임이요 마 5:6

배고파 죽을 뻔했던 적이 있었는가? 언제, 어디서, 어떻게 그런 배고픔을 경험했는가? 지금 시대는 비만을 걱정할 정도로 먹거리가 풍족하지만, 보릿고개를 경험한 노년층은 배고픔의 비참함을 뼈저리게 알고 있다. 지금은 자발적으로 금식을 해야만 비로소 배고픔의 고통과 두려움을 잠시나마 경험하게 된다. 타는 목마름을 경험해 본 적이 있는가?

목마름은 배고픔보다 더 치명적이다. 인간은 음식을 먹지 않고 40일까지도 버틸 수 있지만, 물 없이는 3일을 넘기기가 힘들다. 1995년 삼풍백화점 붕괴사건의 장기 생환자들은 소방대가 뿌린 물이 잔해 더미 사이를 뚫고 방울방울 떨어지는 것을 마시면서 버텼다고 한다. 배고픔과 목마름은 인간에게 극한 고통이 아닐 수 없다. 배고픔과 목마름은 따로 발생하기도 하지만, 대개는 동시에 온다. '주리고 목마른'이라고 표현할 때 배고픔과 목마름은 동의어이며, 문학 기법으로는 반복법 내지는 강조법이 된다.

성욕, 수면욕과 마찬가지로, 식욕은 인간의 가장 기본적인 욕구다. 배고픔과 목마름은 욕구가 채워지지 않아서 발생하는 괴로움이다. 우리가 "목말라 죽겠다" 혹은 "배고파 죽겠다"라는 말을 사용하는 이유도 여기에 있다. 목마름이 심해지면 죽는다. 배고픔도 마찬가지다. 그래서 죽음을 피하기 위해 배고픔과 목마름을 해결하려고 발버둥 친다.

한편 배고픔과 목마름이 꼭 부정적인 의미로만 사용되는 것은 아니다. 이것은 가장 기본적이면서 가장 강렬한 생리적 욕구로 '살아 있다'는 증거요, '생(生)에의 욕구'를 증명하는 것이다. 배고픔과 목마름이 없는 자는 죽은 자뿐이다. 가녀린 몸매를 만들기 위해 거식증에 걸린 사람은 병들거나 죽게 된다. 살아 있는 자는 음식과 물이 결핍되었을 때에 어떤 형태가 되었든지 배고파야 하고 목말라야 한다.

배고픔과 목마름은 우리로 하여금 생명을 향해 움직이게 하는 원동력이다. 갓난아기가 이 사실을 증명한다. 갓난아기는 언제 어디서나 배고플 때 운다. 외부 환경이나 사람의 시선을 아랑곳하지 않는다. 그러면 어머니도 언제 어디서나 자기 가슴을 열고 아기에게 젖을 물린다. 아기는 젖을 먹고 배고픔과 목마름을 해결한 뒤, 고요하게 잠을 잔다. 배고픔과 목마름에 대해서 거리낌 없이 표현하고, 신속하게 충족 받는 젖먹이 때야말로 인생 중 가장 성장 속도가 빠른 때다.

"주리다"는 헬라어로 '페이나오'인데, '궁핍하다, 심한 굶주림으로 고통받다'라는 의미로 영어 'starving'에 해당한다. "목마르다"는 '딥사오'인데 '타는 목마름'이라는 의미로 영어 'thirsting'에 해당한다. 예수님은 "주리고 목마른 자는 복이 있도다"라고 하시며, 특별히 "의에 주리고 목마른 자는 복이 있도다"라고 하신다. 도대체 어떻게 이것이 복이 될 수 있을까?

인간의 신체 중 70%가 물이다. 예를 들어 체중이 70kg인 사람은 49kg이 물로서, 인간은 그야말로 '걸어 다니는 물통'이라고 할 수 있다. 물이 조금이라도 부족해지면 갈증을 느끼고, 입술이 마르고, 두통이 생기고, 관절이 뻑뻑해지는 등 다양한 증상이 나타난다. 갈증은 이를 물고 참아야 할 것이 아니라, 채워 줘야 할 이상 증상이다. 이것은 시간이 지난다고 잊어지거나 없어지는 것이 아니라, 더욱 증세가 심해지고 채워 줘야 하는 것이다. 갈증은 내면에 무엇인가 고갈된 것을 알려 주는 경보음이다.

대개 모든 통증과 고통은 내면의 비상상황을 알려 주는 사인이다. 근본적인 치유와 회복을 위해서는 고통이나 통증을 제거하는 데 초점을 맞추면 안 된다. 고통과 통증의 원인을 찾아서 채워 주거나 치료해야 한다. 그런 의미에서 진통제는 그 한계를 알고 경각심을 갖고 사용해야 한다. 아프다가도 밥을 잘 먹고 물을 잘 마시면 건강을 회복하는 경우가 있다. 대증적 접근이 아니라 원인적 접근을 해야 한다.

목마름이나 배고픔이 발생할 때, 우리에게 진정 무엇이 필요하며 무엇이 결핍되어 있는지를 깨달으면 우리 생명에 도움이 된다. 이를 통해 우리는 살아 있음을 느끼게 되며, 또한 우리 생명을 증진시키는 역할을 한다. 죽은 사람은 음식도 물도 필요하지 않다. 아픈 사람은 식욕도 성욕도 없다.

출애굽한 이스라엘이 광야 생활을 할 때 제일 필요했던 것은 물과 음식이었다. 물과 음식은 생존을 위한 필수품이다. 광야 생활에는 사치품과 기호품이 필요하지 않다. 이런 것들은 있어도 되고 없어도 무방하다. 코로나19 사태는 인간 생존에 필수 불가결한 것들이 무엇인가를 분명하게 보여 주었다. 혼란에 빠진 사람들이 사재기하는 물품들이 바로 이런 것들이었다. 물, 라면, 휴지, 우유…. 그 밖의 것들은 없어도 되는 것이었다. 오직 생존에 필요한 것들만이 의미가 있었다. 코로나 사태는 우리가 얼마나 불필요한 것들을 추구하느라 시간과 재물과 정력을 쏟고 있었는지를 깨닫게 해 주었고, 향후 단순한 생활(simple life)로 가야겠다는 각오를 하게 했다.

당신은 무엇에 목말라 하는가? 물과 음식에 대한 갈망이 채워지면 다른 욕망이 고개를 들기 시작한다. 재물에 대한 갈망, 지식에 대한 갈망, 인기에 대한 갈망, 권력에 대한 갈망, 성취에 대한 갈망, 승리에 대한 갈망, 쾌락에 대한 갈망, 심지어 죄악과 욕망에 대한 갈망까지도 생겨난다. 마치 목마른 사람처럼, 마치 배고픈 사람처럼 그러한 것들을 향해 고삐 풀린 말처럼 나아가게 된다.

성 착취물을 취급하는 '박사방'을 운영하던 피의자 조주빈은 "멈출 수 없었던 악마의 삶을 멈춰 줘서 감사하다"라고 기자들에게 소회를 털어놓았다. 자신의 소행이 '악마의 짓'이라는 것을 자신도 알았다. 하지만 스스로 멈출 수가 없었다. 그 이유는 자기 안에 죄악의 갈망이 존재하며, 사회적으로도 그런 갈망의 수요가 계속해서 존재하기 때문이다. 이런 죄의 갈망은 우리를 더욱더 목마르게 하여 결국은 사망의 함정에 깊이 빠뜨려 헤어나지 못하게 할 뿐이다.

코로나19도 알고 보면 인간 욕망의 잘못된 추구로부터 비롯된 것이다. 코로나19는 인간의 욕망이라는 숙주 안에서 증식해 가는 죄와 같은 존재다. 인간은 자신들의 욕망을 채우기 위해 자연을 훼손하고 창조질서에 역행하는 삶을 산다. 이성을 잃은 욕망을 더 추구하기 위해 인간은 스스로 면역력을 낮춘다. 바이러스는 이를 잘 알고 이용한다. 바이러스를 잡기 위해서는 인간이 포기해야 할 대가가 너무 크다. 그러므로 욕망의 길을 포기하는 것 없이 코로나19를 퇴치한다는 것은 참으로 어려운 일이다. 코로나19는 잘못된 욕망의 전형적인 모습이다.

반면에 긍정적인 의미의 목마름도 있다. 2002년 한일월드컵 때 대한민국 감독이었던 히딩크는 "나는 여전히 목마르다"라고 하면서 승리에 대한 갈망을 피력한 적이 있다. 그런 그의 목마름이 한국을 월드컵 4강에 오르게 한 원동력이었을 것이다. 예수님의 가상칠언(架上七言) 중 "내가 목마르다"라는 말씀이 있는데, 그분은 인류의 구원에 목마르셔서 십자가를 지시고 자기 생명을 내려놓는 자리까지 가셨다. 하나님의 뜻을 이루시기에 목마르셨다.

그러므로 중요한 것은 갈증이나 갈망이 아니라, 갈증의 방향이다. 갈증이 잘못된 방향으로 가면 복 없는 사람이 되고, 바른 방향을 향해 나아가면 복된 사람이 된다. "하나님이여 사슴이 시냇물을 찾기에 갈급함 같이 내 영혼이 주를 찾기에 갈급하나이다"(시 42:1). 사슴이 물을 마시기 위해서는 목숨을 걸어야 할 때도 있다. 물을 마시는 곳에는 악어, 하마, 포수가 목숨을 노리고 기다리고 있기 때문이다. 하지만 그런 위험도 사슴의 발걸음을 막지 못한다. 타는 목마름 때문이다. 이와 같은 심정으로 우리는 주님을 갈망해야 한다.

사슴처럼 그렇게 목숨을 걸고 하나님을 갈망해 본 적 있는가? 목숨을 걸고 예배드려 본 적 있는가? 목숨 걸고 기도해 본 적 있는가? 목숨 걸고 말씀을 사모해 본 적 있는가? 그렇게 갈망하는 사람은 영이 살아 있는 사람이다. 그런 갈망이 없는 사람은 영이 병든 사람이다. 이미 영적으로 죽었는지도 모른다. 코로나19 사태로 신속진단키트가 인기를 얻고 있는데, 영의 문제에서도 신속하게 판단할 수 있는 근거는 바로 이것이다.

병원에서 수술을 받고 난 뒤에 밥을 먹을 수도, 물을 마실 수도 없는 경우가 있다. 그때는 링거액을 통해 영양분을 보충하게 된다. 하지만 회복되면서부터는 미음을 먹고 점차 음식을 섭취할 수 있는 단계로 들어가게 된다. "내 영혼이 하나님 곧 살아계시는 하나님을 갈망하나니 내가 어느 때에 나아가서 하나님의 얼굴을 뵈올까"(시 42:2). 이런 갈망이 내 영혼에서 느껴진다면 나는 살아 있는 사람, 건강한 사람이다. 하나님을 갈망하라. 사슴이 시냇물을 찾기에 갈급함같이.

하나님을 향한 갈망은 세상적인 것으로는 결코 채울 수 없다. "내 백성이 두 가지 악을 행하였나니 곧 그들이 생수의 근원 되는 나를 버린 것과 스스로 웅덩이를 판 것인데 그것은 물을 가두지 못할 터진 웅덩이들이니라"(렘 2:13). "터진 웅덩이"라는 표현을 통해, 예레미야는 하나님을 향한 갈망은 오직 하나님의 것으로만 채워질 수 있도록 하나님이 창조하셨음을 알려 준다. 터진 웅덩이는 아무리 물을 부어도 다 빠져나간다. 터진 독에 물 붓기다. 세상이 주는 물은 마치 바닷물과 같아서 마실수록 더 조갈이 날 뿐이다. 더욱더 고통을 심화시킬 뿐이다.

사마리아 여인은 야곱의 우물가에서 예수님을 만났다. 그전까지는 세상과 남편에게서 생수를 구했지만 얻을 수 없었다. 이제 예수님은 그녀에게 영원히 목마르지 않을 생수를 주신다. "이 물을 마시는 자마다 다시 목마르려니와 내가 주는 물을 마시는 자는 영원히 목마르지 아니하리니 내가 주는 물은 그 속에서 영생하도록 솟아나는 샘물이 되리라"(요 4:13-14). 우리가 욕망하는 것은 욕망하는 것으로 채워지지 않는다. 누가 진짜 우물인가? 누가 우리 갈증을 해갈시켜 줄 생수인가? 성삼위 하나님, 즉 성부 하나님, 성자 예수님, 성령 하나님이시다.

어찌 보면 목마름과 배고픔도 소중한 자산이다. 그 귀한 것을 낭비하지 말라. 그뿐만 아니라 그것을 얻으려고 다른 데서 방황하지 말라. 그러한 것들은 설사 얻는다고 해도, "헛되고 헛되며 헛되고 헛될" 뿐이다. 욕망은 영성을 가르치는 화살표다. 욕망이 가리키는 방향을 정확하게 보아야 한다. 방향이 잘못되면 인생 각고의 노력이 무익하게 될 뿐이다. 세상에 목말라하면 불행해지지만, 그것이 하나님을 향하면 행복해진다.

야곱의 우물은 진정한 생수의 근원이신 예수님을 가리키는 표지라는 것을 알아야 한다. 광야 생활을 하던 이스라엘에게 주어진 만나는 진정한 음식을 제공하시는 분이 하나님이심을 보여 준다. 오병이어의 기적은 자기 백성을 풍성히 먹고 마시게 하시는 목자 되신 예수님을 보여 준다. 우리가 성찬을 할 때 먹고 마시는 떡과 포도주는 죄로 죽은 우리를 살려 주시려고 자기의 살을 찢고 피를 흘려 주신 예수님의 살과 피임을 인식해야 한다.

팔복의 말씀은 팔레스타인의 가난하고 소외된 사람들에게 주신 복된 하나님 말씀이다. 왜냐하면 예수님을 만나러 광야와 들판으로 찾아 나온 무리는 그런 부류였기 때문이다. 그들은 현재 배가 고팠고, 목이 말랐다. 우리나라도 한때 목마르고, 배고픈 사람들이 교회로 몰려왔다. 그래서 주리고 목마름이 복이 있다. 더구나 '의'에 주리고 목마른 사람에게는 지고(至高)한 복이 있다. 의에 주리고 목마른 자는 채움 받을 것이 약속되어 있는데, 그것이 바로 영성이요 하나님이다.

무엇을 먹느냐, 무엇을 마시느냐가 당신을 만드는데, 우리는 예수님을 먹고, 마셔야 한다. 우리는 예수님을 통해 주시는 하늘의 위로와 말씀을 사모하는 사람들이다. 설교 시간마다 "은혜를 받았다"는 분들이 있다. 그 시간에 주시는 말씀이 '자신에게 하시는 하나님의 말씀'이라고 받는다. 왜 그런가? 이유는 간단하다. "시장이 반찬"이라고, 그들에게는 영적 갈급함이 있기 때문이다. 스스로 주리고 목마름이 하늘에서 주시는 하늘 양식을 기꺼이, 그리고 충족하게 받게 했기 때문이다.

하늘의 것에 대한 목마름과 배고픔이 없는데 강제로 주입하려 한다면, 이는 복이 아니라 도리어 형벌이 된다. 갈망이 없는 자는 주어도 받지 못하지만, 내면이 비어 있는 자는 스펀지가 물을 빨아들이듯 천상의 이슬을 흡수한다. 그래서 제4복은 제1복 '마음이 가난한 자'와 일맥상통한다. 내면의 공간을 채울 수 있는 것은 오직 위로부터 그리고 밖으로부터 와야 한다. 다른 것으로는 채워지지 않는다.

기도가 안 되고, 평안함이 없고, 감사가 마르고, 일은 잘 안 되고, 불평이 나고, 분노가 치밀어 오르고, 불안하고 초조하고 답답한가? 이는 내면의 영적 기근과 기갈의 사인이다. 그런데도 영적 갈급함이 없는가? 영적으로 병든 것이다. 우리 인간은 영원토록 의에 주리고 목마르게 창조되었다. 따라서 의에 주리고 목마르지 않는 사람은 교만한 사람이요, 자칭 의로운 사람으로, 복 없는 사람이다. 영적 갈망이 없는 사람은 영적 필요를 무시하는 사람이다. 영적으로 목마르지 않고 배고프지도 않다면 이는 영적 사망이다.

나는 적어도 하루 한 끼는 배고팠다가 먹으려고 한다. 간식이나 군것질을 통해 빈 배를 채우지 않는다. 어떻게 얻어낸 배고픔이며 목마름인데, 이것을 아무것으로나 채우겠는가! 배가 고파야 밥맛이 없어도 입맛으로 맛있게 식사할 수 있다. 이처럼 의에 주림과 목마름을 나쁘고 해로운 것 혹은 가치가 떨어지는 것으로 채우려 해서는 안 된다. 그러면 정말 값진 영적 양식을 마음껏 섭취할 수 없게 된다. 영적 시장기를 무더지게 할 영적 간식도 절제해야 한다. 세상에는 이런 종류의 간식이 너무나 많다.

영적 생명을 이어나갈 영적 갈망은 복된 갈망이다. 영적 갈망은 하나님 백성의 특징이다. 영적 굶주림과 목마름은 제자들의 영속적인 특징이다. 지금 자기 진단을 해보라. 자기가 영적으로 살았는지 죽었는지를 살펴보라. 나는 구원받은 사람인지, 아니면 아직도 구원받지 못했음에도 구원받았다는 착각 속에 살고 있는 것은 아닌지. 이것은 영원한 생명과 관련된다. 갈급함이 있는 사람은 의를 얻을 기회를 얻게 된다. 하나님은 갈급한 심령을 만족하게 하신다.

그렇다면 예수님께서 말씀하신 "의"는 어떤 의미인가? 의(義)는 헬라어로 '디카이오쉬네'다. 존 스토트는 "의는 적어도 세 가지 측면을 가진다. 법적, 도덕적, 사회적 측면"이라고 말했다. '법적 측면에서의 의'란 하나님과의 바른 관계를 의미하며, 칭의(稱義)로 대표된다. '도덕적 윤리적 측면에서의 의'는 하나님을 기쁘시게 하는 생활과 성품과 관련이 있으며, 성화(聖化)로 표현된다. '사회적 측면에서의 의'란 사회 조직과 운영에 필요한 의를 의미하며 정의(正義)와 공의(公義)로 묘사된다.

그렇다면 예수님께서 말씀하신 "의에 주리고 목마름"의 실체는 무엇인가?

1. 하나님의 완전한 의(義)이신 예수 그리스도를 소망하는 것이다

완전한 구원은 소극적인 죄에 대한 애통으로 충분하지 않다. 적극적으로 의에 대해서 목마르고 주려야 한다. 그래야 그 의를 소유할 수 있다. 의에 대한 갈망은 약속된 구원을 담보하며, 완전한 구원의 은혜로 나아가게 한다. 사람에게 "의"에 대한 갈망이 전혀 없는 것이 아니다. 양심이 있는 사람이라면 누구라도 의에 대한 갈망이 어느 정도는 있다.

사도 바울을 구류한 총독 벨릭스는 가끔 비공식적으로 바울을 불렀는데, 이때 바울은 의와 절제와 장차 오는 심판을 강론했다. 벨릭스는 두려워하면서도 그의 아내 드루실라와 함께 그리스도 예수를 믿는 도를 듣곤 했다(행 24:24-25). 그러면서도 믿지는 못했다. 문제는 목마름과 배고픔의 정도다. 신앙 결단과 헌신의 문턱을 넘을 수 있는 목마름과 배고픔이 필수적이다.

신자도 완전한 의를 소망해야 한다. 사도 바울은 "오호라 나는 곤고한 사람이로다 이 사망의 몸에서 누가 나를 건져내랴"(롬 7:24)라고 하면서, 자기 육체 안에 있는 죄의 준동(蠢動)과 암약(暗躍)을 당황스러움으로 바라보고 있다. 바울은 자기 속사람으로서는 죄와 사망의 법을 깨뜨릴 수가 없음을, 즉 자기 결핍과 부족함을 알고 자신의 것으로는 채워지지 않는다는 사실을 절감하며 비통해하고 있다. 오직 생명의 성령의 법을 주신 예수 그리스도의 의를 힘입을 때만 승리할 수 있다.

한자 의(義)를 파자(破字)하면 재미있고 색다른 점을 발견할 수 있다. '나 아'(我) 위에 '양 양'(羊)이 있는 모습이다. 의에 목마른 사람에게는 예수님이 '그의 의로움'이 되신다. 이는 하나님의 의로움이요, 하나님으로부터 오는 의로움이다. 예수님이 성취하신 의다. '세상의 의'나 '자기 의'가 아니다. 본회퍼는 "예수님을 따르는 사람은 '자신들의 권리'를 포기할 뿐 아니라 '자신들의 의'마저 포기하면서 산다"라고 말했다. 예수님의 의는 결코 자기 의가 아니라, 하나님께서 주시는 의, 거저 얻는 의다. 예수님과의 바른 관계에서 주어지는 복이다. "내가 주의 법도들을 사모하였사오니 주의 의로 나를 살아나게 하소서"(시 119:40).

누가복음 16장에는 '부자와 나사로 이야기'가 나온다. 바울의 칭의론을 기독교 핵심 교리로 알고 있는 우리로서는, 왜 두 주인공의 믿음 여부에 대한 언급 없이 천국과 지옥을 배정했는지 이해하기 어렵다. 아마도 거지 나사로는 가난한 자로서 의에 주리고 목마른 자임을 전제하고 있는 듯하다. 현생에서 주리고 목마르지 않는다면 내생에서 역전된다는 것이 누가의 신학이다. 대역전(the great reversal)이다!

마음이 가난하고 애통하고 온유하면, 의에 주리고 목마르게 되어 있다. 따라서 제4복은 제1복부터 제3복까지의 당연한 귀결이다. 심령의 가난, 애통함, 온유, 의에 대한 갈망은 우리 내면의 상태를 묘사하고 있고, 뒤따르는 복들인 천국, 위로, 땅의 기업, 배부름의 복은 하나님께서 주시는 것이다. 자기 자신을 바라보는 시선에서 하나님이 주실 복으로 초점이 옮겨 간다. 따라서 믿음은 자신을 보는 동시에, 하나님을 보는 것이다. 자신에게 없는 것을 아는 동시에, 하나님께 있음을 아는 것이다. 모든 불행의 원인을 알고 해결책을 찾기 시작하는 것이다. 이 모든 궁핍과 결핍의 원인은 죄 때문이다. 의가 없기 때문이다. 따라서 의에 주리고 목마른 자가 복이 있다.

"너희는 먼저 그의 나라와 그의 의를 구하라 그리하면 이 모든 것을 너희에게 더하시리라"(마 6:33). "그의 의" 즉 '하나님의 의'는 우리가 매일 필요로 하는 물과 음식물, 즉 '무엇을 먹을까, 무엇을 마실까, 무엇을 입을까'(의식주)보다도 먼저 구해야 할 것들이다. 물과 음식물은 생존의 필수품이지만, 이런 필수품보다 하나님의 나라와 하나님의 의가 더 중요하다. 더 근원적인 성격의 것이다. 하나님의 나라와 하나님의 의는 똑같이 중요하며 양면성을 띠고 있다. 하나님의 의는 하나님의 뜻, 성품, 진리로 하나님 나라의 내용이다. 행복은 의에 주리고 목마른 마음에서 온다. 행복은 직접 구해서 얻어지는 것이 아니라 의의 부산물이다. 의가 없는 행복은 진정한 행복이 아니다.

2. 의에 주리고 목마름은 '하나님의 뜻대로 살고자 하는 열망과 갈망'이다

하나님의 뜻을 성취하는 데 주리고 목마른 사람들은 죄의 욕망에

서 해방되는 것을 넘어 성화와 완전을 바라보고 추구한다. 우리는 예수님을 믿을 때 '칭의의 은혜'를 받지만, 이는 구원의 시작일 뿐이다. 거듭난 자는 '성화의 은혜'로 나아가야 한다. 하나님 나라에서 살려면, 거룩함이 절대적이다. 우리는 성결해지려는 간절한 소원, 거룩한 열망을 품고 있어야 한다. 신자의 행동을 하나님의 행동에 맞추는 것이다. 내 뜻을 하나님의 뜻에 맞추는 것이다. 그리하여 하나님과 일치하려는 열망이다. 신자의 최고의 갈망은 그리스도를 닮으려는 바람이다.

성결한 삶을 추구하는 자는 행복해지기보다 거룩해지기를 열망한다. 거룩함은 이 땅에서 경험하는 하나님 나라. 성결한 삶은 이미 하나님 나라를 앞당겨 사는 삶이다. 바리새인들은 스스로 의로워질 수 있다고 생각한다. 그러나 자신의 노력과 힘으로는 의를 얻을 수 없다. 이를 가능하게 하는 힘은 오직 성령충만에서 온다. 찬송가 183장의 가사처럼 '빈들에 마른 풀같이 시들은 나의 영혼'은 하늘에서 임하는 단비 같은 성령의 임재를 갈망해야 한다. "너희는 성령을 따라 행하라 그리하면 육체의 욕심을 이루지 아니하리라"(갈 5:16).

3. 의에 주리고 목마른 자에게는 배부름에 대한 하나님의 절대적 약속이 있다

예수님은 '의로운 자'가 복이 있다고 말씀하신 것이 아니라, '의에 주리고 목마른 자'가 복이 있다고 하셨다. 우리가 주리고 목말라야 하는 대상은 '의'다. 자기 의로 복을 받는 것이 아니라, 자기 안에 의가 없음을 깨닫고 하늘에서 입혀 주시는 의를 갈망하면 복을 주신다. 그 복이 사실은 의를 얻는 것이다. 이러한 심령으로 하나님께 나아오면 '의로움'의 복을 받는다.

"배부르다"는 헬라어로 '코르타조'인데 '배부르게 하다, 채워주다, 충족시키다'라는 의미다. 이 단어는 오병이어 기적에서 무리에게 사용되었다(마 14:20). 예수님의 어머니 마리아는 그녀의 찬가에서 하나님이 주린 자에게 "좋은 것"으로 배불리신다고 했다. "주리는 자를 좋은 것으로 배불리셨으며 부자는 빈손으로 보내셨도다"(눅 1:53). "좋은 것"은 무엇인가? 산상수훈에서는 이것이 '하나님의 의'다. 의는 내 안에 없었고, 그러기에 외부에서 내 안에 들어와 채우는 하나님의 선물이요 은혜다. 이는 결코 나의 공로가 아니다. 시편 기자도 동일한 말씀을 했다. "사모하는 영혼에게 만족을 주시며 주린 영혼에게 좋은 것으로 채워주심이로다"(시 107:9).

누가복음 15장의 탕자의 이야기에서, 탕자가 주렸을 때는 쥐엄 열매를 구했지만 주는 자가 없었다. 그는 진짜 주려 죽게 되었을 때 비로소 자기 아버지를 찾았다. 아버지 집을 생각하는 마음의 상태가 의에 주리고 목마른 상태다. "이에 스스로 돌이켜 이르되 내 아버지에게는 양식이 풍족한 품꾼이 얼마나 많은가 나는 여기서 주려 죽는구나"(눅 15:17).

의에 주리고 목마른 사람은 사람의 인정보다 하나님의 인정을 더 기뻐한다. 이 갈증은 하나님 외에 그 어떤 것으로도 채울 수가 없기 때문이다. 끝 날에 예수님께서 우리의 선한 목자가 되어 주셔서 우리를 생명수 샘으로 인도하실 것이다. 거기서 인생 여정 중 뜨거운 뙤약볕으로 목말라 하던 우리에게 완전한 해갈을 주실 것이다. "그들이 다시는 주리지도 아니하며 목마르지도 아니하고 해나 아무 뜨거운 기운에 상하지도 아니하리니"(계 7:16).

오늘의 말씀을 의역하면 다음과 같이 될 것이다. "오! 굶주려 죽어 가는 사람이 음식을 찾듯이, 갈증으로 목 타는 사람이 헐레벌떡 물을 찾듯이 완전한 의를 갈망하는 자는 복이 있나니, 그는 진실로 '의롭다 함'을 받고 성결한 은혜를 얻을 것이로다."

6
우리의 긍휼은 하나님의 긍휼을 부른다

긍휼히 여기는 자는 복이 있나니 그들이 긍휼히 여김을 받을 것임이요 마 5:7

여성 최초로 노벨 문학상을 받은 스웨덴 작가 라게를뢰프의 동화 「진홍가슴새」의 줄거리다. 하나님께서 만물을 만드실 때, 저녁 무렵 잿빛 털을 가진 조그마한 새 한 마리를 만드셨다. 그 새가 하나님께 물었다. "하나님, 저는 온통 잿빛 털인데, 어찌하여 진홍가슴새라는 이름을 주셨나요?" "네가 진정한 사랑을 베풀 수 있을 때 진홍가슴새 이름에 합당한 깃털을 가지게 될 것이다."

　오랜 세월이 흘렀다. 진홍가슴새 둥지 근처 언덕에 십자가가 세워지고 그 십자가에 한 사람이 매달렸다. 가까이 날아가 보니 머리에 가시 면류관이 씌워져 있었는데 가시에 박힌 상처에서 검붉은 피가 솟아 나오고 있었다. 너무 불쌍해 보였던 새는 자신의 부리로 가시를 하나씩 뽑기 시작했는데, 그 가시가 뽑힐 때마다 피가 솟아나서 그 작은 새는 온통 피투성이가 되고 말았다. 그런데 묻은 피를 물에 씻고 씻어도 지워지지 않았고 결국 새의 목덜미와 가슴에는 선명한 핏자국이 남게 되었다. 그 후로 새가 낳는 새끼들에도 목덜미와 가슴에 선명한 진홍빛 털이 생기기 시작했다.

작가는 이 새를 통해 예수 그리스도의 보혈로 구원받은 성도를 상징하고 싶었던 듯하다. 한편 작가는 이 새를 통해 긍휼의 아름다움과 가치를 넌지시 보여 주고 있다. 남의 가슴을 후벼 파는 딱따구리가 되지 말고 아픔에 공감하는 진홍가슴새가 되라.

2020년에 한국과 전 세계에 불어 닥친 코로나19라는 팬데믹에서 긍휼을 보여 준 사례가 있다. 초기에 대구 경북 지역에 통제 불능의 감염사태가 진행되고 있을 때, 전국의 의사와 간호사들이 긍휼한 마음을 품고 이 지역으로 자원하여 들어갔다. 은퇴자로서 다시 가운을 입은 의사뿐만 아니라 임관되자마자 의료 사역을 이곳에서 시작하신 분들도 많다.

그뿐만 아니라 마스크와 세정제 등 방역제품이 전국적으로 품귀현상을 보이고 있을 때, 자신이 쓰기에도 아까운 것을 자발적으로 지원한 사람들도 많았다. 여기에 대구동산병원 기독의료진들의 헌신적인 수고가 있었다. 그들의 긍휼과 헌신과 땀 덕분으로 대구 경북 지역의 코로나가 통제될 수 있었고 대한민국의 저력과 힘을 대내외에 드러낸 계기가 되었다. 감염력과 치사율에 대한 공포가 등등하던 때에 그들이 보인 행동의 저변에는 긍휼이 있었다. 긍휼이 공포를 이겼다.

팔복 후반부 네 개의 복은 '하나님에 대한 태도'에서 '다른 사람에 대한 태도'로 나아간다. 다섯 번째 복은 '긍휼'이다. 예수님이 공생애를 펼치시던 로마 시대는 긍휼이 없던 시대, 잔악무도한 시대, 인정사정없는 약육강식의 시대였다. 종교적으로도 바리새인들은 긍휼 없는 종교를 만들었는데, 경건한 듯 보이는 그들은 형식주의, 외식주의에 기울어져 있었고, 종교적 취약계층인 세리, 창기, 장애인들에 대한 비난과 비하와 정죄를 일삼았다. 예수님은 그들의 긍휼 없음을 책망하셨다. "화 있을진저 외식하는 서기관들과 바리새인들이여 너희가 박하와 회향과 근채의 십일조는 드리되 율법의 더 중한 바 정의와 긍휼과 믿음은 버렸도다 그러나 이것도 행하고 저것도 버리지 말아야 할지니라"(마 23:23).

'긍휼'의 영단어 'compassion'은 '함께'라는 뜻의 접두사 'com-'과 '고통을 당하다'라는 뜻의 'passion'으로 구성되어 있다. 영어권 사람들이 보기에 긍휼이란 '함께 아파하는 마음'이다. 헬라어로는 긍휼을 '스플랑크논'이라고 하는데 '창자가 끊어질 정도로 아파하면서 이웃의 처지와 심정을 헤아려 끌어안아 준다'는 의미다. 상대방의 처지가 되어 아픔과 어려움을 함께 나누는 것이 긍휼이다.

다섯 번째 복인 '긍휼히 여김'은 네 번째 복인 '의에 주리고 목마름'과 균형을 이루어야 한다. 의와 긍휼이 균형을 이루어야 한다. 긍휼이 없는 의는 기계적 정의요 몰인정한 의가 된다. 반대로 의가 없는 긍휼은 감상적인 자선이요 값싼 동정심에 불과하다. 의는 긍휼로 나가야 한다. '법에도 눈물이 있다'고 하지 않는가. 의의 실천에 대한 갈망에서 타인에 대한 긍휼로 나아가야 한다. 하나님의 거룩함과 의로움만 강조하면 우리는 구원을 받을 수 없다. 하나님이 은혜와 긍휼이 있으시기 때문에 우리는 죄인임에도 불구하고 구원을 받을 수 있다.

또한 긍휼은 행위이기 이전에 거룩한 성품이다. 온유가 성품이듯, 긍휼도 성품이다. 성령의 아홉 가지 열매 즉 사랑, 희락, 화평, 오래 참음, 자비(긍휼), 양선, 충성, 온유, 절제 중 한 가지다. 우리가 먼저 긍휼한 자가 되면 그 안에서 긍휼의 행위가 흘러나온다. 나무가 좋아야 열매도 충실한 것이 나오듯, 우리 존재 자체가 성령님의 역사하심을 통해 긍휼의 존재가 되어야 한다. 그래야 우리에게서 긍휼히 여기는 행위가 흘러나오게 될 것이다. 긍휼은 성품이지만 긍휼을 행위로도 드러내야 한다. 예수님께서는 "긍휼히 여기는 자가 복이 있다"라고 하시는데, 과연 우리는 '긍휼히 여기고 있는가?' 하고 자문할 필요가 있다.

1. 긍휼은 불쌍히 여기는 것이다

먼저 긍휼은 타인을 불쌍히 여기는 것이다. 유사한 개념이지만 구별해야 할 개념은 은혜와 긍휼이다. 은혜는 헬라어로 '카리스'인데, 받을 자격이 없는 자에게 베풀어 주는 것을 의미한다. 반면 '긍휼'은 헬라어로 '엘레오스'로 '기름을 붓는 것'을 암시한다. 상처 받은 자에게 소중한 것을 부어 주는 것을 연상시킨다. 이 말은 성경에서 27회 사용되는데, 비참한 상태에 있는 사람을 불쌍히 여기고 무엇인가를 베푸는 것을 뜻한다.

마틴 로이드 존스는 이처럼 비교했다. "은혜는 죄를 지은 사람들과 관련되고, 긍휼은 '비참한 처지에 있는 사람들'과 관련된다. 은혜는 죄에 관련되고, 긍휼은 죄의 결과에 관련된다. 은혜는 죄를 전체적으로 내려다보는 반면, 긍휼은 죄의 비참한 결과를 내려다본다. 은혜는 죄를 제거하고, 긍휼은 징벌을 제거한다. 긍휼은 부정적인 것을 다루고, 은혜는 긍정적인 것을 제공한다." 말하자면 내가 비행기 이코노미석을 샀는데 카운터에서 추가요금 없이 비즈니스석으로 바꾸어 주는 것이 은혜다. 받을 자격이 없는데 주는 것이다. 그러나 내가 교통 위반을 하여 범칙금 티켓을 받아야 하는데 면해 주는 것은 긍휼이다. 받아 마땅한 것을 면해 주는 것이다. 하나님은 은혜와 긍휼이 풍성하시다.

우리는 얼마나 자주 하나님께 '불쌍히' 여겨 달라고 부르짖는가? 하나님께 드리는 가장 간단한 기도, 그러면서도 가장 필요한 기도가 무엇인지 아는가? 그것은 헬라어로 "퀴리에, 엘레이손"이다. 맹인 거지 바디매오가 예수님께 했던 기도다. "예수여 나를 불쌍히 여기소서"(막 10:47). 귀신 들린 아들을 데리고 나온 아버지의 기도다. "주여 내 아들을 불쌍히 여기소서"(마 17:15). 인간이 하나님의 긍휼 외에 무엇을 구하겠는가! 그래서 수도원에서 수도사들은 "주여 나를 불쌍히 여기소서"라는 짧은 기도를 반복해서 드렸다. "퀴리에 엘레에손, 퀴리에 엘레에손…." 그들은 이 내용으로 기도송을 만들어 부르기도 한다.

마음이 무너져 기도할 수 없다면, "주여 나를 불쌍히 여기소서"라고 기도하면 하나님이 다 아신다. 하나님이 우리를 긍휼히 여기시면 모든 것이 해결된다. 바리새인의 '자신의 행한 일을 과시하는' 기도를 드릴 수 없었던 세리는 하늘을 쳐다보지도 못하면서 가슴을 치며 "하나님이여 불쌍히 여기소서 나는 죄인이로소이다"(눅 18:13)라고 기도할 뿐이었다. 하지만 하나님께 의롭다 하심을 받고 집에 내려간 자는 이런 기도를 드린 자이다.

우리는 이미 하나님의 긍휼하심을 받았다. 이 긍휼하심이 나에게서 타인에게 흘러가게 해야 한다. 그렇지 않으면 역류한다. 하나님이 나를 긍휼히 여기셨으니, 나도 남을 불쌍히 여기고, 그도 타인에게 긍휼을 베풀도록 해야 한다. 긍휼의 강물이 끊임없이 흐르고 넘쳐서 온 세상을 덮어야 한다. 하나님이 나를 용서하셨으니, 나도 남을 용서하고, 타인도 내게 받은 그 용서에 힘입어 다른 사람을 용서하도록 해야 한다. 영화 제목으로 나오기도 했던 "Pay it forward!"(앞으로 지불하기)라는 말처럼, 받은 사랑을 뒤로 되갚는 것이 아니라 다른 사람에게 주는 것이다. 이것이 세상을 변화시킨다.

불쌍히 여김은 반드시 치러야 할 죗값을 면해 주고, 용서는 받을 수 없는 구원을 받게 한다. 내가 남을 긍휼히 여기고 있다면 내가 긍휼함을 받았기 때문이다. 내가 남을 긍휼히 여기면 나도 긍휼히 여김을 받고 있다. 하나님의 긍휼이 내 안에서 흘러서 남을 긍휼히 여기고 있는 것이다. 나는 이미 긍휼을 얻었기 때문에 긍휼히 여긴다. 그러므로 나는 이미 이 복을 경험하고 있다. 당신이 긍휼히 여기는 순간 나는 당신에게서 하나님의 복을 본다. 긍휼은 이렇게 선순환된다. 이것이 흐르는 것을 막지 말라. 우리는 하나님의 은혜와 긍휼을 믿고 그분께 나아간다. "그러므로 우리는 긍휼하심을 받고 때를 따라 돕는 은혜를 얻기 위하여 은혜의 보좌 앞에 담대히 나아갈 것이니라"(히 4:16).

긍휼은 예수님이 새롭게 주창하신 것이 아니라 이미 구약 율법에 기록된 하나님의 뜻이다. 예수님은 그 율법 정신을 다시 상기시켜 주신다. "너희는 가서 내가 긍휼을 원하고 제사를 원하지 아니하노라 하신 뜻이 무엇인지 배우라 나는 의인을 부르러 온 것이 아니요 죄인을 부르러 왔노라 하시니라"(마 9:13). 제사보다 긍휼이다.

성부 하나님께서도 제사라는 장엄한 의식 이전에 죄인들 즉 가난한 자들, 연약한 자들, 구원을 요청하는 자들을 먼저 불쌍히 여기고 도움을 주는 것을 더 기뻐하신다고 선언하셨다. "제사를 원하지 아니하노라"라는 충격 요법을 통해 긍휼의 가치를 성부께서 드러내신 것이다. 왕의 임무도 긍휼을 베푸는 일이다. "그(요시야)는 가난한 자와 궁핍한 자를 변호하고 형통하였나니 이것이 나를 앎이 아니냐 여호와의 말씀이니라"(렘 22:16). 현숙한 여인은 긍휼을 베푸는 여인이다. "그는 곤고한 자에게 손을 펴며 궁핍한 자를 위하여 손을 내밀며"(잠 31:20).

마태복음 25장에는 '양과 염소의 비유'가 나온다. 누가 양이고 누가 염소인가? 마지막 심판 때, 상을 받는 자와 벌을 받는 자가 긍휼의 삶을 기준으로 나누어진다고 한다. 긍휼이 없는 자는 긍휼이 없는 심판이 임하고 긍휼이 있는 자는 긍휼함을 입는다. 예수님은 세상의 작은 자들과 당신을 동일시하신다. 이 세상을 살아가면서 가난한 자, 병든 자, 나그네, 감옥에 갇힌 자들을 돌아보고 돕는 이들이야말로 예수님을 섬기고 도와준 것이라고 간주하신다. 그들이 바로 양이다.

이처럼 긍휼 사역은 단지 윤리적인 차원에서 강조할 사안이 아니라 기독교 신앙의 본질이다. 우리 주변에 있는 곤경에 처하고 어려움을 겪고 있는 이웃들을 긍휼히 여기고 돕는 일이 곧 하나님을 사랑하고 섬기는 일이다. 우리는 '작은 자'들에게서 하나님을 볼 수 있어야 하고, 하나님에게서 '작은 자'를 보아야 한다. 예수님은 부활 승천 이후에 '작은 자' 안에 감추어 계신다.

기독교의 역사를 돌아보면, 진정한 신앙인들은 세상이 관심을 두지 않는 사람들에게 긍휼을 베풀어 왔다. 오늘날에도 긍휼 사역이 필요한 곳이 많이 있다. 교회 안에도 교인들의 장례를 돕는 장례사역, 구제사역, 지역아동센터, 노인대학, 독거노인 돌보기, 이주 외국인 노동자 사역, 다문화 가정 사역, 탈북자들을 위한 사역, 미혼모 쉘터, 노숙자 쉼터, 심방사역과 같이 우리가 참여할 수 있는 긍휼 사역이 참 많다. 가정에서도 남편은 아내를 긍휼히 여기고, 아내는 남편을 긍휼히 여겨야 한다. 하나님께서 내 주변에 두신 사람은 내 긍휼의 대상이 되도록 하나님께서 보내신 자로 여겨야 한다.

2. 긍휼은 신적 성품 즉 예수님의 성품이다

긍휼은 하나님의 성품 즉 신적 성품이다. 그 긍휼 때문에 하나님은 아들을 세상에 보내셨다. 하나님은 의롭고 거룩하시면서 긍휼과 은혜가 풍성하시다. 그 긍휼 때문에 우리가 산다. "주는 긍휼히 여기시며 은혜를 베푸시며 노하기를 더디하시며 인자와 진실이 풍성하신 하나님이시오니"(시 86:15). 하나님은 잔악하고 악독한 앗수르와 그 수도 니느웨를 향해서도 긍휼을 품고 계셨다. 생명을 얻게 할 회개를 이루기 위해 요나를 파송하기도 하셨다. 물론 그 때 요나는 그것을 이해할 수도, 수용할 수도 없었지만 말이다.

하나님의 긍휼은 풍성하다. "긍휼이 풍성하신 하나님이 우리를 사랑하신 그 큰 사랑을 인하여"(엡 2:4). 바울은 '크다', '풍성하다'라는 수식어로 하나님의 긍휼을 찬양한다. 우리의 구원도 결국 하나님의 긍휼에서 비롯된다. "우리를 구원하시되 우리가 행한 바 의로운 행위로 말미암지 아니하고 오직 그의 긍휼하심을 따라 중생의 씻음과 성령의 새롭게 하심으로 하셨나니"(딛 3:5).

성부만이 아니다. 하나님의 아들 예수님의 사역은 한마디로 '긍휼의 사역'이라고 규정지을 수 있다. 공생애 중에 펼치신 예수님의 치유사역도 긍휼과 깊은 관련이 있다. 인간의 병든 영혼과 몸을 바라보시며 긍휼히 여기셨던 것이 치유의 근원이다. 오병이어의 이적도 회중들의 배고픔을 긍휼히 여기신 까닭에 행하셨던 이적이다. "너희가 먹을 것을 주라"(마 14:16). 긍휼히 여기는 마음만 있으면 줄 수 있는 방법과 능력은 생긴다. 마음이 먼저다. 빵이 없는 것이 아니라 긍휼이 없다. 죽은 나사로를 살리신 것(요 11장)도 나사로 본인뿐 아니라 슬퍼하는 누이들을 긍휼히 여기셨기 때문이다. 나인성 과부의 아들 청년을 살리신 것도 불쌍히 여기심의 결과였다(눅 7:13). 예수님께서는 당시의 무리를 목자 없는 양같이 불쌍히 여기셨고(막 6:34) 민망히 여기셨다. 예수님의 대부분의 기적은 예수님의 긍휼에서 비롯되었다. 긍휼한 마음이 있으면 기적이 일어난다.

치유와 이적을 넘어 예수님의 긍휼사역의 정점에는 성육신과 십자가가 있다. 십자가는 하나님과 예수님의 긍휼의 결정판이다. 그 십자가가 있었기에 우리가 영벌과 지옥을 피하여 천국과 영생을 누리게 된다. 예수님은 십자가에 달려 고통스럽게 죽어 가시면서도 욕하고 저주하는 사람들을 긍휼히 여기셨다. 미움과 분노와 복수심을 내려놓고 불쌍히 여기셨다. "아버지 저들을 사하여 주옵소서 자기들이 하는 것을 알지 못함이니이다"(눅 23:34).

3. 우리도 긍휼을 베풀어야 한다

바울은 로마서에서 하나님을 알지 못하는 이방인들에 대해 "우매한 자요 배약하는 자요 무정한 자요 무자비한 자"(롬 1:31)라고 선언하고 있다. 무정함과 무자비함은 긍휼과 반대되는 성품이다. 하지만 하나님의 자녀들, 예수님의 제자들은 달리 살아야 한다. 제자들은 신적 성품, 예수님의 성품을 본받아야 한다. "너희 아버지의 자비로우심 같이 너희도 자비로운 자가 되라"(눅 6:36).

도널드 그레이는 "하나님을 닮는다는 것은 긍휼의 삶에 이른다는 뜻임을 예수님의 삶을 보아 알 수 있다. 분명 예수님은 하나님의 마음을 긍휼의 마음으로 보셨기 때문이다. 긍휼을 베풀면 하나님처럼 된다. 긍휼을 베풀면 아버지의 아들 예수처럼 된다"고 했다. "그러므로 너희는 하나님이 택하사 거룩하고 사랑 받는 자처럼 긍휼과 자비와 겸손과 온유와 오래 참음을 옷 입고"(골 3:12). '긍휼의 옷'을 입으라! 이미 우리가 하나님의 사랑을 받았기 때문에, 긍휼히 여김을 받았기 때문에 긍휼을 베풀어야 한다. 긍휼이 우리의 옷이 되어야 한다. 우리의 존재가 되어야 한다. 긍휼은 하나님의 성품에 참여하는 것이다.

마태복음 18장에 나오는 '무자비한 종의 비유'는 성경이 말하는 긍휼이 무엇인지 잘 보여 준다. 이 이야기 속에 등장하는 종은 임금에게 진 빚 일만 달란트를 탕감 받는다. 그런데 빚을 탕감 받고 돌아가는 길에 자신에게 백 데나리온 빚진 친구를 만난다. 그 종은 "곧 갚겠다"며 사정을 봐달라고 간청하는 친구를 불쌍히 여기지 않고, 감옥에 가두어 버렸다. 일만 달란트는 6백만 데나리온에 해당하는데, 임금의 긍휼로 친구의 6만 배나 더 큰 빚을 탕감 받은 그 종이 친구에게는 조금도 긍휼을 베풀지 않았다. 사실 그 친구에게 준 것도 임금에게 빌린 것 중의 일부일 텐데도 말이다.

이런 무자비한 종의 이야기를 전해들은 임금은 크게 노하여 그 종을 잡아 옥에 가두었다. "너희가 각각 마음으로부터 형제를 용서하지 아니하면 나의 하늘 아버지께서도 너희에게 이와 같이 하시리라"(마 18:35). "긍휼을 행하지 아니하는 자에게는 긍휼 없는 심판이 있으리라 긍휼은 심판을 이기고 자랑하느니라"(약 2:13). 긍휼은 곧 용서로 연결된다.

이렇듯 기독교인이 긍휼을 베풀어야 하는 이유는 하나님께서 먼저 우리에게 긍휼을 베푸셨기 때문이다. 우리는 갚을 수 없는 빚을 탕감 받은 사람들이다. 하나님의 독생자이신 예수 그리스도의 대속의 은혜로 죽을 수밖에 없는 죄인인 우리가 구원을 받을 수 있었던 것은 하나님이 우리를 불쌍히 여기셨기 때문이다. 우리를 향한 하나님의 긍휼 때문이다.

'착한 사마리아 사람의 비유'(눅 10:25-37)에 나오는 사마리아 사람이 바로 예수님의 마음을 가진 사람이다. 비유는 '누가 이웃인가'라는 질문으로 시작되지만, 예수님은 이웃에 대한 개념적인 답변보다는 실제적인 이야기로 이웃이 된다는 것이 무엇을 의미하는지를 알려 주신다. 착한 사마리아 사람은 강도 만난 사람의 곤경을 볼 수 있는 눈과 불쌍히 여기는 마음이 있었다. 이것이 '긍휼의 눈과 마음'이다. 누군가의 고통을 이해하고 불쌍히 여기고 동참하는 연대 의식이다. 그의 처지에 들어가 그의 경험을 나누고, 있는 모습 그대로 받아들이는 것이다. 그리고 그의 상황을 정확하게 파악하고 신속하게 행동했다. '긍휼의 손과 발'이다. 기름과 포도주로 상처에 응급 처치를 한 다음 싸매어 주고 자신의 짐승에 태워 더 안전한 장소로 이동시켰다. 그리고 밤을 새워가며 간호하면서 '긍휼의 시간과 물질'을 드려 희생적으로 돌보아 주었다. 그의 문제가 해결될 때까지 책임을 지고자 하는 마음을 가지고 지속적으로 도움을 주었다. 후속 조치를 꾸준히 진행하면서 다른 사람과 함께 일하는 협동심도 발휘했다. 이것이 진정 이웃이 되는 길이다. 누구냐를 따지지 않고, 곤경에 처한 사람을 위해 자기를 희생하고 행동한다. 진정한 믿음은 세상이 쉽사리 잊어버리는 사람들에게 긍휼을 베풀어 왔다.

긍휼은 연약한 이웃만이 아니라 원수에게도 적용되어야 한다. 영국의 정치가이자 경건한 기독교인이었던 토머스 모어는 왕의 미움으로 관직에서 물러난 후 반역죄로 무고하게 사형 선고를 받았을 때 재판장에게 이렇게 말했다.

"존경하는 재판장님, 부디 제가 당신을 친구라고 부를 수 있도록 허락해 주십시오. 친구여, 나는 당신과 나의 관계가 마치 바울과 스데반의 관계같이 되기를 원합니다. 비록 바울이 스데반을 죽였지만 지금 천국에서는 가장 좋은 친구가 되어 있을 것입니다. 당신이 내게 사형을 선고하였지만, 훗날 천국에서 영원한 생명을 함께 누리는 친구가 되기를 원합니다."

재판장이 놀라서 "나는 방금 당신에게 사형을 선고했는데, 내게 이처럼 축복의 말을 하는 이유가 무엇이오?" 평온한 미소를 지으며 모어는 이렇게 말했다. "주님께서 먼저 나에게 긍휼을 베풀어 주셨기 때문이오."

긍휼히 여기는 마음을 갖기 위해서는 다른 사람을 나와 같은 사람으로 보아야 하는데, 가장 좋은 방법은 내가 남의 처지에 한

번 서 보는 것이다. 아메리카 인디언의 격언 중에는 "다른 사람을 이해하기 위해서는 그 사람의 신발을 신고 적어도 1마일을 걸어 보라"는 말이 있다. 이 격언은 인식의 거리를 두고 나의 기준으로 상대를 바라보며 평가하는 것이 아니라, 상대의 입장에 서서 그 사람의 관점에서 생각함으로써 상대에 대한 깊은 이해에 이르러야 함을 가르쳐 준다. 역지사지다. 이해하면 긍휼히 여기게 되고, 사랑하게 된다.

4. 긍휼에는 상급이 있다

긍휼을 베푸는 자는 상급을 받는다. 그것은 자신도 긍휼히 여김을 받는 것이다. "긍휼히 여기는 자는 복이 있나니 그들이 긍휼히 여김을 받을 것임이요"(마 5:7). 다섯 번째 복은 독특하게 같은 말 "긍휼"을 반복한다. 동의어의 반복이다. 긍휼한 자가 받을 복은 다름 아닌 긍휼이다. 심은 대로 거둔다. 우리가 이웃을 긍휼히 여기게 되면, 사람에게서도 긍휼히 여김을 받고, 하나님에게서도 긍휼히 여김을 받는다. 하나님의 긍휼이야말로 진정한 복이 아니고 무엇인가!

긍휼을 베풀지 않는 자는 복이 없다. 하나님이 우리 기도를 듣느냐 않느냐는 우리가 가난한 사람들의 부르짖음을 듣느냐 않느냐에 달려 있다. "귀를 막고 가난한 자가 부르짖는 소리를 듣지 아니하면 자기가 부르짖을 때에도 들을 자가 없으리라"(잠 21:13). 추운 겨울날 두 수도사가 산길을 가는데, 눈보라까지 치기 시작했다. 두 사람은 쓰러져 있는 노인을 발견했다. 숨은 붙어 있었지만 그대로 둔다면 얼어 죽을 것 같았다. 한 수도사는 그냥 지나가고, 다른 사람은 그를 업고 갔다. 그를 업고 가느라 시간도 오래 걸렸고, 온몸에서 땀이 났다. 서로 체온에 의지한 채 견디며 얼마간 가다가 앞서갔던 수도사를 마주하게 되었는데 그는 추위 속에 쓰러져 죽어 있었다. "인자한 자는 자기의 영혼을 이롭게 하고 잔인한 자는 자기의 몸을 해롭게 하느니라"(잠 11:17).

사람의 헤세드(인자, 긍휼)가 하나님의 헤세드를 부른다. 룻기에 나타나는 원리다. 이기적이었던 엘리멜렉은 자기 혼자 살려고 풍부한 중에 모압으로 갔지만 결과적으로 죽게 되었다. 큰 며느리 오르바와 기업 무를 자였던 아무개는 안타깝게도 자신들이 받을 수 있었던 복을 이기적인 삶을 선택함으로 놓쳤고, 초지일관 이타적이었던 나오미와 룻과 보아스는 긍휼하심을 받았다. 나오미는 며느리를 긍휼히 여기고, 룻은 나오미를 긍휼히 여기고, 보아스도 룻과 나모미를 긍휼히 여기면서 하나님의 긍휼이 그들에게 임했다.

사람의 긍휼이 하나님의 긍휼을 부른다. 그리고 하나님이 베푸시는 긍휼은 우리의 상상을 초월한다. 그 양과 질에 있어서 우리의 것과 비교할 바가 아니다. 우리의 긍휼은 하나님의 긍휼을 부르는 마중물이 될 수 있다. "하나님 아버지와 그리스도 예수 우리 주께로부터 은혜와 긍휼과 평강이 네게 있을지어다"(딤전 1:2).

7
맑은 마음에 하나님이 비친다

마음이 청결한 자는 복이 있나니 그들이 하나님을 볼 것임이요 마 5:8

사람은 두 개의 눈을 지니고 이 세상에 태어난다. 평생 그 눈을 가지고 사물을 분별하며 살아간다. 하지만 정말 사물의 진면목을 볼 수 있는 눈은 별개의 문제다. 보는 눈은 따로 있다. 그림 전문가와 문외한인 사람이 전시회에 간다면 보는 것, 느끼는 것이 다를 것이다. 안목의 차이다. 사람은 자신만의 환경과 역사와 성향에 따라 자기가 볼 수 있는 것만을 보면서 살아간다. 결국 자기가 보는 것이 자기 자신이 된다.

우리는 어떻게 하나님을 볼 수 있는가? 우리는 하나님을 그 형상대로 직접 보지는 못한다. 하나님의 얼굴을 보고 살 자가 없기 때문이다(출 33:20). 구약 성경에 많이 나오는 '하나님을 뵙는다' 혹은 '하나님의 얼굴을 뵙는다'는 표현은 성전에서 신상(神像)을 앙망한다는 의미에서 왔다. 신상 제작을 금지하는 유대교에서는 '하나님의 은총을 받는다'는 의미로 교정되어 사용되어 왔다. 결국 하나님을 보는 것은 육신의 눈으로 보는 것이 아니라, 마음으로 보는 것이다.

하나님은 어떤 사람의 마음에 보이는가? 맑고 맑은 마음에 하나님이 보인다. 아니, 비친다고 말해야 옳다. 마치 맑은 호수에 산이 비치는 것처럼 맑은 마음은 하나님을 반영한다. 마치 맑은 거울에 얼굴이 비치는 것처럼 맑은 마음에 하나님이 비친다. 마음이나 영이 맑으면 하나님은 보이게 된다. 물론 그 명료함을 종말에 하나님을 직면하는 상태에 비하겠는가! "우리가 지금은 거울로 보는 것 같이 희미하나 그 때에는 얼굴과 얼굴을 대하여 볼 것이요"(고전 13:12).

그러면 하나님을 뵙는 것이 복일까 저주일까? 그것은 마음가짐에 달려 있다. 청결한 마음으로 하나님을 보는 것은 복이지만, 불결한 마음으로 하나님을 보면 보자마자 죽게 되므로 저주가 된다. 그러므로 날마다 하나님을 뵙는 영광을 가진 자들은 그 자체로 복되다. 세상에서, 살아서 하나님을 뵙는 것보다 더 복된 일은 없다. 이 복은 이 땅에서 천국으로 이어진다. 세상에서 하나님의 영광을 보는 자들은 세상의 것들에 현혹되지 않는다.

여섯 번째 복을 말씀하시면서 예수님은 왜 '행위가 청결한 자가 복이 있다'라고 하지 않으셨을까? 대신 예수님은 '마음이 청결한 자가 복이 있다'라고 선언하신다. 기독교는 머리의 종교가 아니라 마음의 종교다. 인간의 문제는 지성을 발전시킨다고 해결되지 않는다. 기독교는 윤리를 포함하지만, 도덕을 가르치는 종교가 아니다. 행위 이전에 마음의 종교다. 마음의 변화 없이는 행동의 변화나 사고의 변화도 기대할 수 없다. 기독교는 '안에서 밖으로' (inside out) 지향하며 확산하는 종교다. 바른 마음가짐이 바른 몸가짐을 불러온다. 머리가 아니라 마음이다. 이 복을 달리 표현하면 '머리가 좋은 사람은 복이 있다'가 아니라 '마음이 좋은 사람이 복이 있다'라고 할 수 있다.

여기서 마음은 헬라어로 '카르디아'다. 반면 첫째 복이 말하는 '심령'은 '프뉴마' 즉 영이다. 마음은 인간의 지정의가 결합되어 있는 곳이다. 사고하고 감정을 느끼고 결심할 수 있는 인간의 중추 기관이다. 영이 존재의 중심이라면, 마음은 인격의 중심이다. 복음은 마음과 관련이 깊다. 성경에서는 이 마음을 잘 간수해야 한다고 경고한다. "모든 지킬 만한 것 중에 더욱 네 마음을 지키라 생명의 근원이 이에서 남이니라"(잠 4:23). 건강도 지키고, 생명, 가정, 재물, 명예, 사업, 직장도 지켜야 하지만 그것보다 먼저 마음을 지켜야 한다. 사탄도 이 사실을 잘 알고 있기 때문에 마음을 차지하려고 끊임없이 노력을 하고 있다. 그러므로 하나님이 성령으로 우리 마음을 지켜 주신다. 마음이 가장 중요하고 그곳에서 모든 것이 파생되기 때문이다. 마음은 마치 모든 것이 흘러나오는 샘과 같다. 마음의 상태에 따라 단물과 쓴물이 나온다.

인격과 삶에서 마음의 중심성은 이미 예수님께서 말씀하신 바가 있다. 예수님의 제자들이 손을 씻지 않고 음식을 먹자 바리새인들과 서기관들이 정결법에 근거하여 그들을 맹비난했다. 그때 예수님께서는 진정한 정결과 부정이 무엇인지를 말씀하셨다. 손을 씻지 않고 음식을 먹는 것이 사람을 더럽게 하는 것이 아니라, 부패한 마음에서 나오는 모든 것이 사람을 부정하게 만든다고 말이다. 입 안으로 들어가는 것이 아니라, 입 밖으로 나오는 것이 사람을 더럽힌다. 바리새인과 서기관은 '밖에서 안으로'(outside in)를 지향한 반면, 예수님은 '안에서 밖으로'(inside out)를 지향하심을 확인할 수 있다.

'안'은 다름 아니라 마음이다. "마음에서 나오는 것은 악한 생각과 살인과 간음과 음란과 도둑질과 거짓 증언과 비방이니 이런 것들이 사람을 더럽게 하는 것이요 씻지 않은 손으로 먹는 것은 사람을 더럽게 하지 못하느니라"(마 15:19-20). 육체의 세례나 육체의 할례보다 더 중요한 것이 마음의 세례, 마음의 할례다. 세례 받지 못한 마음, 할례 받지 못한 마음이 결국 사람을 더럽히고 하나님과의 교제를 차단한 것이다.

결국 마음 관리가 관건이다. 지성과 이성보다 더욱 중요한 것이 마음이다. 성령과 악령이 영적인 싸움을 벌이는 곳이 바로 마음이다. 하나님께서 당신의 영을 보내시는 곳도 마음이다. "너희가 아들이므로 하나님이 그 아들의 영을 우리 마음 가운데 보내사 아빠 아버지라 부르게 하셨느니라"(갈 4:6). 우리가 확고한 결심을 해야 하는 곳도 마음이다. "너희 마음에 그리스도를 주로 삼아 거룩하게 하고"(벧전 3:15).

하나님이 제일 중요하게 보시는 곳이 바로 마음이다. 사람은 외모를 보지만 하나님은 마음의 중심을 보신다. 하나님은 늘 사람의 마음을 감찰하시는 분이다(살전 2:4). 즉 마음의 동기와 속사람을 눈여겨보신다. 이제 왜 예수님은 '외모가 청결하고 의식이 청결한 자가 복이 있다'고 하지 않으셨는지를 알 수 있다. 기독교는 의식이나 율법종교가 아니다. 주님은 외식적인 것보다 마음의 청결함을 중요시하였다. 바리새인과 서기관은 잔과 접시의 겉만 깨끗이 했다. 하지만 진짜 중요한 것은 용기에 담겨 있는 내용물 아닌가! 종교적인 의식, 형식적인 신앙을 아무리 그럴듯하게 가진다고 해도, 속사람과 마음이 부패한다면 무슨 소용이 있겠는가? 내면의 정결을 추구하지 않는 신앙은 하나님께 외식적으로 보이고 가증스럽게 비칠 뿐이다. "화 있을진저 외식하는 서기관들과 바리새인들이여 잔과 대접의 겉은 깨끗이 하되 그 안에는 탐욕과 방탕으로 가득하게 하는도다"(마 23:25).

마태복음을 구성하고 있는 다섯 개의 강화(講話) 그룹의 첫 번째는 산상수훈(5-7장)이지만 마지막 강화는 23장이다. 거기서는 일곱 가지 화가 선언되어 있다. 말하자면 여덟 '복'의 선언으로 시작해서 일곱 '화'의 선언으로 끝난다. 그 저주의 핵심은 마음과 무관한 종교적 추구다. 그들은 의식적이고 외형적인 정결을 추구했기 때문에 위선적이고 외식적이었다. 그러면서도 다른 사람을 판단하고 정죄한 사람들이다. 차후에 예수님은 '더 나은 의'를 말씀하실 터인데, 십계명을 예로 들면서 계명 준수에 있어서 마음의 동기의 중요성을 천명하실 것이다. '살인 행위' 이전에 '미움의 마음'을 없애는 것이, '간음 행위' 이전에 마음에서 '음욕'을 없애는 것이, 맹세보다 마음의 신실성을 키우는 것이, 보복 대신 넓은 아량과 배려를 키우는 것이, 선별적 이웃 사랑보다 마음으로 원수까지 사랑하는 것이 더 중요하다는 것이다.

"마음이 청결하다"고 했을 때 '청결'은 헬라어로 '카타로스'(katharos)로서 순수하다(pure)는 의미다. 원래부터 청결한 상태라기보다는 더러웠던 것이 세척되어 깨끗해진 것을 뜻한다. 깨끗이 세탁한 옷, 연단하여 불순물이 섞이지 않은 순도 100%의 금속, 섞인 것이 전혀 없는 포도주 등에 이 단어를 사용할 수 있다. 따라서 '카타로스'는 단순한, 순수한, 정결한, 해맑은, 드맑은, 솔직한, 정직한 등의 의미를 지니고 있다. 여기서 정서적 배출이란 의미로 사용되는 '카타르시스'가 나왔다. 마음의 중압감이나 상처를 깨끗이 제거하고 씻어 버려서 감정적으로 정화된 상태가 '카타르시스'다.

청결한 마음은 어떤 특성이 있는가? 첫째는 나누어짐이 없는 진실한 마음이다. '사심 없이 두 마음을 품지 않고 진실하게 하나님과 사람들을 대하는 것'이다. 키에르케고르는 청결을 "우리의 의지가 한 대상만을 향하여 드려진 마음"이라고 규정했다. 인간의 곤경은 하나님이라는 단 한 가지 목적을 위해 집중해야 하는 마음을 여러 가지 방향으로 흩어지게 내버려 두는 것에서 일어난다는 것이다. 마음의 청결은 단 한 가지만을 바라는 것이다. 삶에 있어서 단일 초점(single focus)을 가지는 것이다. '주도 바라보리라'가 아니라 '주만 바라보리라'다.

그런 점에서 여호수아와 갈렙은 마음이 청결한 사람이다. 그들은 온전히 주만 쫓았기 때문이다. 사무엘도 미스바에서 이스라엘에게 "전심으로" "너희 마음을 여호와께로 향하여 그만을 섬기라"(삼상 7:3)고 헌신운동을 일으켰다. 엘리야도 북조 이스라엘 백성, 아합 치하의 선민에게 청결한 마음을 가질 것을 촉구했다. 여호와와 바알 사이에서 머뭇머뭇하지 말고 마음을 확고히 정하여 하나님만 섬기라고 말이다. 청결한 마음은 두 주인을 섬기지 않는다. 동기가 불순하지 않고 마음이 완전히 성실하고 단순한 마음을 가진 자는 복이 있다.

두 번째는 '주님의 마음'을 품는 것이다. 바울은 빌립보 교인들에게 예수 그리스도의 마음을 품으라고 했다. 구체적으로는 교회 내에서 서로 갈등을 벌이고 있는 유오디아와 순두게를 염두에 두면서 겸손하신 예수님의 마음을 품으라고 촉구한 것이다. 좀 넓혀 해석하자면 예수님의 마음을 품는 것이 곧 청결한 마음이라고 할 수 있다. "너희 안에 이 마음을 품으라 곧 그리스도 예수의 마음이니"(빌 2:5). 이러한 마음은 주님을 마음에 모실 때 이루어진다. "너희 마음에 그리스도를 주로 삼아 거룩하게 하고"(벧전 3:15).

세 번째는 죄를 미워하는 마음이다. 우리 마음은 연약하여 죄에 빠지기 쉽다. 따라서 늘 죄에 대한 경각심을 갖고, 죄로 인도할 것을 미리 예방하고 결단하는 것이 청결한 마음의 핵심이다. 피 흘리기까지 죄의 유혹에 맞서 싸우는 마음이다. 바벨론에 포로로 끌려간 다니엘은 '뜻을 정하여' 왕의 음식과 포도주로 자기를 더럽히지 아니하리라 결심했다. 바벨론 한복판에서 성결한 삶을 결단한 것이다.

영적인 사람은 행복해지려 하기보다 거룩해지고자 한다. 요한 웨슬리는 "'어떻게 해야 거룩해질 수 있을까?' 생각하지 않는 사람의 신앙생활은 의심스럽다"라고 말했다. 영적인 사람은 잘못 살기보다는 바르게 죽겠다는 마음을 가지고 있다. 야고보는 이런 청결한 마음을 갖는 길을 이렇게 제시했다. "하나님을 가까이하라 그리하면 너희를 가까이하시리라 죄인들아 손을 깨끗이 하라 두 마음을 품은 자들아 마음을 성결하게 하라"(약 4:8). 청결한 마음은 곧 성결한 마음인데 하나님을 늘 가까이하고, 죄를 씻어 버리고, 섞임 없는 한마음으로 주님을 향하는 것이다.

성경에는 청결한 마음을 갖지 못해서 파멸한 사람의 이야기가 나온다. 오순절 성령 강림으로 하나님의 교회가 탄생했다. 이 교회는 주께서 핏값을 주고 사신 '하나님의 친 백성'이기 때문에 거룩한 공동체가 되어야 한다. 따라서 거룩한 교회의 구성원들이 어떠한 마음 자세를 가지고 살아야 하는지를 보여 주는 시범 사례가 나온다. 바로 아나니아와 삽비라 부부의 이야기다. 그들의 이야기는 우리에게 반면교사가 되고 일벌백계의 교훈을 준다.

그들은 왜 집을 판 값을 바치고도 망했는가? 바치지 않은 사람들도 많았을 텐데, 그래도 이들은 바쳤는데…. 바치고, 바치지 않고의 문제가 아니다. 문제는 위장된 헌신에 있다. 마음의 순수함이 없는 헌신을 극히 경계하시는 하나님의 뜻을 읽어야 한다. 아나니 아는 알맹이보다는 겉치레, 내면보다는 종교적 외관과 형식에 관심을 두었다. 자기 재산을 팔지 않아도 되고, 판 금액 전부를 드려야 할 의무도 없었다. 하지만 좋은 평판을 얻고, 자신의 행위를 과시하기 위해 거짓말을 했다. 위장된 헌신이다. 헌금이 명성을 얻기 위해서인가? 봉사가 보상을 받기 위해서인가? 구제가 자기만족을 위한 것인가? 찰스 스펄전은 "내면생활의 발로가 아니라면 외적 종교는 별 가치가 없다"고 했다. 이런 불순한 마음의 동기는 마음을 감찰하시는 성령님께 용납될 수 없었다. 그래서 성령님께서 그들을 치신 것이다. "온 교회와 이 일을 듣는 사람들이 다 크게 두려워하니라"(행 5:11). 초대교회에 경종을 울린 사건이다. 왜 고대로부터 사람들이 신성한 것에 접근하는 것을 두려워하는지 이해시켜 주는 사례다. 하나님 곁에 머문다는 것은 축복이면서도 위험하다. 하나님은 마음의 청결을 요구하신다.

    2020년 뜻밖에 코로나19가 전 세계를 휩쓸었다. 코로나19는 우리 삶에 큰 타격과 고통을 안겨 주었지만, 우리에게 귀한 영적 교훈도 선사했다. 물질세계든 영적 세계든 청결이 중요하다는 점이다. 몸도 청결해야 하고 마음도 청결해야 한다. 중앙교회에서는 코로나 예방과 관련하여 3Go 운동을 진행했다. ①(손을) 씻고 ②(마스크를) 쓰고 ③(거리를) 두고. 이를 영적으로 적용하자면 ①손을 씻음은 우리 마음을 정결하게 하는 것으로서 회개에 해당한다. ②마스크를 쓰는 것은 외부의 악영향으로부터 우리를 보호하는 조치로서 하나님의 전신갑주를 입는 것이다. 혹은 믿음의 방패를 들고 성령의 검, 즉 말씀의 검으로 무장하는 것이다. ③거리를 둠은 세속에 물들지 않도록 세상과 일정한 거리를 둠으로써 영향을 차단하는 것이다. 나쁜 습관이나 죄에 빠지지 않도록 자신을 지키는 것이다. (손) 깨끗하게, (마음) 청결하게!

우리는 마음이 청결한지 더러운지 어떻게 아는가? 어떤 진단법이 있는가? 그것은 우리가 마음을 어디에 두는지를 보면 안다. 선한 일에 두는가, 아니면 더러운 일에 두는가? 마음은 생각이 일어나는 곳이다. 마음이 더러우면 온갖 악한 생각이 일어나서 악한 행실로 이어진다. 반면 마음이 청결하면 선한 생각이 일어나서 착한 일을 하게 된다. '하나님이 보이는 마음'과 '하나님이 보이지 않는 마음'의 차이다. 당신은 하나님이 보이는가? 그렇다면 마음이 청결하다. 물론 우리는 본래 마음이 정결하지 못한 자였다. 하지만 예수 그리스도의 보혈로 말미암아 마음의 할례를 받아 정결한 마음을 받게 되었다.

하나님은 예수 그리스도를 믿는 모든 자에게 이미 청결한 마음을 허락하셨다. "새 영을 너희 속에 두고 새 마음을 너희에게 주되 너희 육신에서 굳은 마음을 제거하고 부드러운 마음을 줄 것이며"(겔 36:26). "네 하나님 여호와께서 네 마음과 네 자손의 마음에 할례를 베푸사 너로 마음을 다하며 뜻을 다하여 네 하나님 여호와를 사랑하게 하사 너로 생명을 얻게 하실 것이며"(신 30:6). 바울은 기독교인에게 청결한 마음을 유지할 것을 요청하기도 했다. "이 교훈의 목적은 청결한 마음과 선한 양심과 거짓이 없는 믿음에서 나오는 사랑이거늘"(딤전 1:5). 이제 우리의 목적은 마음의 청결을 유지하는 일이다.

   그렇다면 왜 우리는 마음의 청결을 유지해야 하는가? 첫째는 우리의 마음이 수시로 세상에 오염되기 때문이다. 몸을 닦는 것처럼 매일 매시간 청결을 유지해야 한다. 안경을 쓰는 사람들은 매일 안경에 묻은 먼지를 제거해야 사물을 잘 볼 수 있다. 우리 마음도 안경처럼 관리할 수 있으면 좋을 것이다. 우리는 코로나19를 통해 외적 정결함을 유지하지 못했을 때 생기는 재난을 지금 보고 있다. 감염되어 자신이 고생을 하는 것은 물론이고, 다른 사람에게 전염될까 봐 격리되고, 일상생활이 제약을 받고 단절되고, 소상공인들이 당하는 경제적 손실은 이루 말할 수 없다. 코로나19도 이런데, 내적 정결함을 유지하지 못했을 때 생기는 재난은 얼마나 더 크겠는가? 영광을 받기 전까지 우리 마음에는 여전히 부패한 속성이 남아 있다. "만물보다 거짓되고 심히 부패한 것은 마음이라"(렘 17:9).

   1900년 초에 베어드 선교사가 천로역정에 이은 최고의 전도 책자를 한국에 배포했다. 문맹률이 높은 조선 사람들에게 마음에 대해서 가르치고 복음을 전파하기 위해 마음의 상태를 묘사하는 9가지 그림을 제시한 전도법이다. 이것을 「명심도」라고 불렀다. 사실 명심도는 1812년 고스너에 의해 독일에서 「사람의 마음」으로 발간되었는데 이것이 중국을 거쳐 조선 땅에 들어온 것이다.

   고스너는 그의 책에서 다음과 같이 밝히고 있다. "마음은 본래

형상이 없어, 보아도 알 수 없고 또 무시로 출입하여 그 향하는 것을 알 수 없다. 그런즉 마음을 밝혀 보고자 그림과 비유로 표현한다." 그 후 부흥강사로 유명한 이성봉 목사님이 전국을 돌아다니면서 부흥회했던 것을 정리하여 「명심도 강화」를 출간했다. 이성봉 목사님이 말하기를 "하나님은 우리의 육안과 머리로 보고 아는 것이 아니요, 맑고 밝은 심정을 가진 양심적이고 도덕적인 사람만이 알게 되는 분"이기 때문에 우리의 현재 마음을 진단해 보고 어떻게 해야 우리 마음을 청결하게 할 수 있는지 살피고자 한다고 했다.

해방 후에는 「박군의 마음」이라고 고쳐 부르면서, 우리 마음에는 항상 어둠을 좋아하는 7가지 동물이 있다고 했다. 과시하기 좋아하는 공작새(교만), 욕심 많고 지저분한 돼지(탐욕), 긴 수염을 달고 어른 행세하는 염소(호색), 자기 필요를 따라 숨었다 나타났다 하는 자라(게으름), 꾀가 많고 간사한 여우(교활), 이간질하는 뱀(거짓말), 혈기 부리는 호랑이(분노)가 살고 있다는 것이다. 거듭나지 않은 사람의 마음에는 이런 것들이 들어 있지만, 우리가 예수님을 영접하게 되어 그분의 성령이 들어오게 되면 이런 것들이 마음에서 쫓겨난다고 한다. 그러나 한 번 쫓겨났다고 해도 영영 사라지는 것이 아니라 호시탐탐 다시 들어올 기회를 엿본다. 그래서 마음을 잘 관리해야 한다. 사람이 하는 일은 마음의 반영이다.

둘째는 하나님과 긴밀한 교제를 위하여 마음을 청결히 해야 한다. 하나님은 거룩하신 분이기 때문에 그분과 교제하려면 정결함이 요구된다. 두 사람이 의기투합하지 않고는 길을 동행할 수 없는 것과 같다. "여호와의 산에 오를 자 누구인가?", "여호와의 집에 거할 자가 누구인가?"라는 질문에 대해서 시편 기자는 다음과 같이 응답한다. "곧 손이 깨끗하며 마음이 청결하며 뜻을 허탄한 데에 두지 아니하며 거짓 맹세하지 아니하는 자로다"(시 24:4). 하나님 앞에 나가기 위해서는 사람들과 막힌 담이 없이 평화해야 하고 정결함으로 옷을 입어야 한다. "모든 사람과 더불어 화평함과 거룩함을 따르라 이것이 없이는 아무도 주를 보지 못하리라"(히 12:14). 그러므로 하나님과 긴밀한 교제에 들어가기 위해서는 자신을 날마다 정결하게 해야 한다. "주를 향하여 이 소망을 가진 자마다 그의 깨끗하심과 같이 자기를 깨끗하게 하느니라"(요일 3:3).

셋째로 청결(성결)은 하나님의 뜻이기 때문이다. 하나님은 우리가 단지 중생하는 것만으로 만족하시지 않는다. 중생이라는 초기 성화는 성결이라는 목표점을 지향해야 한다. 신자는 거듭남으로 새로운 본성을 받아들이고, 보혈로 정결케 되고, 성화의 과정을 지속해야 한다. 한국교회가 구원을 중생하는 것, 구원의 확신을 예수 그리스도를 믿음으로 받은 은혜로만 강조하고, 구원받은 자의 성결한 삶을 강조하지 않으니 믿는 자들에게서 그리스도인의 향기가 나타나지 않는다. "하나님의 뜻은 이것이니 너희의 거룩함이라"(살전 4:3). 구원의 목적은 성결이다. "오직 너희를 부르신 거룩한 이처럼 너희도 모든 행실에 거룩한 자가 되라 기록되었으되 내가 거룩하니 너희도 거룩할지어다 하셨느니라"(벧전 1:15-16). 하나님의 뜻은 우리가 그리스도의 완전에 이르는 것이다.

넷째로 마음의 청결은 하나님 나라에 들어가기 위한 절대적 조건이기 때문이다. 하나님을 뵙는 것과 거룩한 곳에 들어가는 것이 겹친다. "불의한 자가 하나님의 나라를 유업으로 받지 못할 줄을 알지 못하느냐 미혹을 받지 말라 음행하는 자나 우상 숭배하는 자나 간음하는 자나 탐색하는 자나 남색하는 자나 도적이나 탐욕을 부리는 자나 술 취하는 자나 모욕하는 자나 속여 빼앗는 자들은 하나님의 나라를 유업으로 받지 못하리라"(고전 6:9-10).

그렇다면 어떻게 정결한 마음을 얻을 수 있을까? 흐려진 마음을 다시 정결하게 회복할 수 있을까? 세상의 모든 종교, 도덕, 철학은 깨끗한 마음에 대해 이야기는 할 수 있어도, 그것에 도달하지는 못한다. 이미 더럽혀진 마음을 사람의 노력으로 깨끗이 할 수 없기 때문이다.

첫째로 그리스도의 보혈로 가능하다. 구약의 제사는 제물의 피를 제단에 뿌려 정결하게 된다. 문설주에 바르기도 한다. 하지만 그것은 모두 하나님의 허락하심을 받은 잠정적인 은혜였다. 궁극적이고 실체적인 은혜는 십자가의 보혈로만 된다. "십자가의 보혈로 날 씻어 주소서"라고 하는 이유가 바로 여기에 있다. 물론 문자적으로 피로 나를 씻을 수는 없다. 피 얼룩이 생기기 때문이다. 다만 피를 통해 우리 죄가 대속을 받아 용서받기 때문에 정결하게 씻을 수 있다는 의미다.

코로나19 감염자를 치료하는 방법 중 혈장 치료 방법이 있다.

감염 생존자의 몸에 생긴 항체가 형성된 '회복혈장'을 환자에게 투여하는 방식으로 치료를 하는 것이다. 피에는 정화하고 치유하는 힘이 있다. 예수님의 보혈은 우리의 모든 죄악으로부터 정화하는 힘이 있다. "그날에 죄와 더러움을 씻는 샘이 다윗의 족속과 예루살렘 주민을 위하여 열리리라"(슥 13:1). 우리는 그 보혈의 샘으로 나아가야 한다. 예수님의 보혈 아래에서는 내 죄가 가리워진다. 물론 우리는 회개를 통해 그 보혈의 은혜를 받아들여야 한다. 회개의 눈물은 마음의 더러움을 씻는다. 그래서 "애통하는 자"와 "마음이 청결한 자"는 서로 연관이 되어 있다. "하나님이여 내 속에 정한 마음을 창조하시고 내 안에 정직한 영을 새롭게 하소서"(시 51:10).

둘째로 말씀과 기도로 가능하다. "하나님의 말씀과 기도로 거룩하여짐이라"(딤전 4:5). 우상에게 바쳐진 음식물도 진리 안에서 말씀과 기도로 거룩해지기 때문에 믿음이 강한 자는 그 정결성 여부를 따지지 않고 먹을 수 있다. 우리 영혼도 동일하다. 하나님의 말씀은 창조주의 말씀이요 새 창조의 말씀이기 때문이다. 기도를 통해 하나님은 우리의 요구를 들어주시고, 교제하심으로써 우리를 정결하게 하신다. "너희는 내가 일러준 말로 이미 깨끗하여졌으니"(요 15:3). 우리가 말씀을 읽지 않고 기도하지 않는다면 자신도 모르는 사이에 오염이 된다. 이를 위해서 모이기를 힘써야 한다. 만약 모이지 못할 상황이 된다면 개인 경건을 통해 늘 말씀을 보고 기도함으로써 자기 영혼과 마음을 정결하게 지켜 내야 한다.

셋째로 성령의 불로 가능하다. 성령의 불은 모든 불의와 부정을 태워 버린다. 성령은 소멸하는 불이다. 늘 성령 충만을 위해서 애써야 한다. 죄를 지어 마음이 더러워졌다면 다시 성령님을 모셔서 그 죄를 태워야 한다. 불같은 성령님의 임재를 간구하라.

마음이 청결하지 못한 자는 영적인 소경이다. 하나님을 볼 수 없기 때문이다. 마음이 청결한 자는 하나님을 보는 복을 받게 된다. 우리는 세상에서도 마음으로 하나님을 본다. 하나님의 임재를 경험할 수 있다. 토마스 아퀴나스가 임종을 앞두고 하늘에서 음성을 들었다고 한다. "토마스, 너는 나에 대한 많은 책을 잘 써 주었다. 어떤 보상을 원하느냐?" 그러자 토마스는 대답했다. "주님, 오직 주님뿐입니다." 그렇다. 하나님이 주실 최고의 복은 하나님 자신이다. 하나님을 보는 것, 이것이 진정한 복이다.

8
평화를 이끌어 내는 사람들

화평하게 하는 자는 복이 있나니 그들이 하나님의 아들이라 일컬음을 받을 것임이요 마 5:9

다음 사람들의 공통점을 찾아보라. 시오도어 루스벨트, 우드로 윌슨, 슈바이처, 마틴 루터 킹, 빌리 브란트, 마더 테레사, 고르바초프, 아웅 산 수치, 넬슨 만델라, 지미 카터, 달라이라마, 엘 고어, 버락 오바마, 김대중. 모두 노벨 평화상을 받은 사람들이다. 이 상은 노벨재단에서 세계의 평화에 기여한 사람이나 단체에게 주는 상으로, 상급이 100만 달러 정도 된다. 그런데 히틀러, 스탈린, 무솔리니도 노벨평화상 후보로 추천된 적이 있다고 한다. 인간이 판단하는 일이라 잘은 모르겠지만 어떤 점에서 이런 사람들이 후보에 올랐는지 모르겠다.

에덴동산에서부터 사탄은 불화를 만들었다. 하나님과 인간, 인간과 인간, 인간과 자연 사이를 갈라놓았다. 창조주와 피조물, 친밀해야 할 부부 사이, 형제 사이를 이간질하고 또한 공동체를 깨뜨렸다. 이렇게 실낙원이 된 세상은 회복해야 할 것이 많다. 창조주 하나님께서는 인간에 의해 파괴된 이 평화를 회복시키시기 위해 어제도 오늘도 계속해서 일하신다. 하나님은 우리가 이 땅에서도 평화가 가득한 천국을 미리 맛보기를 원하신다. 마음의 천국, 가정의 천국, 교회의 천국을 이루어야 한다. 하나님의 아들 예수님은 하나님 나라의 회복을 위해 일하셨고 우리도 평화를 만드는 사람이 되어야 한다.

천국의 조건은 평화(화평)다. 마음의 평화, 가정의 평화, 정치적 평화, 경제적 평화, 남북평화, 세계평화, 생태계 평화 공존이 필요하다. 코로나19 초기 단계 때 서양인들은 동양인들을 차별했다. 소위 지구촌 시대, 세계화 시대에도 차별하고 미워하는 마음의 장벽이 엄존하고 있다. 인종 간, 종교 간, 계층 간, 빈부 간의 견고한 장벽이 있고 이를 극복하지 못하면 평화가 없다. 모두가 평화를 원하고 말하지만, 아직 이 땅에는 진정한 평화가 없다.

2020년 대한민국 국회의원 선거가 여당의 압승으로 끝났다. 선거가 끝날 때마다 하는 소리이지만, 이제는 선거 과정에서 불거진 갈등과 분열과 미움을 해소하고 화합하는 과정이 필요하다. 세상에서는 '힘의 양'을 이야기한다. 여권과 야권이 몇 석씩을 차지했는지가 초미의 관심사다. 가급적이면 더 많은 힘을 소유하려고 하고 그 힘으로 지배하고 다스리려 한다. 하지만 성경은 '힘의 질'에 대해 관심을 둔다. 하나님은 힘의 양보다 그 힘을 사용해서 무슨 일을 이루는가에 관심이 많으시다. 힘이 적든 많든 하나님이 주신 힘을 가지고 사람들을 섬기고 살리는 데 사용된다면 좋은 것이다. 이번에 압도적인 승리를 거둔 여권은 그 다수 의석의 강력한 힘을 가지고 독선적이고 독재적인 방향으로 나아가면 안 된다. 오히려 하나님을 두려워하고 국민들을 바라보면서 이 땅 위에서 평화를 이루고 생명력을 증강하고 이웃을 섬기는 데 주어진 힘을 사용해야 한다. 그렇지 않으면 승자의 저주에 걸리게 될 것이고 비참한 결과를 가져올 것이다. 그것은 결코 하나님께서도 기뻐하시지 않을 것이다.

2020년 5월에 나는 기독교대한성결교회 총회장에 취임했다. 1년 동안 교단을 이끌 표어를 생각하다 하나님께서 말씀 한 구절을 주셨다. "모든 사람과 더불어 화평함과 거룩함을 따르라 이것이 없이는 아무도 주를 보지 못하리라"(히 12:14). 그래서 교단 표어를 "나부터 성결, 우리부터 평화"라고 정했다. 오늘 주제인 평화(화평)와 연관된 개념이 성결(거룩)이다. 평화와 성결은 바늘과 실처럼 떼려야 뗄 수가 없는 관계다. 문제는 그 선후 관계다. 평화가 중요하지만, 그보다 선결되어야 하는 조건이 성결이다. 성결해질 때 평화가 뒤따르게 된다. 성결해질 때 평화가 온전해진다. 평화는 성결의 열매다. 야고보서도 동일한 취지로 말한다. "오직 위로부터 난 지혜는 첫째 성결하고 다음에 화평하고 관용하고 양순하며 긍휼과 선한 열매가 가득하고 편견과 거짓이 없나니 화평하게 하는 자들은 화평으로 심어 의의 열매를 거두느니라"(약 3:17-18).

땅의 지혜가 아니라 하늘의 지혜는 우선 성결하다. 성결한 지혜만이 평화를 온전히 이룰 수 있다. 평화의 나라 발기인은 바로 성결이다. 다툼과 갈등으로 점철된 이 땅에서 평화를 위해 일하는 것은 귀하고 필요하다. 하지만 평화를 위해 불의를 용납하고 간과하라는 뜻은 아니다. 구약의 선지자들이 말한 것처럼 정의 없는 평화는 평화가 아니다. 오직 하나님의 의에 초점을 맞추면서 진리로써 다툼을 해결하는 것이 필요하다. 평화를 만드는 사람, 평화를 만들기 위해 애쓰는 사람이 하나님의 자녀다. "화평하게 하는 자는 복이 있나니 그들이 하나님의 아들이라 일컬음을 받을 것임이요"(마 5:9).

그렇다면 무엇이 평화를 이루지 못하게 하는가? 전쟁, 다툼, 불화는 왜 일어나는가? 죄 때문이다. 그렇다면 평화를 이루려면 무엇을 해결해야 하는가? 죄다. 사람들은 왜 마음에 평화가 없는가? 죄 때문이다. 왜 코로나19가 나타나 세상을 온통 두렵게 하는가? 죄 때문이다. 결국 현세의 모든 문제는 전부 죄 때문임을 알 수 있다. "너희 중에 싸움이 어디로 다툼이 어디로부터 나느냐 너희 지체 중에서 싸우는 정욕으로부터 나는 것이 아니냐"(약 4:1). 죄 문제 해결 없이는 평화를 이룰 수 없다. 죄 즉 교만, 시기, 질투, 미움, 분노, 이기심이 마음에 있으면 평화를 만들 수 없다.

인간은 죄를 짓지만, 스스로 죄를 해결할 수 없다. 죄의 문제를 해결할 수 있는 분은 오직 예수님뿐이시다. 예수님이 이 땅에 오신 목적도 죄를 해결하기 위해서다. "죄를 짓는 자는 마귀에게 속하나니 마귀는 처음부터 범죄 함이라 하나님의 아들이 나타나신 것은 마귀의 일을 멸하려 하심이라"(요일 3:8). 오직 예수 그리스도만이 인간의 모든 죄를 해결하실 수 있다. 따라서 평화는 예수 그리스도의 십자가로부터 비롯된다. 예수님의 제자들도 예수님의 못 자국, 창 자국을 볼 때 마음의 평안을 얻었다. 예수님이 온 인류의 죄를 속죄해 주셨다는 사실로부터 평화가 시작된다.

화평하려면 죄의 해결이 필요하고, 죄를 해결하면 마음이 청결해진다. 따라서 화평은 마음의 청결과 관련이 있다. 마음이 청결하지 못하면 화평을 만들 수 없다. 화평케 하는 능력은 마음의 청결함에서 나온다. 평화가 깨질 때는 반드시 죄와 거짓과 이기심이 깔려 있다. 자기를 먼저 비우지 않고는 평화를 말할 수 없다. 그런 점에서 여섯 번째 복인 '마음의 청결'은 일곱 번째 복인 '화평하게 하는 자'의 전제 조건이 되기도 한다.

입으로 평화를 가장 많이 말하는 민족은 히브리인이다. 그들의 인사말 "샬롬"은 평화를 구한다는 의미다. 이스라엘의 역사가 전쟁의 역사인 만큼 평화를 갈구하는 그들의 마음은 이해가 간다. 하지만 샬롬을 입에 달고 산다고 해서 평화가 오는 것은 아니다. 평화의 나라는 이스라엘에게 하나의 이상향이다. 이사야서에 보면 그런 평화의 나라에 대한 아름다운 묘사가 나온다. 그 평화의 나라는 메시아가 오실 때에만 이루어지는 나라다. 평화의 메시아가 다스리는 나라가 곧 평화의 나라다. "그 때에 이리가 어린 양과 함께 살며 표범이 어린 염소와 함께 누우며 송아지와 어린 사자와 살진 짐승이 함께 있어 어린 아이에게 끌리며 암소와 곰이 함께 먹으며 그것들의 새끼가 함께 엎드리며 사자가 소처럼 풀을 먹을 것이며 젖 먹는 아이가 독사의 구멍에서 장난하며 젖 뗀 어린 아이가 독사의 굴에 손을 넣을 것이라"(사 11:6-8).

평화 즉 샬롬은 소극적으로는 전쟁과 다툼이 없는 상태를 의미한다. 하지만 평화란 그런 것이 아니다. 한자로 화평(和平)을 파자(破字)하면, 벼(禾)를 골고루(平) 나누어 먹는다(口)는 뜻이다. 평화는 정의와 복지와 관련이 있다. 이런 평화는 휴전이나 냉전처럼 전쟁 없는 상태를 뛰어넘는다. '화평하게 하는 자'는 본래 메시아적 의미가 들어 있다. 종말론적으로 하나님의 기름 부음 받은 자, 즉 메시아가 오셔서 통치하실 때 이 세상의 온갖 종류의 갈등과 대립은 종식되고 영원한 평화가 임하게 될 것이기 때문이다. 그래서 이사야는 오실 메시아를 '평강의 왕'(사 9:6-7)이라고 표현했다. 그리스도의 나라는 평화의 나라다. 그런데 오늘 이 땅에서 화평하게 하는 자가 있다면 그는 이미 종말론적 구원을 앞당겨 실현하는 영광스러운 존재가 되는 셈이다.

평화를 뜻하는 히브리어 '샬롬'은 분쟁이 없는 상태가 아니라 '인간의 최고의 선이 이루어지는 것'이기도 하다. 인간이 추구하는 모든 행복한 상태가 완성되는 것이다. 한편 헬라어 '에이레네'는 구원과 더불어 오는 평화를 의미한다. '에이레네'의 평화는 구원을 전제로 한 평화다. 즉 구원 없이는 평화가 없다. 어리석은 부자는 세상의 것들로 편리함은 누렸지만, 구원을 받지 못했기 때문에 그의 평화는 온전한 평화라고 볼 수 없다. 오히려 구원받지 못한 채 누리는 평화는 그를 속이고 기만할 뿐이다.

'화평하게 하는 자' 즉 '평화를 일구는 자', '평화를 실천하는 자'는 헬라어로 '에이레노포이오이'다. '평화'(에이레네)와 '만드는 자'(포이오스)의 합성어다. 한마디로 화평하게 하는 자는 peace maker다. 또한 평화를 상실하지 않도록 유지하는 peace keeper다. 평화를 선호하거나 바라거나 기다리는 자가 아니다. '수동주의'(passivism)가 아니라 '평화주의'(pacifism)다. 평화는 그렇게 쉽게 찾아오는 것도 아니고, 또한 방치해도 되는 것이 아니다. 평화는 끊임없이 만들어야 하고 보존해야 하는 것이다.

또한 평화의 복음을 받아들인 사람은 이 세상 사람들과 평화롭게 살아갈 수 없다. 세상 사람들은 정신적으로 "욕하고" 신체적으로 "박해하고" 언어적으로 "거짓과 악한 말"(마 5:11)로 괴롭힌다. 잠시 동안은 평화가 아니라 검과 불화(마 10:34-35)가 온다. 그럼에도 불구하고 화평하게 하는 자는 먼저 그리스도의 평화의 복음, 구원의 복음을 받아들인다. 그 복음 때문에 세상 안일한 화평이 깨어질지라도 그리한다. 그리고 끊임없이 세상에 그 평화의 복음을 퍼뜨리며, 깨어진 관계 속으로 들어가 먼저 자신이 죽음으로써 화평의 일을 한다. 아들을 보면 아버지를 알 수 있다. 불화, 분쟁, 불의, 탈취는 하나님의 자녀가 하는 일이 아니다.

평화를 포함해서 팔복의 모든 것은 기독교인이 영적인 거인이기 때문에 주신 것이 아니다. 오히려 그것은 그들 가운데 거하시는 하나님 나라의 광채를 보여 주고 있다. 우리가 팔복을 온전히 드러내고 구현하기 위해서는 더 많이 내려놓고 포기해야 한다.

팔복에 나오는 예수님의 복 선언은 '포기에 대한 요구'라고 본회퍼는 분석한다. 소유의 포기, 세상이 주는 행복 포기, 권리의 포기, 자기 의 포기, 존엄성 포기, 자신의 선과 악 포기, 자기 마음 포기, 폭력과 폭동 포기, 명예와 폭력 포기. 이것들을 붙들고 있는 한 행복할 수가 없다. 심리학 교수인 어니스트 리곤 교수는 팔복은 정신 건강을 위한 기본 공식을 예수님께서 모아 놓으신 것이라고 논평한다.

영화 〈평화의 아이〉(Peace Child)는 실화를 바탕으로 한 영화다. 던 리처드슨 선교사가 1960년 초에 뉴기니 섬의 사위 부족에게 가서 전도했을 때의 내용이다. 사위 족속은 원시적 삶을 살아가고 있었고 호전적이었으며 인육을 먹는 식인습성도 지니고 있는 포악한 종족이었다. 과연 그런 이들에게 어떻게 예수 그리스도를 설명할 수 있을 것인가? 선교사님은 의료선교를 주로 수행하면서 부족의 마음을 조금씩 얻을 수 있었다.

한번은 종족 간에 큰 전쟁이 벌어졌는데 서로에게 큰 피해를 남기고 휴전에 들어갔다. 더 이상의 전쟁은 그들 모두를 패망에 이르게 할 것이라는 깨달음에서 전쟁을 멈추었다. 그런데 휴전을 하는 방식이 특이했다. 추장은 자기 아들을 상대편 추장에게 보냈다. 상대편 추장도 자기 아들을 보냈다. 그리고 서로 아들을 교환한 후 각자 그 아들을 자기 아들처럼 돌보고 보살펴 주었다. 그들로 인해서 두 부족은 확실한 평화를 누리게 되었다. 이 아이를 일컬어 '평화의 아이'(peace child)라고 한다.

선교사님은 이 모습을 지켜보면서, 하나님의 아들 예수 그리스도야말로 하나님께서 인간과 화목하기 위해서 보내신 평화의 아이라고 말해 줌으로써 사위 부족을 교화하게 되었고 결국 복음을 심게 되었다. 신학생 때 보았던 이 영화를 유튜브에서 찾아보려 했지만 찾지 못했고 대신 60년이 지난 뒤에 리처드슨 선교사님의 후손들이 이 부족을 방문한 모습을 볼 수 있었다. 그들이 방문했을 때 온 부족이 한마음이 되어 그들을 영접해 주었다. 그들이 받아들인 복음으로 인해서 온갖 악한 구습을 벗어 버리고 예수 그리스도를 믿는 하나님의 참 백성이 된 것을 확인할 수 있었다.

그렇다면 우리가 추구해야 할 화평에는 어떤 것들이 있을까? 우리가 지향해야 할 화평은 무엇인가?

1. 하나님과의 평화

바울은 로마서에서 이렇게 말한다. "그러므로 우리가 믿음으로 의롭다 하심을 얻었은즉 우리 주 예수 그리스도로 말미암아 하나님으로 더불어 화평을 누리자"(롬 5:1). 하나님과의 평화 없이는 참된 평화가 없다. 먼저 하나님과 평화를 누려야 한다. 그런데 평화를 만들기 위해서는 희생이 있어야 한다. 그 희생은 예수 그리스도의 희생만이 유일하다. 예수님께서 탄생하실 때에 천사들이 노래를 했다. "땅에서는 하나님이 기뻐하신 사람들 중에 평화로다"(눅 2:14). 예수 그리스도는 우리의 구원일 뿐 아니라 우리의 평화다. 이 평화는 예수님의 평화다. 이 평화는 세상이 알 수도 없고,

줄 수도 없는 것이다. "평안을 너희에게 끼치노니 곧 나의 평안을 너희에게 주노라 내가 너희에게 주는 것은 세상이 주는 것과 같지 아니하니라 너희는 마음에 근심하지도 말고 두려워하지도 말라"(요 14:27).

당대 세계에서 로마도 일종의 평화를 만들었다. 그것을 로마의 평화(Pax Romana)라고 부른다. 로마가 평화를 이룰 수 있었던 비결은 강력한 군대와 무기 덕분이었다. 칼로 시민들과 노예들을 위협하여 얻은 평화였기 때문에 이것은 가짜 평화다. 전쟁과 소요가 없다고 해서 평화가 아니다. 어느 누가 현재의 북한을 평화롭다고 하겠는가? 진정한 평화는 생명과 자유와 기쁨을 가져다준다.

우리 예수님은 오직 십자가를 지심으로써 온전하고 영원한 평화를 이룩하셨다. 십자가는 하나님이 지정하신 평화의 도구다. "그의 십자가의 피로 화평을 이루사 만물 곧 땅에 있는 것들이나 하늘에 있는 것들이 그로 말미암아 자기와 화목하게 되기를 기뻐하심이라 전에 악한 행실로 멀리 떠나 마음으로 원수가 되었던 너희를 이제는 그의 육체의 죽음으로 말미암아 화목하게 하사 너희를 거룩하고 흠 없고 책망할 것이 없는 자로 그 앞에 세우고자 하셨으니"(골 1:20-22).

예수님의 십자가는 수직적 화평과 수평적 화목을 이룬 것이기도 하다. 십자가를 통해 하나님과 인간이 화목하게 되었을 뿐만 아니라, 유대인과 이방인도 화목하게 되었다. "그는 우리의 화평이신지라 둘로 하나를 만드사 원수 된 것 곧 중간에 막힌 담을 자기 육체로 허시고 법조문으로 된 계명의 율법을 폐하셨으니 이는 이 둘로 자기 안에서 한 새 사람을 지어 화평하게 하시고 또 십자가로 이 둘을 한 몸으로 하나님과 화목하게 하려 하심이라 원수 된 것을 십자가로 소멸하시고 또 오셔서 먼 데 있는 너희에게 평안을 전하시고 가까운 데 있는 자들에게 평안을 전하셨으니"(엡 2:14-17). 전도자는 하나님과 사람 사이에 평화를 만드는 자다. 그런 의미에서 하나님 나라 대사다. 믿는 자는 하나님과 평화를 이루는 자다.

2. 자신과의 평화

하나님과 화평을 이룬 뒤에는 자기 자신과의 평화가 필요하다. 자기 자신의 마음이 평안해야 한다. 내면이 평화로운 사람이 진정으로 평화로운 사람이다. 내 안의 모든 불의, 욕심, 거짓, 죄가 불안한 마음을 가져다준다. 평화를 가로막는다. 우리는 예수님의 보혈로 이런 모든 죄악을 씻어 내야 한다. 우리 마음이 정결하게 될 때 참된 평화가 임한다. "여호와께서 말씀하시되 악인에게는 평강이 없다 하셨느니라"(사 48:22). 이 세상에서 아무리 많은 것을 얻었다고 해도 악인에게는 평화가 없다. 반면 하나님을 굳게 믿는 자에게는 어떤 상황에서도 하나님의 평강으로 지켜 주실 것이다. "주께서 심지가 견고한 자를 평강하고 평강하도록 지키시리니 이는 그가 주를 신뢰함이니이다"(사 26:3).

3. 다른 사람과의 평화

이제 자기 자신과 평화한 사람은 타인과도 평화해야 한다. 먼저 제일 가까운 사람들인 가족들과 평화를 이루어야 한다. 코로나19를 통해 경험한 것은 마지막까지 남는 사람은 가족이라는 것이다. 우리가 대부분의 시간을 보내고, 또한 우리가 머무르는 곳은 가정이라는 것이다. 가정은 가장 기초적인 단위다. 가정이 무너지면 다른 그 어떤 곳도 잘될 수가 없다. 가족 간에도 죄가 있으면 화평할 수가 없다. 부부간에 충실하지 못한다면 평안을 이룰 수가 없다. 가정에 정결함이 있어야 평화가 있다. 자녀들과는 관계가 좋은가? 혹시 불편하게 한 점, 서운하게 한 점, 내 말과 행동 때문에 상처 받은 점이 있는지 확인해야 한다. 부모는 무심히 지나가도 아이는 상처를 받은 것이 있을 수가 있다. 가정 구성원 간의 대화가 필요하다. 상처를 치유해 주어야 한다. "마른 떡 한 조각만 있고도 화목하는 것이 제육이 집에 가득하고도 다투는 것보다 나으니라"(잠 17:1).

교회 안에도 평화가 있어야 한다. 교회가 불화하면 사업도 개인적 일에도 평강이 없다. 바울은 "사랑 안에서 가장 귀히 여기며 너희끼리 화목하라"(살전 5:13)고 했다. 또 "형제들아 내가 우리 주 예수 그리스도의 이름으로 너희를 권하노니 모두가 같은 말을 하고 너희 가운데 분쟁이 없이 같은 마음과 같은 뜻으로 온전히 합하라"(고전 1:10)고 했다. 그리스도의 한 몸을 이루고 있는 각 지체인 신자들이 서로 한마음을 품어야 한다.

사회에서도 평화가 필요하다. 하나님은 교회만이 아니라 사회에서도 역시 임재하시고 다스리고 계시기 때문이다. 제단에 예물을 드릴 때도 먼저 사회적인 화평을 확보한 뒤에 드리라고 말씀하실 정도다(마 5:24). "할 수 있거든 너희로서는 모든 사람과 더불어 화목하라"(롬 12:18). 하나님은 우리에게 세상에서 화목하게 하는 직분을 주셨다. "모든 것이 하나님께로서 났으며 그가 그리스도로 말미암아 우리를 자기와 화목하게 하시고 또 우리에게 화목하게 하는 직분을 주셨으니"(고후 5:18). 우리가 교회에서는 장로, 권사, 안수집사의 직분을 갖고 있지만, 세상 사람들은 그것이 무엇인지 잘 모른다. 세상에서의 우리 직분은 화목이다. 우리가 세상에 나아가서 화목하게 하는 일을 하게 된다면 그들도 우리를 인정하게 될 것이다.

우리는 무관심한 사람이거나 평화를 단순히 사랑하는 사람이 아니라 평화를 위해 일하는 사람이 되어야 한다. 이를 위해 의식적으로 노력해야 한다. 그리고 평화를 위한 희생적인 대가를 지불해야 한다. 서로의 장점을 보도록 도와주고, 비판자나 정죄하는 사람이 아닌 위로하고 격려하는 사람, 분쟁하는 사람이나 단체 사이에서 중재하는 사람이 되어야 한다. 이를 위해서는 혀를 조심해야 하며, 말하지 않는 법과 슬기롭게 말하는 법을 배워야 한다.

의로움과 긍휼이 균형을 이루어야 한다. 의로움만 앞세우고 긍휼함이 없거나 긍휼함 때문에 의를 저버려서도 안 된다. 상대방을 진심으로 용서할 줄 알아야 한다. 오직 용서만이 평화를 가져온다.

용서는 하나님의 눈으로 나를 보고, 그 눈으로 다른 사람을 보는 것이다. 그럴 때 우리는 화평하게 하는 자가 되고 하나님의 자녀로서의 영광을 드러낸다. "그리하면 모든 지각에 뛰어난 하나님의 평강이 그리스도 예수 안에서 너희 마음과 생각을 지키시리라"(빌 4:7).

4. 생태계와의 평화

코로나19를 통해 우리는 이웃의 개념을 사람을 넘어 자연 만물로도 확장해야 한다. 하나님의 형상으로 지음 받은 인간은 자연 만물의 선한 청지기, 생명의 돌보미로 부름을 받았기 때문이다. 죄에 대한 개념도 생태계에 대한 죄로 확장해야 한다. 우리가 겪는 환경 재앙은 우리가 생태계와 제대로 화해하지 못하고 그들을 착취하고 폭력을 가한 데 따른 부메랑일 뿐이다. 이 때문에 바이러스의 역습, 지구 온난화, 빙하의 해빙이 진행되고 있다.

일부 과학자들에 의하면 지구 온난화로 극지방의 빙하가 녹고 있는데 그 안에는 과거 존재했던 생물의 사체가 있다고 한다. 만약 그 사체 안에 있는 바이러스가 해방되면 인류에게 감당하기 어려운 시험이 닥쳐올 수 있다고 경고하고 있다. 코로나19라는 바이러스 하나로도 전 세계가 몸살을 앓고 있는데 여러 가지 미지의 바이러스가 창궐하게 된다면 어떻게 될 것인가는 불문가지다. 따라서 현재의 코로나19는 예언자적 메시지를 우리에게 보내 우리의 생활 패턴을 변화시키라고 촉구하고 있는 셈이다.

인류는 기후 변화에 적극 대처해야 한다. 인류가 이 예언자적 메시지를 듣고 않고 지금의 추세를 그대로 이어간다면 인류는 지금보다 더 큰 어려움을 겪게 될 것이고, 종국에는 지구상에서 소멸당할 수도 있다. 우리가 함양해야 할 덕성 중의 하나는 우리 주변을 감싸고 있는 자연 만물과 더불어 화목하게 살아갈 수 있는 생태 감수성의 계발이다. 다양한 생명 운동들이 활성화되어 온 생물이 어우러져 살아갈 수 있는 환경을 조성해야 한다. 그리고 우리의 삶의 방식을 바꾸어서 자연 만물과 공존할 수 있는 능력을 개발해야 한다.

성경은 안식년과 희년 제도를 통해 인간이 자연 만물과 화해를 하고 자연을 돌보아야 한다는 점을 이미 보여 주었다. 인간과 자연의 좋은 관계의 모델은 노아의 방주다. 그 안에는 생태학적 심판을 피하기 위해 몰려든 사람과 동물들이 한데 섞여 있었다. 하지만 그 안에서 서로 평화 공존을 함으로써 이후에 다시 지상을 회복시킬 수 있는 기초를 다졌다. 새로운 세계를 만드는 생명 공동체가 노아의 방주였다. 우리는 온 우주 생태계와 평화해야 한다.

지금 이 순간에 성 프란치스코의 기도를 다시 음미하고 싶다.

주여,
나를 평화의 도구로 써 주소서.

미움이 있는 곳에 사랑을,

다툼이 있는 곳에 용서를,
분열이 있는 곳에 일치를,
의혹이 있는 곳에 믿음을,
그릇됨이 있는 곳에 진리를,
절망이 있는 곳에 희망을,

어둠이 있는 곳에 빛을,
슬픔이 있는 곳에 기쁨을
가져오는 자가 되게 하소서.

위로받기보다는 위로하고
이해받기보다는 이해하며
사랑받기보다는 사랑하게 하여 주소서.

우리는 줌으로 받고,
용서함으로써 용서받으며,
자기를 버리고 죽음으로써
영생을 얻기 때문입니다.

 노벨의 이름으로 주는 노벨 평화상은 상금이 100만 달러라고 한다. 하지만 화평하게 하는 자에게 주시는 예수님의 평화상은 하나님의 아들이라 일컬음을 받는 것이다. 어떤 상이 클까? 예수님도 이 세상에 계실 때 하늘의 음성을 들었다. "너는 내 사랑하는 아들이라 내가 너를 기뻐하노라"(막 1:11). 하나님의 자녀라고 불리는 것은 보통 복이 아니다. "하나님의 아들"이라는 표현은 최고의 명예와 존엄과 신분을 가리킨다. "일컬음 받으리라"는 소유가 된다는 뜻이다. 하나님이 자녀로 소유하신다는 말씀이다. 이렇게 정리하여 말하고 싶다. "아, 복이 있도다! 평화를 이끌어 내는 자들아! (하나님께서) 너희를 하나님의 소유라고 부르실 것이기 때문이다." 이런 복을 다 받아 누리자.

9
아주 특별한 복

> [10]의를 위하여 박해를 받은 자는 복이 있나니 천국이 그들의 것임이라 [11]나로 말미암아 너희를 욕하고 박해하고 거짓으로 너희를 거슬러 모든 악한 말을 할 때에는 너희에게 복이 있나니 [12]기뻐하고 즐거워하라 하늘에서 너희의 상이 큼이라 너희 전에 있던 선지자들도 이같이 박해하였느니라 마 5:10-12

미국에 있는 내 손자는 공룡 장난감을 좋아한다. 혼자 노는 모습을 관찰해 보니, 아이는 공룡을 들고 각자의 이름을 부르면서 항상 서로 싸움을 시키는 듯했다. 그래서 물었다. "왜 공룡들이 서로 싸우니?" "음… 공룡들은 예수님을 모르잖아요."

팔복의 일곱 번째 복은 화평의 복이었는데, 여덟 번째 복은 박해와 관련된 복이다. 화평에서 끝났으면 좋겠는데, 그렇게 되지 않았을 경우를 위한 안전장치다. 화목에서 적대감으로 넘어간다. 이 세상에서 우리가 아무리 평화롭게 살려고 해도 그 뜻대로 되지는 않는다. 세상 사람들은 오히려 화목을 거부하고 욕하고 비방하고 모욕을 주기도 한다. 화목하게 하고 평화롭게 만들려고 했는데, 돌아오는 것은 칭찬이나 인정이 아니라 박해와 비난뿐일 때도 있다. 이럴 때는 복이 없나? 화목을 위해 노력하지 않은 것만 못하나?

얼마나 억울할까? 그렇다면 그들과 똑같이 행동해야 할까? '이에는 이, 눈에는 눈'으로 되갚아 주어야 하는가? 아니다. 예수님은 박해가 오게 될 경우에 오히려 "기뻐하고 즐거워하라"고 하신다. 만약에 이 죄악 많은 세상에서 모든 사람의 칭찬만을 받는다면 하나님께는 책망을 받을 수도 있다. "모든 사람이 너희를 칭찬하면 화가 있도다"(눅 6:26).

허무주의 철학자 니체는 신약 전체에서 존경하는 인물로 본디오 빌라도를 꼽았고, 예수님은 가장 경멸한다고 말했다. 그가 보기에 예수님은 '권력에 대한 의지'(will to power)가 전혀 없었기 때문이다. 하지만 하나님의 생각과 길은 인간의 생각과 길과는 완전히 차원이 다르다. "이는 내 생각이 너희의 생각과 다르며 내 길은 너희의 길과 다름이니라 여호와의 말씀이니라 이는 하늘이 땅보다 높음 같이 내 길은 너희의 길보다 높으며 내 생각은 너희의 생각보다 높음이니라"(사 55:8-9). 그래서 틸리케는 "누구든지 예수님과 교제를 시작하면 가치관의 변화를 경험해야 한다"고 말했다. 본회퍼는 이것을 그리스도인의 삶이 지닌 '비범성'이라고 했다. 우리의 삶은 세상 사람들과 달라야 한다. 인간의 정욕대로 사는 사람들과 달라야 한다. 팔복은 구원받은 성도의 면모다. 이것이 기독교의 차별성을 나타낸다. 이것으로 세상 사람들과의 차이가 분명해지고, 그곳으로부터 나오라는 분명한 메시지를 전파할 수 있다. 그런 점에서 볼 때 팔복(마 5:3-12)은 기독교의 본질적 성격을 드러내며, 역설적으로 성도의 속성과 특징의 모범을 드러낸다. 세상을 변화시키기 위해서는 팔복으로부터 시작해야 한다.

팔복의 마지막은 한마디로 '박해받는 복'이다. 도대체 이게 말이 되는가? 이런 것을 세상에서는 복이라고 하지 않기 때문에 '아주 특별한 복'이다. 심지어 기독교인조차도 이런 복을 기대하거나 원하지 않기 때문에 아주 더욱 특별한 복이다. 이런 복은 아무나 받을 수 있는 것이 아니다. 그래서 여덟 번째 복은 시작(10절)과 마지막(11절)에 "복이 있나니"라고 거듭 선언을 한다. 즉 겹복이다. 복 위의 복이요, 복 중에 가장 큰 복이다.

팔복의 흐름을 잠시 개괄하면, 참된 행복은 하나님을 바로 알고 하나님을 모시는 것으로부터 출발한다. 첫 번째와 여덟 번째 복은 공통적으로 천국을 상급으로 받는데, '심령이 가난한 자'와 '의를 위하여 박해를 받는 자'의 복이 동일하다. 팔복의 전체 구성은 천국으로 시작해서 천국으로 끝마치게 되는 수미상응 구조다. 믿는 자 안에서는 이미 천국이 활짝 열렸고, 하나님의 인도로 원숙한 기독교인의 성품을 갖게 될 때 천국은 더욱 그 영광의 빛을 더하게 된다. 따라서 천국은 미래형이 아니고 현재형이다. 지금 우리는 천국을 누리고 있고 앞으로 그 천국은 더욱 온전해질 것이다.

예수님은 이미 이루어진 천국과 완성될 천국 사이에 천국 시민의 덕목을 제시하고 계신다. 상급만으로 볼 때는 그 복이 점점 더하여진다. 위로를 받고, 땅을 기업으로 받고, 배부를 것이고, 긍휼히 여김을 받을 것이고, 하나님을 볼 것이고, 하나님의 아들이라 일컬음을 받을 것이다. 제일 마지막 상급은 제일 처음의 상급과 마찬가지로 '천국'이다. 그리고 최고 단계에 이르러 의를 위하여 박해를 받은 사람은 더하여 '하늘의 상'도 받게 될 것이다.

팔복을 삶의 형편상으로 분류하면, 제1복부터 제4복까지는 결핍된 상황에서 하나님을 의지하는 자들을 다룬다. 제5복부터 제7복까지는 충만함 가운데 하나님을 위하여 사는 자들이 묘사된다. 제8복은 박해 상황 속에서 인내하는 자들을 그린다. '없어도', '있어도', '핍박을 받아도' 언제나 복이 있다. 팔복을 주체로 분류하면, 제1복부터 제3복까지는 개인적인 차원, 제4복부터 제6복까지는 사회적 차원, 제7복부터 8복까지는 복음적 실천을 다룬다.

새해가 되면 "복 많이 받으세요"라고 서로 인사를 나눈다. 주로 건강, 물질, 권력, 명예 같은 구체적인 소유를 많이 누리라는 뜻이다. 그러나 예수님이 팔복에서 말씀하시는 복은 사뭇 다르다. '소유의 복'이 아니라 '존재의 복'이다. 다시 말해서 '성품의 복'이다. 복 이전에 '너 자신이 복 받을 사람이 되라'는 것이다. 복 받을 그릇을 준비하면 자연히 복이 담긴다. 그래서 일반 사람들이 말하는 행복과 기독교의 축복은 다르다. 축복은 희생이 있음으로 주어지는 것으로, 우연이나 공짜가 아니다. 축복은 대가가 지불된 것이다. 우리가 받은 축복은 예수님의 피 흘림이 있었기 때문에 가능하다. 우리는 행복보다는 축복을 구한다. 의를 위하여 박해를 받는 복은 이러한 축복이다. 의를 위하여 박해를 받는 복은 고차원적인 복으로 순교자들의 반열에 서는 축복이다.

박해는 처벌과 다르다. 처벌은 나쁜 일을 한 것에 대하여 선한 사람에게 받는 것이지만, 박해는 좋은 일을 한 것에 대하여 나쁜 사람에게 받는 것이다. 우리의 실수나 허물 때문에 당하는 어려움은 박해가 아니다. "죄가 있어 매를 맞고 참으면 무슨 칭찬이 있으리요. 그러나 선을 행함으로 고난을 받고 참으면 이는 하나님 앞에 아름다우니라"(벧전 2:20). "너희 중에 누구든지 살인이나 도둑질이나 악행이나 남의 일을 간섭하는 자로 고난을 받지 말려니와"(벧전 4:15). 미련해서 받는 어려움도 박해가 아니다. "보라 내가 너희를 보냄이 양을 이리 가운데로 보냄과 같도다. 그러므로 너희는 뱀 같이 지혜롭고 비둘기 같이 순결하라"(마 10:16). 성격이 못되고 고집이 세어 남을 무시하다가 당하는 고난도 박해가 아니다. 광신적인 열정 때문에 받는 고난도 박해가 아니다.

여기서 주의해야 할 점은 단순히 "박해를 받는 사람"이 아니라 "의를 위하여 박해를 받는 사람"이 복이 있다는 점이다. '하나님의 의'가 아니라, '자신들의 의로운 일', 의로운 판단과 행위 때문에 고난을 받는 경우도 있다. 이것도 고귀하지만 우리는 정확하게 '하나님의 의' 때문에 고난을 받아야 진정으로 복이 된다. 어떤 주석학자는 예수님이 산상수훈에서 선포하신 것은 '팔복'이 아니라 '구복'이라고 주장한다. 그 근거로 제8복은 "의를 위하여 박해를 받는 자"이고, 제9복은 11-12절에 나오는 "나" 즉 주님 때문에 박해를 받는 자를 의미한다고 하면서 둘을 분리시킨다. 이 주장이 옳다면 제8복 즉 예수님과 무관하게 의로운 일을 한 자도 천국에

간다는 주장이 성립되므로 받아들일 수 없다.

특별한 수식어는 없지만 제8복의 "의를 위하여"란 '주님의 의'를 위하여서다. 그리스도 자신이 곧 의이기 때문이다. "의를 위하여"와 "나로 말미암아"는 같은 의미다. "나로 말미암아"는 "의를 위하여"라는 말로 대치될 수 있다. 따라서 "의를 위하여" 박해를 받는 것은 곧 그리스도를 위한 고난이다. 10절이 11-12절과 구별되는 점이 있다면 10절에서는 3인칭으로 표현한 것(~하는 자)을 11-12절에서는 2인칭 복수(너희)로 바꾸어 명령문을 적용했다는 것이다. 제8복은 제3자에 대한 것이 아니라 예수님 앞에 있는 자들에게 바로 적용되는 복이기 때문에 심각하게 받아들일 수밖에 없는 내용이다. 제8복이 나머지에 비해 가장 길게(3개 절) 구성된 이유는 이 복의 독특성과 중요성 때문이다. 아주 특별한 복이다. 결국 제8복은 팔복의 결론 역할을 한다.

예수님의 이 말씀은 우리에게 교훈하고 있다. '나를 따르려면 세상에서 박해는 피할 수 없다. 이 일은 내가 올 때까지 계속될 것이다. 하나님 나라만이 너희들의 고난을 끝내 줄 것이다.' 하나님의 은혜를 받아 그리스도처럼 살고자 하는 데서 오는 박해다. 예수님께서 고난을 받으셨기 때문에 그를 따르는 자들에게도 고난이 찾아오는 것이다. "무릇 그리스도 예수 안에서 경건하게 살고자 하는 자는 박해를 받으리라"(딤후 3:12). 성경에 나오는 하나님의 사람들을 살펴보라. 세상으로부터 박해를 받지 않은 자가 과연 누가 있는가? 가인에게 죽임당한 아벨, 보디발 집의 호사보다 옥

중의 고난을 선택한 요셉, 애굽의 보화나 영광보다 하나님의 백성을 선택한 모세, 블레셋으로부터 민족을 구원했던 다윗, 궁중의 안일함보다 사자 굴을 선택한 다니엘, 십자가를 지신 그리스도, 유망한 길을 포기하고 전도자의 길을 선택한 바울 등 수많은 사람이 박해를 받았다. 이것이 의를 위하여 박해받는 삶의 표본이다.

그러면 하나님은 왜 박해를 허용하시는가?

1. 진정한 성도를 구별하기 위해서다

"가짜 신자들도 예수님을 따라 감람산까지는 갈 수 있다. 그러나 갈보리까지는 갈 수 없다"라는 말이 있다. 알곡과 가라지를 구별하는 유일한 시금석은 바로 박해 상황이다. 진정한 믿음이 없이는 박해를 버틸 수가 없다. 박해를 견딘다는 것 자체가 그가 진실한 신앙인이라는 의미다. 목숨은 누구에게나 하나뿐이다. 그 하나뿐인 목숨을 주님을 위해서 바칠 수 있다는 것은 그의 신앙의 진실성을 증명한다. "그러므로 너희가 이제 여러 가지 시험으로 말미암아 잠깐 근심하게 되지 않을 수 없으나 오히려 크게 기뻐하는도다 너희 믿음의 확실함은 불로 연단하여도 없어질 금보다 더 귀하여 예수 그리스도께서 나타나실 때에 칭찬과 영광과 존귀를 얻게 할 것이니라"(벧전 1:6-7).

2. 그리스도의 거룩한 성품을 완성하기 위해서다

영어 속담에 "십자가 없이는 왕관도 없다"는 말이 있다(no cross

no crown). 거룩한 성품은 그냥 생기는 것이 아니다. 운동에서 더 이상 참기 어려워 포기하고 싶은 극한 상황을 '데드 포인트'(dead point)라고 한다. 그런데 그 순간을 참고 넘기면 새로운 평형상태인 '세컨드 윈드'(second wind)가 찾아온다고 한다. 운동선수들이 근육을 키울 때도 한계 상황을 맞이한다고 한다. 근육이 터질 것 같은 고통의 절정을 지나면 더 높은 수준의 근육을 갖게 된다고 한다.

영적 근육도 마찬가지다. 극한의 시험과 환난, 즉 박해를 통과하면 내면에 거룩한 성품이 빚어진다. 바울은 로마서에서 환난이 인내를, 인내가 연단을, 연단이 소망을 이룬다고 말한다(롬 5:3-4). 천사가 다니엘에게 알려 준 바에 따르면 "많은 사람이 연단을 받아 스스로 정결하게 하며 희게 할 것이나"(단 12:10)라고 한다. 욥은 우리가 보기에 완전한 자였고 당대에 의인이었다. 하지만 혹독한 고통과 환난을 겪었다. 욥기는 의로운 자가 왜 고난을 받느냐는 신정론보다 욥의 고난이 어떻게 온전한 성품을 빚어내는가를 보아야 한다. 욥이 혹독한 환난을 통하여 성숙한 신앙의 길로 들어서게 되었음은 불문가지다.

미국의 스모키 마운틴 국립공원에 가면 이런 현수막이 걸려 있다. "곰에게 먹이를 주지 마시오." 곰의 야성을 키워 주기 위해서다. 곰이 너무 쉽게 먹이를 얻으면 사람이 사는 지역으로 내려와 쓰레기통을 뒤지기 때문이다. 서울 시내 곳곳에 비둘기에게 먹이를 주지 말 것을 권면하는 현수막이 생긴 것도 같은 맥락이다.

박해는 우리에게 악을 행하는 것이 아니다. 오히려 우리 영혼을 깨어 있게 한다. "흐르는 시냇물에서 돌들을 치워 버린다면 시내는 노래를 잃을 것이다"라는 말이 있다. 그래서 시련이 닥칠 때는 마냥 슬퍼할 것이 아니라 의지적으로 기뻐해야 한다. 거룩한 성품을 얻을 수 있기 때문이다. "내 형제들아 너희가 여러 가지 시험을 당하거든 온전히 기쁘게 여기라 이는 너희 믿음의 시련이 인내를 만들어 내는 줄 너희가 앎이라 인내를 온전히 이루라 이는 너희로 온전하고 구비하여 조금도 부족함이 없게 하려 함이라"(약 1:2-4).

3. 주님을 생생하게 체험할 수 있는 기회를 주기 위해서다

인생을 가늘고 길게 사는 것이 목적인 사람도 있지만, 짧고 굵게 살기를 원하는 사람도 있다. 이런 사람들이 신앙을 갖게 되면 밋밋하게 신앙생활을 하느니 차라리 불같은 시험을 당해도 그 과정에서 주님을 뜨겁게 체험하기를 원할 것이다. 하나님은 우리의 육적인 소망과 달리 이런 길로 우리를 인도하신다.

바벨론에 사로잡혀간 다니엘의 친구들 즉 사드락과 메삭과 아벳느고는 느부갓네살 왕의 신상에 절하지 않겠노라 결단한다. 그 결과는 뜨거운 풀무 불에 떨어지는 것이다. 하나님을 경외하면 형통하고 번성하는 것이 아니라, 때로 이처럼 죽음의 고난을 겪기도 한다. 그들은 '그리 아니하실지라도'의 믿음을 지니고 자신의 온 존재를 주님께 내던졌다. 그럴 때 주님께서 놀랍게 역사하셨다.

뜨거운 풀무 불에 갇혔지만, 천상의 존재가 나타나서 뜨거운

불에서 그들을 보호해 주었다. 그리하여 그들의 몸은 보존되었고 심지어 옷에서 타는 냄새조차 나지 않았다. 이를 통해 그들은 이방 세계에 하나님의 존재와 영광을 드높였다. 불같은 시험은 비록 위험하지만, 그 안에서 우리는 강렬한 하나님의 사랑과 영광을 만끽할 수 있다.

욥은 고난을 통하여 하나님을 직접 만나는 체험을 하게 되었다. "내가 주께 대하여 귀로 듣기만 하였사오나 이제는 눈으로 주를 뵈옵나이다"(욥 42:5). 다윗이나 엘리야처럼 고난을 통하여 주님의 말씀을 체험적으로 깨닫기도 한다. "고난당하기 전에는 내가 그릇 행하였더니 이제는 주의 말씀을 지키나이다"(시 119:67). "고난당한 것이 내게 유익이라 이로 말미암아 내가 주의 율례들을 배우게 되었나이다"(시 119:71).

세상에서 박해를 받는다는 것은 주님으로부터 떨어졌음이 아니라 오히려 우리가 그리스도와 연합되어 있다는 것을 증거한다. 박해는 그리스도인의 배지다. 세상은 자기의 것을 미워하지 않기 때문이다. "너희가 세상에 속하였으면 세상이 자기의 것을 사랑할 것이나 너희는 세상에 속한 자가 아니요 도리어 내가 너희를 세상에서 택하였기 때문에 세상이 너희를 미워하느니라"(요 15:19).

예수님을 위해 고난을 당하는 사람은 주님의 고난에 동참하는 것이다. 주님께서는 그를 뒤따르는 자들에게도 동일한 고난이 있을 것임을 예고하셨다. "내가 너희에게 종이 주인보다 더 크지 못하다 한 말을 기억하라 사람들이 나를 박해하였은즉 너희도 박해할 것이요 내 말을 지켰은즉 너희 말도 지킬 것이라"(요 15:20). 박해와 고난은 참된 제자도의 배지요, 신자의 가장 확실한 증거다. 세상에서 검증이 된 것이다. "사도들은 그 이름을 위하여 능욕 받는 일에 합당한 자로 여기심을 기뻐하면서 공회 앞을 떠나니라"(행 5:41). 기독교의 역사는 박해의 역사다. 교회는 순교자의 피 위에서 성장했다. 초대 교부 터툴리안은 "순교자의 피는 교회의 씨앗이다"라고 말했다. 그리스도인은 빛이고 세상은 어둠이다. 빛과 어둠이 어우러지지 못하고 싸우듯, 세상을 지배하고 있는 어둠이 빛을 미워하고 싫어하여 박해하게 된다.

"박해하다"는 헬라어로 '데디오그메노이'로 언어적, 육체적 폭력을 의미한다. 그러면 박해는 어떤 모양으로 진행되는가? 흔히 박해라고 하면 체포하여 감옥에 가두고, 고문하고 심지어 목숨을 빼앗는 것을 생각한다. 하지만 산상수훈에서는 우선 우리가 견딜 만한 박해 상황을 말씀하신다. 그것은 욕하고 박해하고 거짓으로 너희를 거슬러 모든 악한 말을 하는 것이다. 박해는 이렇게 시작된다. 우리는 이런 것을 견뎌내야 한다. 그래야 더 큰 박해도 이길 수 있다.

세상에서 공중 권세 잡은 자의 수하에 있는 자들이 다각도로 우리를 공격한다. 첨단화된 사회에서는 반기독교적 문화로, 안티기독교 세력으로, 악성 댓글로 교묘하게 공격한다. 뜻밖에 교회 내부에도 우리를 분열시키고 시기하고 비방하고 모함하는 세력들이 있다. 양 가운데에도 염소가 있고, 알곡 중에도 가라지가 있기 때문일 것이다. 특별히 선한 일을 계획하고 시행하려 하면 의외의 내외 사람들로부터 저항과 비방과 공격을 받게 된다. 차라리 아무 일도 하지 않고 복지부동한다면, 누구도 비난하지 않을 것이다. 우리는 이런 비난을 들을 때에 낙심하지 말아야 한다. 마음을 굳게 다져야 하고, 근거 없는 공격에 대해서는 한 귀로 듣고 한 귀로 흘려야 한다. 그리고 긍휼한 마음으로 그들을 위해 기도해야 한다. 선으로 악을 이겨야 한다.

박해받을 때 견디는 것뿐 아니라 예수님은 우리에게 몇 가지를 더 주문하셨다. 현재를 기뻐하고(Rejoice), 미래의 상급(Reward)을 기대하고, 과거의 선지자를 기억하라는 것(Remember)이다(12절). 우리는 박해를 받을 때 기뻐하고 즐거워해야 한다. 핍박 중에도 기뻐함은 우리가 정신 이상이거나 사디스트이기 때문이 아니다. 그것은 우리를 위한 증거와 약속 때문이다. 박해받음은 내가 하나님의 일을 하고 있고, 내가 의로운 중에 있으며, 내가 하나님 나라의 백성이 되었고, 하늘에 상급이 있다는 것을 증명하기 때문이다. 내가 구약의 참 선지자의 반열에 서 있다는 것을 증언하고 있다. 따라서 우리에게는 저 천국에 확실한 상급이 있다. 선지자들과 함께 누릴 영광이 있다. 그래서 현실은 눈물과 고통이지만 우리는 참으로 기뻐하고 즐거워할 수가 있다. 이 모든 것을 하늘나라의 기준에서 보라는 것이다.

박해는 우리가 가게 될 처소가 어디인지를 가르쳐 준다. 우리는 비행기를 탈 때 자기 가방에 꼬리표를 붙여 화물칸으로 보낸다. 잠시 눈에 보이지 않지만 도착하고 나면 가방이 그 먼 곳에 와 있지 않은가! 이처럼 우리도 이 세상에서 대접을 받지 못한다고 할지라도 천국행 꼬리표가 붙어서 천국에 보내지는 것이다. 그렇기 때문에 미리 앞당겨 기뻐할 수가 있다. 기뻐하고 즐거워하라는 명령은 현재형이다. 그것은 미래 저 천국에서 하는 것만이 아니라 바로 '지금, 여기서' 그렇게 하라는 것이다.

스데반이 예수님과 복음의 진리를 증언하다 돌에 맞을 위기에 처했다. 죽음의 문턱에서 그는 천국에 계신 하나님과 그의 보좌에서 일어서신 인자 예수님을 환상 중에 보게 되었다. 그 광경을 보고 그는 순교의 길을 걸어갔다. 그 모든 광경을 지켜보던 사울은 큰 충격을 받았다. 순교로 죽어가던 스데반의 얼굴이 미움과 원망과 증오 없이 해처럼 빛나고 있었다. 자기에게 돌을 던지는 사람을 향해 용서해 달라고 기도도 했다. 어떻게 이것이 가능한가! 천국을 보고 있으면 가능하다. 이것이 하나님의 임재와 천국의 상급을 받은 자의 내면 상태다.

여기서 말하는 '상급'은 세상적 의미의 돈이나 명예나 보수를 의미하지 않는다. 영적인 상급, 천상의 상급일 것이다. 상급이란 용어를 사용하신 이유는 주님을 위해 박해받는 일이 얼마나 놀라운 가치를 지니고 있는지, 하나님이 얼마나 기뻐하시는지를 보여주기 위해서다. 상급이 '하늘에서' 크다 하셨지 '땅에서' 크다고 하지 않았다. 세상에서 보상을 받는다는 것이 아니다. 하늘에서 상을 받는다는 것은 지금 하나님 나라의 통치에 동참한다는 뜻이다.

매 순간 하늘의 시민이 되는 것이 나에게 주어진 상이다. 그러면 하늘의 권능이 세상에 침투하여 들어온다. 연약한 내가 하나님 나라가 침투하여 들어오는 통로가 된다. 이 세상에 하나님의 권능이 침투해 들어와 하나님 나라의 깃발을 펄럭이고 있다.

지금 한국에서 기독교인이라고 박해를 받는 상황이 아니라고 해도 안주하면 안 된다. 영적 분별력을 잃지 말아야 한다. 폭풍은 언제든 밀려올 수 있다. 그때는 기쁨으로 이겨내야 한다. "자녀이면 또한 상속자 곧 하나님의 상속자요 그리스도와 함께한 상속자니 우리가 그와 함께 영광을 받기 위하여 고난도 함께 받아야 할 것이니라 생각하건대 현재의 고난은 장차 우리에게 나타날 영광과 족히 비교할 수 없도다"(롬 8:17-18). 부모의 유산을 상속받을 때는 그 빚까지도 상속을 받아야 한다. 만일 빚이 받을 유산보다 크면 상속을 포기한다. 우리는 그리스도의 상속자로서 영광과 함께 고난도 받는다. 그러나 고난보다 영광이 비교할 수 없을 정도로 크기 때문에 상속을 받는 것이다.

세상은 타협할 성도들을 환영할 준비를 하고 있다. 그러나 하나님 나라는 의를 위하여 박해를 받고 있는 성도들을 환영할 준비를 하고 있다. 고난의 저편에 하늘 문을 열고 마중 나오시는 분이 계신다. 전해 오는 이야기가 있다. 아주 포악한 왕이 성도들을 잡아 큰 가마솥에 넣은 다음 물을 붓고 불로 가열하기 시작했다. 산 채로 끓는 물에 죽이는 잔혹한 형벌이다. 왕은 마지막으로 성도를 회유한다. "만약 예수를 믿지 않겠다고 말만 하면 살려 줄 것이지만 그렇지 않다면 고통스럽게 죽게 될 것이다."

형을 집행하는 군사가 환상 중에 보니, 하늘에서 천사들이 가마솥에서 죽어 가는 성도들에게 순교자들의 면류관을 씌워 주려고 총총히 내려오는 모습이 너무 영광스러웠다. 그런데 어떤 한 성도가 뜨거움을 견디다 못해 "왕이여, 나 이제부터 예수를 믿지 않겠으니 제발 살려 주시오"라고 소리쳤다. 그 말이 떨어지기가 무섭게 내려오던 천사 중 하나가 실망한 표정으로 면류관을 들고 다시 올라갔다. 그 광경을 지켜보던 군사는 예수님을 부인하는 사람을 재빨리 물에서 꺼내고 자기가 대신 그곳에 들어갔다고 한다.

가룟 유다의 자리를 대신 차지한 맛디아를 생각나게 한다. 이 세상이 전부가 아니다. 이 세상을 기준으로 삼고 살지 말아야 한다. 하늘의 전망대에서 보라. 성도들의 기쁨의 근거는 세상과 다르다. 그 차별성을 알지 못한다면 예수님이 말씀하시는 복을 받을 수가 없다. 이 복을 깨닫지 못한다면 이후에 전개될 산상수훈의 말씀을 이해할 수가 없다. 의를 위해 박해받는 것, 예수님을 위해 고난받는 것을 기쁨으로 여기는 참으로 복된 자가 되기를 바란다.

10
맛나고 빛나게 살라

> ¹³너희는 세상의 소금이니 소금이 만일 그 맛을 잃으면 무엇으로 짜게 하리요 후에는 아무 쓸 데 없어 다만 밖에 버려져 사람에게 밟힐 뿐이니라 ¹⁴너희는 세상의 빛이라 산 위에 있는 동네가 숨겨지지 못할 것이요 ¹⁵사람이 등불을 켜서 말 아래에 두지 아니하고 등경 위에 두나니 이러므로 집 안 모든 사람에게 비치느니라 ¹⁶이같이 너희 빛이 사람 앞에 비치게 하여 그들로 너희 착한 행실을 보고 하늘에 계신 너희 아버지께 영광을 돌리게 하라 마 5:13-16

앞 단락(5:1-12)에서 예수님은 헬라어로 '마카리오이 호이~'라는 표현을 통해 "~하는 사람들은 복이 있도다"라고 선언하셨다. 여덟 부류의 사람들에게 8가지 복을 선언하셨다. 여덟 부류의 사람들이란 종류가 다른 사람들이 아니라, 바로 예수님의 성품을 닮은 우리 기독교인을 의미한다. 예수님은 자기 제자들을 향해 말씀하시면서도(5:1) 3인칭 복수형을 사용하셔서 팔복의 객관성을 선언하셨다. 이제 예수님께서 2인칭 복수형인 '휘메이스', 곧 '너희들'이라는 표현을 사용하여 제자들에게 더욱 직접적으로 말씀하신다. 제자들이 이제부터 하나님과의 관계에서, 자신과의 관계에서, 세상과의 관계에서 어떤 존재이며 어떤 행동을 보여야 하는지를 분명하게 규명하신다.

팔복의 여덟 번째 복에 따르면, 기독교인은 세상에서 박해받고 욕을 먹어도 하늘에서 상이 크니 자신을 위해서는 기뻐하고 즐거워해야 하지만, 언제까지나 이렇게만 인내하고 산다고 기독교인의 의무를 다했다고 보기는 힘들다. 그렇다면 우리는 세상과 어떤 관계를 가져야 하는가?

기독교인은 세상에 속하지 않으나 세상 가운데 존재하고 있음을 명심해야 한다. 마태복음 5장 13-16절은 세상에서 기독교인이 어떤 모습을 보여야 하는지를 알려 준다. 한마디로 세상에 선한 영향력을 미쳐서 변화시키라는 주문이다. 이것이 우리의 영적 정체성이요 또한 의무이기도 하다. '세상'은 부패되어 있고 어둡기 때문이다. 생각해 보라. 세상 사람, 세상 가치관, 세상 문화, 세상 정치, 세상 교육 등 온전한 것이 무엇인가? 개인도, 가정도, 사회기관도, 정부도 모두 절망적인 상황이다. 세상은 썩었다. 악하다. 타락했다. 캄캄하다. 희망이 없다. 그런데 예수님의 제자들인 우리조차도 세상을 원망만 하고 있을 것인가? 우리는 세상에 대해 아무 책임이 없는가? 예수님께서는 병에 걸린 세상에 대한 치료제와 백신이 바로 우리라고 말씀하신다. 부패하고 어두운 세상에 "너희가" 사명이 있다고 하신다. 기독교인의 사회적 책임이 있다는 말이다. 세상이 왜 이 모양, 이 꼴인가? 우리 믿는 자들이 제 역할을 다하지 못한 책임이다. 남 탓하지 말아야 한다.

베드로는 기독교인의 정체성과 삶과 사역의 목적을 다음과 같이 한 문장으로 표현했다. "그러나 너희는 택하신 족속이요 왕 같은 제사장들이요 거룩한 나라요 그의 소유가 된 백성이니 이는 너희를 어두운 데서 불러내어 그의 기이한 빛에 들어가게 하신 이의 아름다운 덕을 선포하게 하려 하심이라"(벧전 2:9). 이제 우리는 세상과 구별된다. 우리도 과거에는 세상에 속해 있었지만 부름을 받아 세상을 벗어났다. 이제 우리는 주님의 은혜와 영광을 들고 세상을 마주 대해야 한다. 우리가 상대해야 하는 것은 부패한 세상, 어두운 세상이다. 이것이 우리의 분명한 정체성이다.

예수님은 소수의 무리에게, 별 볼 일 없어 보이는 제자들에게 "너희가 세상의 소금이요, 빛이다"라고 선언하셨다! 예수님은 "너희는 소금이 되라", "너희는 빛이 되라"고 말씀하지 않으셨다. 또는 "너희는 소금이 될 것이다", "너희는 빛이 될 것이라"라고 하지도 않으셨다. 단지 현재형으로서 "너희는 소금이다", "너희는 빛이다"라고 단언하셨다. 현재 기독교인의 영적 실존이 바로 그러하다는 의미다. 다만 우리는 우리의 존재와 정체성이 주님의 은혜 가운데 드러나도록 해야 한다.

우리는 희귀품을 소중하게 여긴다. 예를 들어 다이아몬드, 보석, 명품 등은 그 희소성 때문에 대우를 받는다. 하지만 진짜 중요한 것은 필수품이다. 아무나 독점할 수 없는 것, 하지만 없으면 그 누구도 살아갈 수 없는 것이다. 햇빛, 공기, 물, 소금 등은 세상에서 가장 소중한 것이다. 다른 것은 다 없어져도 살 수 있지만, 이런 것들은 하나라도 없으면 죽는다.

코로나19라는 재난을 통해 인간의 생존에 절대적인 것은 사치품이 아니라 필수품임을 절감하게 되었다. 이 사태는 사치품이 없어도 우리가 사는 데는 하등 지장이 없다는 사실을 깨닫게 했다. 단순한 삶을 살 것을 가르쳐 주었다. 깨끗한 공기처럼 가정, 건강, 예배, 교제 등도 필수품이다. 그 가치를 새롭게 인식해야 할 것이다. 예수님은 소금과 빛을 말씀하신다. 기독교인이 된다는 것은 얼마나 영광스럽고 위대한 일인가? 세상에서 가장 소중한 존재가 되는 것이다. 소금 같은 사람, 빛 같은 사람이 되는 것이다. 이것은 은유이고, 사실상 짧은 비유다. 소금의 비유이고 빛의 비유다.

사실 소금은 귀하다. 고대 로마에서 군인들의 봉급 중 일부는 소금으로 지급되었다. 그런 소금을 살라리움(salarium)이라 했는데, 이것이 오늘날의 봉급을 가리키는 샐러리(salary)의 기원이 되었다. 땅 위에 존재하는 것은 쉽게 부패하고 썩는 특징이 있다. 생선을 상온에 놓아두면 자동적으로 썩는다. 냉장고도 없고, 보관시설도 없을 때, 가축이나 농사가 아무리 잘 되어도 신선도를 유지하면서 오래 보관하는 것이 문제였다. 생선이나 고기나 채소는 쉽게 부패함으로 보관 기술이 중요했다. 그래서 소금이 필수품이 된 것이다. 김치, 젓갈, 안동 간고등어, 명태, 말린 고기, 햄 등을 보면 적당하게 염장을 하여 음식물을 오래 두고 먹을 수 있게 한 것이다. 하나님은 세상의 부패를 막는 장치로 성도와 교회를 두신 것이다. 성도는 부패를 방지하고 세상을 살맛 나는 세상으로 만드는 사람이다.

소금의 기능에서 성도의 역할을 찾아보자. 성도는 소금처럼 성결해야 한다. 구약에서는 제물에 소금을 드리고 쓴다. "네 모든 소제물에 소금을 치라 네 하나님의 언약의 소금을 네 소제에 빼지 못할지니 네 모든 예물에 소금을 드릴지니라"(레 2:13). 심지어 향을 만들 때도 소금을 쳐야 한다. "그것으로 향을 만들되 향 만드는 법대로 만들고 그것에 소금을 쳐서 성결하게 하고"(출 30:35).

하나님께서 제물을 드실 때 싱겁지 말라고 소금을 치는 것은 절대 아니다. 하나님은 인간이 드린 제물의 고기를 드시지 않는다. "내가 수소의 고기를 먹으며 염소의 피를 마시겠느냐?"(시 50:13). 이는 제물을 드리는 자가 소금처럼 성결해야 함을 의미한다. 소금은 성결과 관련이 있다. 아벨을 받아들이시고 가인을 거부하신 것처럼, 하나님은 성결한 자들을 받으신다. 기독교인은 그리스도 안에서 이미 성결하며, 현실 가운데 성결을 드러내야 하며, 사회적으로 성결운동을 벌여야 한다.

소금은 사회의 해독제 역할을 한다. 여리고 지역의 땅과 햇빛은 좋은데 수질이 나빠서 열매를 맺지 못할 때 사람들이 엘리사에게 사정을 호소했다. 엘리사는 소금으로 물 근원을 치유한다. "엘리사가 물 근원으로 나아가서 소금을 그 가운데에 던지며 이르되 여호와의 말씀이 내가 이 물을 고쳤으니 이로부터 다시는 죽음이나 열매 맺지 못함이 없을지니라 하셨느니라 하니"(왕하 2:21). 또한 소금은 살균과 소독 작용을 한다. "네가 난 것을 말하건대 네가 날 때에 네 배꼽 줄을 자르지 아니하였고 너를 물로 씻어 정결하게 하지 아니하였고 네게 소금을 뿌리지 아니하였고 너를 강보로 싸지도 아니하였나니"(겔 16:4).

소금은 불변성의 상징이다. 변함이 없다는 뜻이다. 기독교인은 한결같아야 한다. 첫 마음, 첫사랑을 그대로를 유지해야 한다. 변질되어서는 안 된다. 언약도 변치 않는 속성을 말할 때 '소금 언약'이라는 표현을 사용할 정도다. "이스라엘 하나님 여호와께서 소금 언약으로 이스라엘 나라를 영원히 다윗과 그의 자손에게 주신 것을 너희가 알 것 아니냐"(대하 13:5). 소금은 이처럼 현재의 상태를 유지시키는 소극적 역할을 한다. 세상이 더 이상 부패하지 않도록 한다. 교회의 세속화를 막는다. 이것도 훌륭한 기능이다.

하지만 더 적극적으로 소금은 짠맛을 내야 한다. 소금의 짠맛으로 음식이 더욱더 맛있어지듯, 기독교인은 생명의 참된 맛과 즐거움을 증진시켜야 한다. 진정한 의미로 인생과 삶을 '살맛 나게' 만들어야 한다. 사랑과 우정, 배려와 친절, 화해와 화평, 겸손과 온유 등으로 말이다. "싱거운 것이 소금 없이 먹히겠느냐 닭의 알 흰자위가 맛이 있겠느냐"(욥 6:6). "너희 속에 소금을 두고 서로 화목하라"(막 9:50).

이렇게 소금은 다양한 기능을 가지고 있다. 기독교인은 세상의 소금으로서 자신들이 살아가는 시대를 청결하게 보존하며 맛을 내야 한다. 이것이 기독교인으로 부르신 목적이다. 그러려면 소금 통에서 나와야 한다. 소금 통에 모여 있는 소금은 이런 역할을 전혀 하지 못한다. 물론 우리끼리 소금 통에 모여 있는 것은 안전하다. 하지만 그 안전지대를 박차고 나와 세상에 들어가 그 세상 속으로 녹아듦으로써 소금으로서의 역할을 감당해야 한다. 우리는 즉시 소금 통에서 나와야 한다. 소금 통에 남아 있는 사람은 짠맛을 잃는다.

 예수님은 우리에게 맛을 잃은 소금이 되지 말라고 경고하셨다. 사실 염화나트륨(NaCl)은 안정적인 화학적 화합물로 거의 모든 환경에 견디는 내성을 가지고 있다. 과학적으로는 소금이 맛을 잃는다는 것은 불가능한 일이다. 진짜 소금이라면 불가능하다. 그러나 사해 근처에는 소금 광산이 있는데, 그 광산에서 나오는 것은 불순물이 섞인 소금 덩어리였다. 불순물과 섞이면 오염이 될 수 있으며, 탈염 소금은 거름으로도 못 썼다. 당시에는 소금 정제술이 발달하지 못해 소금같이 보이지만 돌 같은 것도 있었을 것이다. 사해 근처 바닷가에 퇴적물처럼 쌓여있는 하얀 흙들은 소금기를 조금은 머물고 있다고 할지라도 소금의 역할을 할 수 없다.

 상징적으로 볼 때 소금이 맛을 잃는 것은 타락했을 때다. 자기 본분을 망각하고 정체성에 걸맞지 않게 살아갈 때다. 세상과 타협하면서 양다리를 걸칠 때다. 레오나르도 다빈치가 그린 〈최후의 만찬〉 그림에 보면 돈 주머니를 꼭 쥐고 있는 가룟유다 앞에 놓인 소금병이 쏟아져 있다. 예수님과 맺은 소금 언약을 깨트린 배신자의 모습을 상징적으로 보여 준다. 한국 국회의원 가운데 신자가 많음에도 불구하고 국회 분위기는 달라지지 않는다. 한국 사회가 변화되지 않는다. 경건의 모양은 있지만, 경건의 능력을 잃어버린 증거다. 그렇게 되면 결국 버려지게 될 것이다. 버려질 뿐 아니라 발에 밟히게 될 것이다. 얼마나 기독교인들이 땅에 떨어지듯 위신이 실추되고, 교회의 이름이 사람들의 발에 밟히는지 모르겠다. 자신의 본질에 충실하지 못한 자는 버림을 받는다.

예수님은 왜 "너희는 설탕이라"고 하지 않으셨을까? 설탕과 소금은 겉보기에는 유사한데 말이다. 조르주 베르나노스는 「어느 시골 신부의 일기」에서 이런 말을 했다. "예수님은 '너희는 세상의 꿀이니'라고 하지 않으시고 '너희는 세상의 소금이니'라고 하셨다." 세상에 사탕발림하느니 쓴 것이 낫다는 뜻이다. 소금은 환부에 닿으면 쓰리지만 방부제 역할을 한다. 부패를 막는 힘이 있다. 소금이 없었다면 세상은 썩어 없어졌을 것이다. 소금의 일차적인 기능은 방부제 역할이지만, 그다음에는 맛을 내는 역할이다. 사람들이 왜 그렇게 향락과 죄악에 취해 사는가? 세상 사는 맛이 없어서 그렇다. 그래서 죄를 짓는 맛이라도 구하는 것이다. 기독교인은 신앙을 통해 하나님의 선하심을 맛보아 알기에 세상의 것들에 도취되지 않고도 잘 산다.

소금을 언급하신 뒤에 예수님은 기독교인을 "세상의 빛"으로 규정하셨다. 점층적인 구조이다. 안에서 밖으로 나타나 결국은 하나님의 영광을 드러내는 것이다. 기독교인은 그런 점에서 "산 위에 있는 동네"와 같다. 이것은 은유로서 기독교인의 삶이 세상 사람들의 눈에 항상 드러나 보인다는 의미다. 우리는 진열장에 전시된 물품처럼 불신자들의 눈에 잘 비친다. 그래서 예전부터 교회

입지를 정할 때 언덕 위에 지었는지도 모르겠다. 교회나 신자들은 세상 사람들이 주목하고 있다. 그래서 같은 잘못을 해도 기독교인들은 심하게 비판을 받는다. 그만큼 그들의 기대치가 높다고 보아야 한다. 그러므로 조심해야 한다. "너희가 전에는 어둠이더니 이제는 주 안에서 빛이라 빛의 자녀들처럼 행하라"(엡 5:8).

빛은 어둠의 일을 노출시킨다. "그 정죄는 이것이니 곧 빛이 세상에 왔으되 사람들이 자기 행위가 악하므로 빛보다 어둠을 더 사랑한 것이니라"(요 3:19). 빛은 어둠을 드러내고 어둠을 몰아내는 적극적인 역할을 수행한다. 기독교인은 정치, 경제, 교육, 환경, 문화, 성의 문제에 적극적으로 참여하여 어둠을 몰아내는 역할을 수행해야 한다. 세상은 빛보다 어둠을 더 사랑한다. 그러므로 세상은 참된 기독교인과 교회를 박해한다. "무릇 그리스도 예수 안에서 경건하게 살고자 하는 자는 박해를 받으리라"(딤후 3:12). 빛은 세상을 거스르는 것이다. 그럼에도 빛을 비추어야 한다. 사람 앞에 "비치게 하라"고 명령형을 쓰신 이유다.

미국의 정치가 벤저민 프랭클린(1706-1790)은 자기가 사는 집 앞에 선반을 만들고 아름다운 등을 켜 두었다. 처음에 동네 사람들은 의아하게 생각했다. 당시만 해도 등불은 집 안에 두어야 하고 집 밖에 두는 것은 낭비라고 생각했기 때문이다. 그러나 한 주, 한 달이 지나자 사람들은 뭔가 깨닫기 시작했다. 밤길을 지나가는 사람은 넘어지지 않았고, 멀리 서 있는 사람도 방향을 알 수 있었다. 그래서 한두 사람씩 집 밖에 등불을 두기 시작했다. 길거리가 환하게 되었다. 이것이 오늘날 가로등의 시작이다. 기독교인은 이처럼 세상에 선한 영향력을 미쳐야 하되, 특별히 빛을 비추어야 한다.

하나님은 평범한 자들이 세상의 빛이 될 수 있도록 이들에게 "빛"을 주신다. 그 빛이란 진리, 사랑, 능력, 봉사, 섬김이다. 코로나 발생 초기 중국 우한에서 교민이 들어와 적당한 격리처를 찾았을 때 님비 현상이 벌어졌다. 진천과 아산에 교민들이 들어오는 것을 주민들이 반대한 것이다. 하지만 그곳의 기독교인들이 지역 사회를 설득함으로써 그들을 수용할 수 있게 되었다. 기독교인 의사와 간호사들이 방역을 위해 자원하여 나섰고, 많은 교회가 수양관을 감염자를 위한 수용시설로 내놓았다. 긴급 재난 기금을 외국인 노동자들과 나누기도 했다. 착한 행실로 인해서 주님의 빛이 이 세상에 드러나게 되었다.

그럼에도 우리는 주님이 주시는 빛이 약화되거나 꺼지지 않았는지 점검해야 한다. 어떤 맹인이 랍비를 만나고 밤길에 돌아갈 때 랍비가 등불을 들려주었다. 맹인은 랍비에게 "저는 등불이 없어도 길을 찾아갈 수 있습니다"라고 했다. 랍비는 "다른 사람이 당신이 오는 것을 알 수 있도록 등불을 들고 가시오"라고 했다. 맹인이 등불을 들고 가다가 마주 오는 사람과 부딪혔다. 화가 난 맹인이 그 사람에게 "두 눈 멀쩡한 사람이 이 등불도 못 보시오?"라고 호통을 쳤다. 그러자 그 사람이 퉁명스럽게 대꾸했다. "당신 등불의 불이 꺼져 있지 않소?" 등불이 계속 켜져 있는지 확인을 해야 한다. 소금이 맛을 잃는 것처럼, 등불이 빛을 잃으면 아무 소용이 없다. 우리는 스스로 빛을 내는 존재가 아니라 빛을 받아 비치는 존재이기 때문에 그리스도의 빛이 꺼지지 않도록 주의를 해야 한다.

열 처녀 비유에서 지혜로운 다섯 처녀는 기름과 함께 등불을 준비했기 때문에 신랑과 함께 혼인 잔치에 들어가 기쁨을 나누었다. 등불은 기름과 심지로 되어 있다. 기름을 계속해서 공급받아야 불을 피우는데 이것은 기도라고 할 수 있다. 우리는 기도를 통해서 기름을 지속적으로 공급할 수 있다. 과거의 등잔불은 연기가 나면 빛이 흐려지는데 심지를 잘 손질하고 가다듬는 일도 필요하다. 자신의 기도생활과 신앙생활이 주님의 말씀에 부합하는지를 끊임없이 점검해야 한다. 어둠은 빛이 없는 상태다. 빛이 들어오면 어둠은 자취를 감춘다. 빛과 어둠 사이에는 중간 지대가 없다는 사실을 엄중히 인식하면서 살아가야 한다.

등불이 꺼지는 것과 마찬가지로 등불을 말 아래에 두는 행위도 무의미하다. 말 아래 둔 등불은 빛을 제대로 발산하지 못한다. 비춤이 없는 등불이다. 왜 등불을 켜서 말 아래 두는가? 불이 바람에 꺼질까 봐 두려워서일 것이다. 하지만 말 아래 두면 누구에게도 도움이 되지 않는다. 예수님 당시 사해 근처에 세상과 등지고 자기들끼리 은둔하여 살던 에세네파 사람들은 자신들을 '빛의 자녀들'이라고 불렀다. 그러나 예수님은 그렇게 생각하지 않으셨을 것이다. 그들은 세상의 빛이 아니라 빛 덩어리다. 빛이라 해도 '말

아래 둔 빛'일 뿐이다. 예수님은 우리를 '소금 덩어리', '빛 덩어리'라고 하지 않으셨다. "세상의 소금", "세상의 빛"이라 하셨다. 바리새인은 세상의 소금이 되지 못하고, 에세네파는 '산 위의 동네'가 되지 못하고 말 아래 둔 등잔일 뿐이다. 진정한 세상의 소금과 빛은 오직 예수님의 제자들뿐이다.

그러면 소금과 빛의 상관관계는 어떠한가? 소금의 보이지 않는 영향력과 빛의 보이는 영향력이 항상 합쳐져야 한다. 서로 조화를 이루어야 한다. 이 두 가지는 상호 보완적이다. 그러나 "세상의 소금"은 "세상의 빛"보다 먼저 와야 한다. 순서를 주목해서 보라. 안에서 밖으로 퍼져 나가는 것이다. 즉 존재에서 행위로 확산되어야 한다. 무엇을 하기 전에 무엇이 되어야 한다. 소금은 대체로 소극적 기능을 갖고 있는 반면, 빛은 적극적 기능을 수행한다. 하지만 둘 다 필요하다. 세상은 썩었고 소금이 필요하다. 세상은 어둡고 빛이 필요하다. 그리스도인의 소명은 두 가지 다이다. 소금에서 빛으로 나아간다. 성결에서 선행으로 나아간다. 왜 기독교인들이 사회적인 봉사와 선행을 많이 하면서도 사람들의 신뢰를 얻지 못하는가? 먼저 성결하지 않기 때문이다. 성결이 없는 선행은 위선이다. '소금'과 '빛'의 순서로 말씀하신 것은 점층적 구조를 위한 것이다. 안에서 밖으로 드러나(inside out) 결국 하나님의 영광이 나타나는 것이다.

문제는 우리가 세상의 소금이 되고 세상의 빛이 되기 위해서는, 우리가 우리 자신을 내어 주어야 한다는 것이다. 이타적인 존재가 되어야 한다. 희생적인 삶이다. "내가 진실로 진실로 너희에게 이르노니 한 알의 밀이 땅에 떨어져 죽지 아니하면 한 알 그대로 있고 죽으면 많은 열매를 맺느니라"(요 12:24). 비록 소수라고 할지라도 이렇게 타인을 위해 자신을 헌신하는 자를 '구속적 소수'라고 한다. 쓸모 있으려면 자신을 내어 줘야 한다. 소금은 녹아야 한다. 등불은 자신을 태워야 한다. 그러면 조금만 가지고도 전체에 영향을 미친다. 소금과 등불의 공통점은 자신을 내주고 희생한다는 것이다. 자기중심적이 아니다. 소금은 은밀하게 영향을 미쳐서 자신의 존재조차 드러내지 않는다. 반면에 빛은 눈에 보이며 자신의 존재를 가시적으로 드러낸다. 소금은 스며든다. 빛은 나타난다. 이것은 먼저 팔복의 사람이 되어야 가능하다.

우리를 빛으로 규정하신 예수님은 이제 빛을 비추라고 말씀하신다(16절). '너희는 세상의 빛이다'라는 직설법은 '너희는 세상에 빛을 비추어라'라는 명령법으로 이어진다. 접속어 "이같이"(16절)는 논리적인 전개를 의미한다. "그들로 너희 착한 행실을 보고 하늘에 계신 너희 아버지께 영광을 돌리게 하라"(16절). "착한 행실"은 추상어 '빛'이라는 말의 구상어다. 빛은 구체적인 행동으로 표현된 사랑이다. 이렇게 우리 사명을 수행함으로써 우리는 하나님께 영광을 돌린다. 하지만 우리가 마땅히 되어야 할 존재로 드러날 때 세상 사람들조차도 하나님께 영광을 돌리게 된다. 평소에는 기독교인에 대적하여 하나님의 원수가 되었던 자들이 우리의 착한 행실을 보고 함께 하나님을 찬양하는 경지는 정말 경이롭고 아름답기 그지없다. 우리가 받을 진정한 복은 우리 때문에 사람들이 하나님께 영광을 돌려서 하나님이 기뻐서 내려 주시는 복이다.

이제까지 우리는 하나님께 직접 구하여 받는 복에 대해서만 너무 강조하였다. 그러다 보니 신앙생활이 너무 이기적이었다. 심지어 기복적이었다. 이삭, 다윗, 다니엘 같은 분들이 받은 복은 무엇인가? 그들 때문에 대적조차도 하나님께 영광을 돌리므로 하나님이 그들에게 내려 주신 복이다. 이것이 대적을 감동 감화시키는 복이다. 이것이야말로 진정한 승리다. 박해자를 완벽하게 이기는 길이다. 이것이 세상을 가장 잘 섬기는 길이다. 그랄 지방으로 난민처럼 내려온 이삭을 홀대하고 우물을 빼앗았던 아비멜렉이 하나님께서 이삭과 함께하심을 보고 와서 언약을 체결하자고 하면서 하나님을 인정한 것을 기억하라. 우리가 세상의 소금이 되고 세상의 빛이 될 때, 우리 자신에게는 복을, 다른 사람에게는 구원을, 하나님께는 영광을 돌릴 수 있다. "너희가 열매를 많이 맺으면 내 아버지께서 영광을 받으실 것이요 너희는 내 제자가 되리라"(요 15:8).

11
더 나은 의

¹⁷내가 율법이나 선지자를 폐하러 온 줄로 생각하지 말라 폐하러 온 것이 아니요 완전하게 하려 함이라 ¹⁸진실로 너희에게 이르노니 천지가 없어지기 전에는 율법의 일점 일획도 결코 없어지지 아니하고 다 이루리라 ¹⁹그러므로 누구든지 이 계명 중의 지극히 작은 것 하나라도 버리고 또 그같이 사람을 가르치는 자는 천국에서 지극히 작다 일컬음을 받을 것이요 누구든지 이를 행하며 가르치는 자는 천국에서 크다 일컬음을 받으리라 ²⁰내가 너희에게 이르노니 너희 의가 서기관과 바리새인보다 더 낫지 못하면 결코 천국에 들어가지 못하리라 마 5:17-20

예수님은 산상수훈의 시작 부분에서 팔복을 말씀하셨다. 예전에는 여덟 가지 성품이 그렇게 큰 복인 줄 몰랐는데, 예수님께서는 이 거룩한 여덟 가지 성품이야말로 복의 근원이라는 것을 알게 해주셨다. 예수님은 팔복에 이어 '신자의 사명'에 대한 비유 세 가지를 제시하셨다. 기독교 신자들은 세상에서 "소금"과 "빛" 그리고 "산 위에 있는 동네"라고 선언하셨다. '세상이 완전히 부패했다'고 하면서 세상을 비난하고 거리 두기만 하지 말고, 그 세상 속에서 소금이 되라는 말씀이다. '세상이 온통 어둠과 흑암에 싸여 있다'고 말만 할 것이 아니라, 너희들이 빛이 되라는 말씀이다. 믿는 사

람들이 숨어서 자기들끼리만 살지 말고, "산 위에 있는 동네"처럼 모든 사람에게 삶의 본을 보여 선한 영향력을 끼치라는 말씀이다.

본문에서 예수님은 천국의 제자가 추구해야 할 "의"를 바리새인과 서기관들의 "의"와 비교해서 제시하신다. 바리새인과 서기관들이 말하는 "의"와 제자들의 "의"는 어떻게 다른가? 유대교에서는 자신들의 행위와 선행을 강조하는 반면, 기독교는 예수님의 의(義)를 내세운다. 저들의 의는 상대적 의요, 예수님의 의는 절대적 의다. 인간에게는 절대적 의가 없다. 절대적 의가 없이는 구원받을 수 없다. 예수님만이 구원의 기준이다. 예수님의 의는 믿는 자들에게 전가된다. 다시 말해 의로우신 예수님에 대한 믿음이 구원을 가져온다.

그렇다고 해서 이신칭의(以信稱義) 교리가 신자들로 하여금 선한 행실을 회피할 구실이 될 수는 없다. 우리의 구원이 우리의 의로운 행위가 아니라 "그 은혜에 의하여 믿음으로 말미암아" 받은 "하나님의 선물"이지만, 우리는 "그리스도 예수 안에서 선한 일을 위하여 지으심을 받은 자"이기 때문이다. 그 선한 일은 그리스도 안에서 행하도록 하나님이 우리를 위해 예비하셨다고 말씀하고 있다(엡 2:8-10). 천국 제자들에게 '의'가 면제된 것이 아니라 더 차원이 높은 '의'가 요구되고 그러한 '의'를 행할 수 있게 되었다는 것이다. 그리스도인들은 서기관과 바리새인의 의보다 더 높은 의가 요구된다. 한마디로 '더 나은 의'다.

신앙생활은 하나님의 안목을 기준으로 삼아야 한다. '하나님이 나를 어떻게 보실까?'가 중요하지, '타인이 나를 어떻게 볼 것인가?' 혹은 '나는 나를 어떻게 볼 것인가?'가 중요한 것은 아니다. 그런데 왜 사람들은 신앙생활을 하면서도 하나님의 시선보다는 사람들의 시선을 더 의식할까? 어떤 이는 자기 자신의 수준에 도취되기도 하고, 타인과 비교해서 교만해지거나 주눅이 들기도 한다. 하지만 진정한 신앙생활은 항상 하나님을 기준으로 봐야 한다. '과연 나는 하나님 앞에서 어떤 존재인가?'를 늘 질문해야 한다. 신앙생활은 사회생활이 아니다. 신앙생활은 하나님이 나를 의롭다고 해야 하고, 하나님이 나를 인정해야 하고, 하나님이 나로 말미암아 영광을 받으셔야 한다. 하지만 예수님 당대의 유대교 상황은 하나님을 지향하기보다 사람을 지향하는 율법주의와 형식주의 신앙이 대세를 이루고 있었다. 바리새인들의 신앙생활의 목적은 하나님께 영광을 돌리는 것이 아니라 자신들을 명예롭게 하는 것이었다. 예수님은 이를 경고하신 것이다. 예수님의 제자들은 바리새인이나 서기관과 달라야 한다.

공생애 기간 중 예수님은 소위 세상적으로 의롭다고 하는 사람들보다 오히려 세리와 죄인들과 어울리셨다. "건강한 자에게는 의사가 쓸 데 없고 병든 자에게라야 쓸 데 있느니라"(마 9:12)라고 하시면서 인자는 죄인을 부르러 왔다고 공언하셨다. 그러나 이를 오해하면 안 된다. '병'이나 '죄'는 극복해야 하는 것이지만 '병자'나 '죄인'은 목양의 대상이다. 예수님은 결코 불법과 불의를 좋아하시거나 그것을 조장하려 하신 것이 아니었다.

어떤 이는 예수님께서 '율법과 선지자'를 폐하러 오셨다고 오해했다. '율법과 선지자'는 구약성경 즉 구약적 신앙을 포괄하는 개념이다. 오직 예수님에 대한 믿음만 있으면 율법은 지키지 않아도 된다는 식으로 생각하는 자들도 있었다. 이를 율법 무용론, 혹은 율법 폐기론이라고 부른다. 하지만 예수님은 "그렇게 생각하지 말라"고 강력하게 경고하신다. 동물 구조 단체에서 덫이나 올가미에 걸린 야생동물을 풀어 주려고 접근하면 그 동물은 자기를 잡으려는 줄 알고 경계심과 공격적 태도를 먼저 보이는데, 그래서 협조하지 않는 그 동물을 구조하기 위해 애를 먹는데, 이는 부질없는 일이다. 이처럼 사람들은 예수님께서 이 세상에 오신 목적을 오해해서는 안 된다. 예수님은 단순히 구약을 무효화시키거나 폐지하기 위해 오신 것이 아니다.

예수님이 이 땅에 오신 목적은 율법과 선지자를 완전하게 하기 위해서다(17절). 율법을 완성하고 선지서를 성취하기 위해서 오신 것이다. 변화산에서 예수님과 함께 섰던 모세와 엘리야는 구약을 대표하는 인물들로서, 각각 율법과 선지서를 대변한다. 삼자 대면은 예수님의 사역이 구약의 말씀을 통합하고 완성한다는 것을 보여 주는 상징적인 모습이다. 예수님께서 십자가에 못 박히실 때 "내가 다 이루었다"고 하신 말씀은 이 모든 것을 선포하신 것이다.

따라서 우리는 하나님과 율법의 관계에 대해서 분별력을 가져야 한다. 이에 관해 몇 가지 태도가 존재한다. 하나님과 율법을 동일시하는 자들이 있는데 그들은 율법주의자다. 율법의 신격화다. 그들은 율법을 철두철미하게 지키는 것이 신앙생활의 요체라고 본다. 하지만 애석하게도 이런 자들은 하나님의 은혜를 무용지물로 만든다. 율법이 하나님의 선물이기는 하지만 하나님은 아니다. 그들은 하나님의 의도 모르고 자기 의를 세우려고 하나님의 의를 저버린 자들이다. 그들은 하나님에 대해 인자와 긍휼과 은혜를 베푸시는 분으로 보지 않고 엄격한 심판관으로서, 사람이 율법을 지키는지 여부를 확인하고 판결만 하는 두려운 분으로 생각한다.

두 번째는 하나님과 율법을 완전히 분리하는 자들이다. 율법폐지론자들이다. 하나님은 은혜가 충만하시기 때문에 택한 자들이 율법과 무관하게 살아가도 상관이 없다는 태도를 지닌다. 그들은 은혜를 악용하는 자가 될 가능성이 높다. 하지만 은혜와 율법 모두 동일한 하나님께서 주신 선물임을 기억해야 한다. 선물과 선물을 주시는 분이 결코 완벽히 분리될 수 없다. '구원의 은혜를 주신 분'이 또한 '율법을 주신 분'임을 기억해야 한다.

예수님은 17절에서는 자신과 율법의 관계를, 18-19절에서는 율법의 가치를, 20절에서는 '더 나은 의'를 추구할 것을 제자들에게 당부하신다. 우선 예수님은 율법의 가치를 드높이신다. "진실로 너희에게 이르노니 천지가 없어지기 전에는 율법의 일점일획도 결코 없어지지 아니하고 다 이루리라"(18절). 일점은 헬라어 문자체계에서는 '이오타', 히브리어 문자체계에서는 '요오드'로 비견될 것이다. 일획은 문자 모양에서 갈고리처럼 굽혀지는 부분이다. 하나님의 선하신 뜻이 반영된 율법은 영원성을 지니고 있다는 의미다. 따라서 예수님은 제자들 가운데 누구든지 계명 중 지극히 작은 것 하나라도 버리고 또 그같이 사람을 가르치는 자는 천국에서 "지극히 작다" 일컬음을 받는다고 하신다. 반면 율법을 행하며 또한 사람들에게 율법을 준수하도록 가르치는 자는 천국에서 "크다" 일컬음을 받게 될 것이다(19절). 이처럼 천지가 없어지기 전에 율법은 없어지지 않을 것이다.

율법에는 3가지 기능이 있다. 첫째, 율법은 인류에게 죄를 깨닫게 해준다. 차량을 이용할 때 도로에 특별한 표시가 없다면 어떻게 운행해도 죄가 될 수 없다. 하지만 차선을 긋고 교통 신호판을 설치한다면 이를 반드시 지켜야 하며 지키지 않을 경우 범법자가 된다. 이것도 물론 불편함을 주려는 목적보다는 보행자와 운전자를 보호하기 위한 조치다. 율법도 하나님의 명확한 뜻을 밝혀 무엇이 죄인지를 구별하게 해준다. 율법이 없다면 죄를 지으면서도 죄를 깨닫지 못할 것이다.

인류는 하나님께 범죄했다. 모든 사람이 범죄해서 하나님의 영광에 이르지 못한다. 모세의 율법이 온 뒤로는 이 사실관계가 더욱 분명하고 명확해졌다. 그리고 그 수많은 율법 조항들로 인해서 인류의 죄는 더욱 커지고 있다. 하나님은 인류의 죄 문제를 해결하기 위해 율법에 희생 제사 제도를 창설하셨다. 죄에 대한 대속을 짐승의 피에 맡김으로써 인간과의 교제와 화평을 잠정적으로 회복하셨다. 하지만 소와 숫양의 피로는 한계가 있고 오직 예수님의 보혈만이 완전한 대속을 이루고 완전한 화평을 가져다줄 수 있다.

둘째, 율법은 우리를 그리스도에게 인도한다. 율법은 마치 초등교사와 같다. 율법은 예수님이 오시기 전까지 우리를 어린아이처럼 혹은 종처럼 관리하고 통제함으로써 울타리 밖으로 나가지 못하게 막고 있었다. 하지만 율법의 테두리는 우리를 보호해 줄지는 몰라도 양심의 자유를 얻게 해주지는 못한다. 오직 예수님을 만날 때만 우리는 완전한 대속과 자유를 누리게 된다. 율법을 세밀히 준수했던 바울이나 마틴 루터 같은 사람들은 율법은 율법 그 자체로 의미가 있는 것이 아니라 예수 그리스도께로 인도하는 역할을 하는 것을 발견했다. 자기 내면에 정직한 자는 율법의 의 대신 더 나은 의를 주시는 예수님께로 인도된다.

셋째, 율법은 신자를 교육한다. 말씀은 교훈과 책망과 바르게 함과 의로 교육하기에 유익하기 때문에 우리를 하나님의 사람으로 온전하게 하며 모든 선한 일을 행할 능력을 갖추게 한다. 구원받은 자라도 하나님의 거룩한 말씀인 율법을 오늘의 삶에 적용하면서 믿음이 성장한다. 중생한 자가 성결한 자가 되는 것도 율법의 조명이 필요하다. 율법은 중생하게 하는 '칭의'에서 더 나아가 '더 나은 의'인 성결에 이르도록 하는 데 일익을 담당한다. 이처럼 율법은 예수님의 오심으로 역할을 다하고 폐지되는 것이 아니라 하나님 나라와 밀접한 관계가 있고, 우리를 하나님 나라에 도달하도록 돕는다.

예수님에게도 '의'는 주요관심사다. 팔복에서도 '의에 주리고 목마른 자', '의를 위하여 박해를 받는 자'가 복이 있다고 선언하셨다. 따라서 구약과 신약, 율법과 복음, 모세와 그리스도는 '의'를 중심으로 연관성과 연속성을 지닌다. 하지만 신약과 복음과 그리스도의 의는 더 높은 차원의 의, 더 나은 의다. 라일 감독은 "구약은 봉오리 상태의 복음이다. 신약은 완전히 만개한 복음이다. 구약은 잎사귀 때의 복음이다. 신약은 낟알이 꽉 들어찬 상태의 복음이다"라고 말했다. 구약이 부분적 계시라면 예수님은 완전한 계시다. 바리새인의 의가 외형적인 의라면 그리스도인의 의는 실체적인 의다. 그리스도인의 의는 먼저 그리스도 안에서 의로운 존재가 되어야 나올 수 있는 의다. 좋은 나무가 아름다운 열매를 맺는 이치다(마 7:17).

세상에서도 소위 '의인'이라는 사람들이 있다. 남을 위해 희생하고, 공적을 많이 쌓으신 분들이다. 그러나 이것은 자신에게서 나온 의, 세상에서 나온 의, 아래에서 난 의다. 예수님이 요구하시는 의는 이것들보다 더 높은 '더 나은 의'다. 하늘에서 난 의다. 우리에게서 난 의가 아니라 하나님에게서 난 의다. 십자가에서 우리에게 전가된 의다. 공로가 아니라 은혜로 주어진 의다. 예수 그리스도를 믿는 믿음으로 받은 의다. '더 나은 의'는 그리스도 없이는 불가능하며 그리스도 안에서, 그리스도와 함께 성취할 수 있다. 따라서 이것은 그리스도인의 비범성을 알려 준다. 참된 그리스도인은 세상 그 어떤 것보다 특별한 존재, 비상한 존재, 당연하지 않은 존재들이다.

율법에는 613개의 계명이 있다. 248개의 긍정 명령("하라")과 365가지의 부정 명령("하지 말라")으로 구성되어 있다. 거기에는 큰 계명도 있고 작은 계명도 있다. 하지만 예수님은 율법에 대한 태도에 주의하라고 하신다. 작은 계명으로 평가받는 것이라도 가벼이 여기지 말라고 하신다. 그 작은 계명에 대한 태도가 천국에서의 큰 자와 작은 자를 나누게 될 것이다.

예수님의 경고 말씀처럼, 어떤 사람은 계명 중 "지극히 작은 것 하나라도 버리고" 또 "그같이" 사람을 가르치고 있다. 말씀을 자신의 선호에 따라 취사선택한다. 혹자는 말하기를 현재 기독교인은 '숭숭 구멍 뚫린 성경'을 들고 다닌다고 한다. 성경 전체를 믿지 않고 부분적으로 받아들이는 신자를 말한다. 자신이 좋아하는 말씀은 즐겨찾기 해놓고, 듣기 거북한 말씀은 외면한다. 워싱턴 D.C.에 성경박물관이 있는데 거기에 노예성경이 있다. 1808년 런던에서 발행한 것인데, 그 성경에는 백인 지배층이 흑인 노예들을 지배하는 데 유리한 내용만 수록되어 있고, 평등과 자유 의식을 고취할 구절들은 삭제되었다. 그래서 해방과 자유의 이야기인 출애굽기의 대부분이 생략되는 것을 필두로 구약의 90%, 신약의 50%가 삭제되었다. 때로 우리도 자의적으로 성경을 인용하기도 한다. 자유주의 신학자들은 성경을 믿을 부분과 믿지 못할 부분, 받아들일 부분과 버릴 부분으로 나누기도 한다. 예수님 당시의 사두개인들도 그랬다.

어떤 사람은 말씀을 행하지는 않고 '가르치기만' 한다. 그 당시 서기관들은 율법의 전문가들 즉 신학교수들이었다. 그들은 율법을 연구한 뒤 많은 멍에를 만들어서 사람들에게 지웠다. 그러면서도 자신은 손가락 하나도 대려 하지 않았다. 바리새인은 율법의 이면에 있는 하나님의 기쁘신 뜻은 외면하고 오직 문자적으로만 준수하려고 노력했다. 그리고 그 노력의 산물로 자기 의를 얻고 교만해졌다. 그들이 문자적 준수를 고집할수록 비신앙화 현상이 발생하기도 했다.

그러나 '말씀을 행하며 가르치는 자'도 있다. 그들은 행함과 가르침에서 일치한다. 순서에 유의해야 한다. 그냥 '가르치는 자'가 아니라 '행하며 가르치는 자'다. 먼저 자신이 말씀을 실행하고 그 뒤에 실증된 말씀을 남에게 가르쳐야 한다. 포로 귀환자 중 에스라가 있었는데, 그는 세 가지를 결심하였다. "에스라가 여호와의 율법을 연구하여 준행하며 율례와 규례를 이스라엘에게 가르치기로 결심하였더라"(스 7:10). 그가 한 결심은 말씀 연구, 준행, 가르침이다. 먼저 말씀 연구를 통해 자신이 율법을 자세히 알고, 다음에 자신이 말씀을 실천해 보며, 그렇게 검증된 진리를 타인에게 가르치기로 한 것이었다. 이런 에스라의 결심은 구약성경을 정경화하고, 영적인 부흥을 일으키고, 포로 귀환자들을 정신적으로 개혁하는 데 영향을 미쳤다.

20절에서는 제자들의 의가 서기관과 바리새인의 의보다 더 낫지 못하면 결단코 천국에 들어가지 못한다고 하셨다. 천국에 들어

가지 못한다는 것을 이중부정으로 강조하셨다. 천국에 들어가기 위해서 제자들은 서기관과 바리새인들과 차별화를 이루어야 한다. 서기관이나 바리새인들은 자신들이 신앙생활을 제일 잘 하는 자들로 알고 있을 터인데, 제자들은 서기관의 율법의 의나 바리새인들의 경건의 의보다 더 나은 의를 지녀야 한다. 그렇다면 서기관과 바리새인의 의는 어떤 특징을 지녔는가?

첫째, 그들의 의는 사람에게 보여 주려는 의다. "사람에게 보이려고 그들 앞에서 너희 의를 행하지 않도록 주의하라 그리하지 아니하면 하늘에 계신 너희 아버지께 상을 받지 못하느니라"(마 6:1).

둘째, 그들의 의는 외식하는 의 즉 위선적인 의다. "화 있을진저 외식하는 서기관들과 바리새인들이여 잔과 대접의 겉은 깨끗이 하되 그 안에는 탐욕과 방탕으로 가득하게 하는도다 눈 먼 바리새인이여 너는 먼저 안을 깨끗이 하라 그리하면 겉도 깨끗하리라 화 있을진저 외식하는 서기관들과 바리새인들이여 회칠한 무덤 같으니 겉으로는 아름답게 보이나 그 안에는 죽은 사람의 뼈와 모든 더러운 것이 가득하도다"(마 23:25-27). 겉으로는 좋게 보이지만 안에는 외식과 불법이 가득하다.

셋째, 자기만족에 빠진 의다. "바리새인은 서서 따로 기도하여 이르되 하나님이여 나는 다른 사람들 곧 토색, 불의, 간음을 하는 자들과 같지 아니하고 이 세리와도 같지 아니함을 감사하나이다 나는 이레에 두 번씩 금식하고 또 소득의 십일조를 드리나이다"

(눅 18:11-12). 이런 자들은 기도해도 하나님이 주실 것이 없다. 도대체 구하는 것이 무엇인가?

넷째, 남을 판단하는 의다. "바리새인들이 보고 그의 제자들에게 이르되 어찌하여 너희 선생은 세리와 죄인들과 함께 잡수시느냐"(마 9:11). 안식일에 병을 고친다고 비판하기도 했다.

예수님이 말씀하신 '더 나은 의'는 양적 의미에서의 '의'보다 질적 의미에서의 '의'를 말씀하신 것이다. 질적으로 다른 의, 순수한 의, 완전한 의다. 이러한 의를 충족시키는 자만이 천국에 들어갈 수 있다. 그 질적으로 다른 의는 예수 그리스도를 통하여 하나님이 주시는 은혜다. 은혜가 바로 '더 나은 의'다. 아무리 세상의 의를 많이 모아도 예수 그리스도를 통한 은혜만 못하다. 예수님의 의는 율법에 배치되는 것이 아니라 율법을 완성하는 것이다. 예수님은 십자가로 율법을 완성하셨다. 율법은 사랑으로 완성된다. 예수님은 바로 이 의를 완성하기 위해서 오셨다. 우리가 지키는 율법은 이미 예수님 안에서 성취된 율법이다. 예수님은 의를 소유하실 뿐 아니라 의 자체이시다. '더 나은 의'는 완전에까지 이른다.

따라서 예수님은 자기 제자들에게 온전하라고 요구하시고 도달할 수 있는 능력도 주신다. 신자들이 도달해야 하는 성화다. "그러므로 하늘에 계신 너희 아버지의 온전하심과 같이 너희도 온전하라"(마 5:48)고 말씀하신다. 이것이 신앙생활의 목표다. 더구나 신자들은 성령의 도우심으로 '더 나은 의'에 이를 힘을 얻는다.

율법에도 하나님의 뜻이 있지만, 그 영적인 의미, 본질적인 의미는 문자 이면에 숨어 있다. 율법의 완성이신 예수님은 이제 그 율법의 문자 뒤에 있는 의미를 캐내어 밝히 드러내실 것이다. 그리고 은혜 안에서 그 의를 성취하도록 인도하실 것이다. 예수님은 마태복음 5장 21절부터 47절까지 여섯 가지의 경우를 들어서 '더 나은 의'에 대한 실례를 주신다. 예수님의 율법 해석은 차원이 높은 해석이지 율법 자체를 부정하는 것은 아니다. 예수님은 바리새인들의 계명 이해를 원화(原畵)에 가깝게 훨씬 더 심화하셨다. 율법의 본래적인 의미를 드러내셨다. 불순물로 흐려진 명작의 원화를 완벽하게 재생하셨다. 무엇보다 율법을 시행하는 자가 마음의 동기를 성찰하도록 인도하셨다. 예수님의 해석을 통해 더 나은 의를 소유하시기를 바란다.

12
예물보다 먼저 화목

²¹옛 사람에게 말한 바 살인하지 말라 누구든지 살인하면 심판을 받게 되리라 하였다는 것을 너희가 들었으나 ²²나는 너희에게 이르노니 형제에게 노하는 자마다 심판을 받게 되고 형제를 대하여 라가라 하는 자는 공회에 잡혀가게 되고 미련한 놈이라 하는 자는 지옥 불에 들어가게 되리라 ²³그러므로 예물을 제단에 드리려다가 거기서 네 형제에게 원망들을 만한 일이 있는 것이 생각나거든 ²⁴예물을 제단 앞에 두고 먼저 가서 형제와 화목하고 그 후에 와서 예물을 드리라 ²⁵너를 고발하는 자와 함께 길에 있을 때에 급히 사화하라 그 고발하는 자가 너를 재판관에게 내어 주고 재판관이 옥리에게 내어 주어 옥에 가둘까 염려하라 ²⁶진실로 네게 이르노니 네가 한 푼이라도 남김이 없이 다 갚기 전에는 결코 거기서 나오지 못하리라 마 5:21-26

예수님께서 제자들과 무리를 향해서 "~을 너희가 들었으나, 나는 너희에게 이르노니"라는 표현을 반복적으로 사용하신다(마 5:21, 27, 31, 33, 38, 43). 이런 표현법은 우선 예수님의 신적인 권위를 드러내며, 이를 통해 예수님은 서기관과 바리새인의 의보다 '더 나은 의'에 도달하기 위해 구약의 율법을 더욱더 깊고 본질적으로 풀이하신다. 예수님은 유대인들이 익히 알고 있는 대표적인 율법 6가지를 제시하고 그 기독교적 반제를 대립시킴으로써, 앞에서 말한 '더 나은 의'가 무엇을 의미하는지를 밝히신다. 여기에는 살인, 간음, 이혼, 맹세, 복수, 사랑에 대한 가르침 6가지가 들어 있다. 6가지 샘플을 들어 말씀하시는 것으로 볼 수 있다.

시내 산에서 모세를 통해 주신 율법은 유대인들에게 '하나님의 말씀'과 '하나님의 지혜'로서 그 신성함을 인정받아 왔다. 하지만 예수님은 태초에 하나님과 함께 계셨던 '로고스 하나님'으로서, 모세에게 율법을 주셨다. 이제 예수님은 당신의 신적 권위를 가지고 구약 율법의 본래적 의미를 드러내신다. 율법을 주신 분만큼 율법을 잘 아는 분도 없을 것이다. 입법자 외에 해당 법률의 취지와 목적을 잘 아는 자가 누구이겠는가! 하나님이 율법을 선민 이스라엘에게 주신 목적은 하나님의 거룩하고 기쁘신 뜻을 알고 순종함으로써, 제사장 민족이 되고 하나님의 거룩한 소유가 되도록 하기 위해서였다. 이를 위해서 하나님은 제사장과 레위인에게 기름을 부으시고 말씀의 해석권과 백성의 교도권을 허락하셨다. "주의 법도를 야곱에게, 주의 율법을 이스라엘에게 가르치며 주 앞에 분향하고 온전한 번제를 주의 제단 위에 드리리로다"(신 33:10).

세월이 흐르면서 율법의 해석은 하나님의 뜻을 밝히는 것이 아니라, 사람의 생각과 견해를 관철시키는 방향으로 나아가게 되었다. 나름대로 경건했던 어떤 성경학자가 풀이한 율법 해석이 율법 같은 혹은 율법보다 더 큰 권위를 지니는 '장로의 유전'이 되어버리고 말았다. 그리고 그런 장로의 유전은 세월의 옷을 입을수록 더욱 무거워져만 갔다. 무수하게 많은 규정과 금지조항들이 덕지덕지 붙어서 사람들의 숨을 막아 버리고 말았다.

하나님의 백성의 행복을 위해 영적 경계선(boundary)을 주어 그 안에서 자유와 안전과 보호를 얻게 하려던 율법이 사람들을 가두는 감옥이 되어 버리고 말았다. 고의로 율법의 품격을 떨어뜨리려 한 것은 아니겠지만, 이 부분에서의 인간의 최선은 최악의 결과를 내고 말았다. 사람이 하나님의 말씀에 조작을 가하면 가할수록 하나님의 말씀이 열매를 맺지 못하게 된 것이다. 돌팔이 성형의사가 손을 대면 댈수록 더욱 얼굴과 건강이 망가지는 것처럼 말이다. 이제 예수님께서 오셔서 바리새인과 서기관들이 왜곡해 왔던 것을 바로 잡으려 하신다. 기본으로 돌아가라는 것(back to basic)이다. 예수님이야말로 진정하고 유일한 율법의 해석자이시다. 예수님은 율법의 본래의 온전함을 회복시키신다.

예수님은 6가지 실례를 드시는데, 논지를 전개하는 방식에는 공통된 원칙이 있다. 먼저 바리새인과 서기관들이 행하는 율법의 해석을 제시하신다. 이는 유대인들이 익히 알고 있는 내용이다. 당시에는 바리새인과 서기관이 율법의 해석을 독점하고 있었기 때문에 모든 율법 지식은 그들에게 의존되어 있었다. 그들은 말 그대로 '율법의 열쇠'를 쥐고 있었다. 그 열쇠로 천국의 문을 닫음으로써 자기도 들어가지 않고 타인도 들어가지 못하게 막고 있었지만 말이다. "너희는 들었으나." 이는 '너희가 들은 것은 이것이다'라는 뜻으로 구전과 장로의 유전과 전통과 가르침들을 상기시킨다. 기독교 중세 시대에도 동일했다. 종교개혁 이전 성경에 대한 평신도들의 이해도 이와 동일했다. 사제들이 복음의 본질을 흐리게 하고 혼란을 가중시켜 왔다. 그것을 바로 잡은 것이 바로 종교개혁자들이다. 따라서 종교개혁자들은 예수님의 길을 따른 자들이었다.

그런 다음에 예수님은 "나는 너희에게 이르노니"라고 하시면서 자신의 새로운 해석을 대립적으로 제시하신다. 이것이야말로 진정한 해석이다. 예수님은 율법을 멍에가 아니라 선물로, 부정이 아니라 긍정으로 보라고 촉구하신다. "그의 계명들은 무거운 것이 아니로다"(요일 5:3). 빛으로 오신 예수님께서 어둠에 싸여 있던 율법에 새로운 빛을 비추어 주신 것이다. 예수님은 율법을 재해석하심으로써 마음의 의도, 의도의 순수성을 성찰하고 추구하도록 하신 것이다. 문자로만 풀이하지 말고 그 율법의 정신을 보라는 것이다.

본문에서 다루는 문제는 제6계명인 "살인하지 말라"이다. 현대 교회와 하나님의 자녀들의 삶에서 '살인'과 관련된 언급을 하는 것은 낯설게 느껴진다. 그러면 신자들에게는 필요 없는 말씀인가? 그렇다고 이 6계명을 모든 사람이 다 잘 지키고 있는가? 총이나 칼로 남을 죽이지 않는다면 우리는 계명을 다 잘 지켰다고 할 수 있는가? 하나님은 과연 '살인'이라는 형사사건을 예방하기 위한 목적으로 이 계명을 주셨는가?

유대인들은 이 법을 지키기 위해 죽지 않을 정도로 때렸다. 사십 대를 때리면 죽는다고 생각했는지 바울을 때릴 때 사십에서 하나를 뺀 서른아홉 대를 때렸다. 그런데 시차를 두고 바울은 서른아홉 대씩 다섯 차례를 맞았다(고후 11:24). 결국 바울은 195대를 맞은 것이다. 이것이 "살인하지 말라"는 계명을 지키는 것인가?

예수님께서는 이 계명의 본질은 형사사건 이전에 마음의 태도에 있다고 말씀하신다. 생명은 하나님의 것인데, 그 생명을 존중하라는 의미다. 살인 행위와 같은 형사사건은 최후의 바운더리 즉 경계선일 뿐이다. 부정적인 명령은 울타리를 의미한다. 그 선을 넘지 않았다고 해서 하나님의 선하시고 기쁘시고 온전하신 뜻을 성취했다고 볼 수 없다. 이 계명은 생명 존중을 위해서 최선을 다하라는 뜻으로 적극적으로 읽어야 한다. 내 생명 그리고 이웃의 생명을 보존하고 보호하고 증진시킬 일을 하라는 것이다. 이 계명과 관련된 주제로는 자살, 안락사, 사형제도, 낙태, 아동학대, 인간 복제, 생명 경외, 생태계 보전 같은 것들이 들어가야 한다.

예수님께서는 살인과 같은 심각한 상황을 언급하시다가 갑자기 형제가 마음에 들지 않아서 화가 나는 상황을 취급하신다. 우리는 때때로 형제에게 노할 때가 있고, 형제를 대하여 "라가"라는 욕설을 하기도 하고, "미련한 놈"이라고 하면서 형제를 깎아내리기도 한다. "라가"는 히브리인의 욕설로서, 쓸모없는 놈, 바보, 멍청이 정도의 의미다. 여기에는 점층적인 상황이 전제된 것 같다. '노한다'는 것은 마음의 분노를 품는 단계, '라가라고 욕하는 것'은 악한 말이나 악성 댓글을 다는 단계, '미련한 놈이라고 하는 것'은 타인의 명예를 철저히 짓밟고 비하하는 단계다. 그리고 이 일이 멈추지 않고 계속 발전된다면 틀림없이 살인자의 길을 가게 될 것이다. 그러므로 형제에게 노하는 자는 이미 살인자의 길에 들어섰다고 볼 수 있다. 형제를 향한 생각과 감정이 말로 과격하게 표현되고 결국 살해 행위로 이어지게 된다. 이런 과정이 연쇄 사슬구조로 되어 있다.

또한 각각의 단계는 어떤 면에서든지 상대방의 생명을 해치는 것을 포함하고 있다. 누군가가 나를 향해 노를 품고 있다는 것을 안다면 마음의 상처를 받게 된다. "라가"라고 욕설을 하면, 그 사람의 명예를 빼앗게 된다. 어떤 이에게 명예는 생명처럼 귀중할 수 있다. "미련한 놈"이라고 하는 것은 인격을 살해하는 것이다. 결국 모든 것이 상대방을 죽이는 행위고 나중에는 형사상의 살인 행위로 귀결된다.

형제에게 노하는 것, 즉 분노하는 것은 왜 위험한가? 예수님은 살인 행위의 시작은 분노로 시작된다고 보셨다. "분을 내어도 죄를 짓지 말며 해가 지도록 분을 품지 말고 마귀에게 틈을 주지 말라"(엡 4:26-27). 분노는 마귀를 틈타게 하는 위험한 일이다. 17세기 영국 선교사인 토마스 왓슨은 '열두 가지 살인'에 대해서 언급하며 우리는 다양한 방법으로 살인할 수 있다고 했다. 즉 손으로, 마음으로, 혀로, 펜으로, 음모와 권모술수로, 독약으로, 마술로, 고의적 살인으로, 권력으로, 타인을 죽이는 데 묵시적으로 동의함으로, 무자비하게 행함으로, 죽일 자를 죽이지 않는 것으로 살인할 수 있다고 했다(마지막 경우는 동의하기가 어렵다). 오늘날에는 허위 사실 유포로, 언어폭력으로, 악성 댓글로, 비방으로, 명예 훼손으로 살인할 수 있다. 사람들의 인기를 먹고 사는 연예인들이 댓글에 얼마나 연연하는가? 댓글이 그들의 사기와 생명을 얼마나 좌지우지하는가! 물론 댓글의 영향을 초월하는 연예인이 되도록 격려하는 것도 필요하다. 하지만 연예인들에게 붙은 악성 댓글 때문에 자살한 사람도 있다. 악성 댓글은 정말 살인 행위와 다름이 없다. 칼을 들지 않았다고 해서 무죄 판결을 기대해서는 안 된다.

마음에서 시작된 살인 행위는 점점 그 형태도 자랄 뿐 아니라 그 처벌도 심화된다. 형제에게 분노하는 자는 지방 재판소 즉 각 지역 회당에서 심판을 받게 될 것이다. "라가"라는 욕설을 뱉게 되면 상급심인 산헤드린 공회에 잡혀가 재판을 받아 처벌될 것이다. 형제를 "미련한 놈"이라고 하는 자는 최종적인 심판을 받아 지옥불(게헨나)에 들어가게 될 것이다. 말과 혀의 권세가 이렇게 크다. "사람은 입에서 나오는 열매로 말미암아 배부르게 되나니 곧 그의 입술에서 나는 것으로 말미암아 만족하게 되느니라"(잠 18:20). 사람의 입에서는 축복도 나오고 저주도 나온다. 한 입에서 단물과 쓴물이 나온다. 말속에는 구원도 있고 정죄도 있다. 지옥의 문도 말로 열리고 말로 닫힌다.

2020년 5월 25일 미국 미니애폴리스에서 조지 플로이드 사망 사건이 발생했다. 20달러 위조지폐 사용 신고를 받은 백인 경찰 데릭 쇼빈이 비무장, 비저항 상태의 흑인 용의자 조지 플로이드를 체포하던 중 8분 46초 동안이나 무릎으로 목을 눌러 질식사시킨 사건이다. 피해자가 "숨을 못 쉬겠어요"(I can't breathe)라고 몇 차례 호소했음에도 경찰관이 그의 호소를 무시하고 과잉진압을 함으로 발생한 살인사건이다. 그간 흑백 문제로 갈등 상황이던 미국 각 지역에서 대규모 시위와 폭동이 일어났고 경찰은 그들에 대해서 또 강경 진압을 했다.

이로 인해 미국 전역에서 정치적, 사회적 혼란이 크게 일어났다. 경찰이 처음부터 죽일 의도는 없었다고 해도 흑인에 대한 차별과 무시 그리고 선입견이 분노와 완악함으로 치달아 이러한 사태를 낳은 것이다. 과잉 진압한 백인 경찰로 인해 문제가 시작됐지만, 이것을 기화로 폭동이 일어나고 방화, 약탈로 사태가 악화되었다. 피차간에 증오하는 마음, 미워하는 마음, 분노하는 마음이 결국은 이런 살인 행위를 불러온 것이다.

의분은 마땅히 있어야 한다. 하지만 그 의분은 비폭력적인 방식으로 표출되고 해소되어야 한다. 처음에 일어난 의분이 폭력을 입게 되면 또 그것은 다른 폭력을 불러온다. 그리고 그 의분이 갖고 있었던 정당성마저도 상실된다. 방화와 약탈과 폭력은 의분자들을 가해자로 탈바꿈시키고 새로운 피해자를 만들어 낸다. 이렇게 악순환이 반복된다.

예수님은 이 모든 악한 일이 마음에서 시작된다고 하셨다. 우리의 마음먹기에 달려 있다는 것이다. 우리에게 분노 조절 장애가 있다면 상대방에게 위해를 가하고 결국 살인 행위로까지 나아간다. 이런 연쇄작용을 알기 때문에 우리는 그 일이 커지기 전에 싹을 잘라 버려야 한다. 초기 단계 때에 해결해야 한다. 방치하면 커진다. 다윗 가문에 피의 회오리바람이 분 적이 있다. 먼저 다윗 자신이 음욕을 참지 못해서 우리아의 아내 밧세바를 범하고 그의 남편을 죽게 만들었는데, 이로 인해 그의 가정에는 늘 칼이 떠나지 않게 되었다.

암논이라는 아들이 이복누이인 다말을 강압적으로 범하고 말았다. 이 소식을 들은 다윗은 아버지로서 마땅히 가정의 영적 질서를 빨리 세우고 징계를 해야 했는데 우물쭈물하였다. 다말의 오라버니 압살롬은 이 사건이 해결되지 않자 증오와 미움의 마음을 품고 있다가 기회를 타 암논을 죽인다. 그 후 외국에 도피했던 압살롬을 데려오기는 했지만, 부자지간에 화해하지 않아서 결국 압살롬은 아버지 다윗을 상대로 반역의 기치를 올렸다가 비극적인 죽임을 당한다. 이렇게 한 사람의 마음이 잘못되면, 음욕이 간음을 부르고, 미움과 증오를 부르고, 결국 살육과 반역을 불러오게 되는 것이다. 한 사람의 마음으로부터 시작해서 한 가정이 온통 혼란과 비극에 빠지게 되었고, 국가마저도 이 혼란의 소용돌이 속에 빠지게 된 것이다. 모든 것이 마음에서 시작되며, 해결하려면 일이 더 커지기 전에 빨리 처리해야 한다.

그런데 살인 금지와 관련해서 마음의 의도를 강조하신 예수님께서 뜻밖에 제사 참여자 즉 예배 참여자의 사례를 제시하신다. 살인과 제물 드리는 것이 무슨 관계가 있는가? 가장 성스러운 일과 가장 악한 일이 마음먹기에 달려 있다. 성전에 찾아가 예물을 드리고 예배하는 사람이 어떻게 악한 일에 연루될 수가 있을까? 하지만 예수님께서는 가장 거룩한 일을 하려는 사람도 마음의 의도를 살피지 않으면 잘못된 결과를 가져올 수 있다는 것을 경고하시는 것이다. "그러므로 예물을 제단에 드리려다가 거기서 네 형제에게 원망 들을 만한 일이 있는 것이 생각나거든"(마 5:23).

거룩해야 할 제사(예배)와 관련해서도 죄 특히 살인의 죄를 범할 수 있음을 가인과 아벨의 사건이 증언한다. 아담의 아들 가인과 아벨은 각각 농사하는 자, 양 치는 자로서, 아벨은 땅의 소산으로, 가인은 양의 첫 새끼와 기름으로 하나님께 제사를 드렸다. 만물을 하나님께 드림으로써 감사를 표하고 이후 풍성한 수확의 복을 하나님께 기대했을 것이다. 그러나 하나님은 '아벨과 그의 제물'은 받으셨지만, '가인과 그의 제물'은 받지 않으셨다. 사람이 제물보다 먼저 나오고, 사람이 제물을 결정한다. 사람(아벨, 가인)이 다르고 '그의 제물'은 같다. 이는 제물 그 자체보다는 아벨과 가인의 마음과 삶이 차이를 만들어 낸다는 것을 의미한다.

그런데 가인이 깨닫지 못하고 분노하자 하나님은 그에게 선을 행하고 범죄하지 말고 죄를 다스리라고 하셨다. "네가 분하여 함은 어찌 됨이며 안색이 변함은 어찌 됨이냐 네가 선을 행하면 어찌 낯을 들지 못하겠느냐 선을 행하지 아니하면 죄가 문에 엎드려 있느니라 죄가 너를 원하나 너는 죄를 다스릴지니라"(창 4:6-7). 결국 제사에서 하나님께 받아들여지지 않은 가인은 아우 아벨을

들로 불러내서 그곳에서 아우를 죽여 그 피를 땅에 쏟고 말았다. 죄가 제사에 영향을 미치고, 받아들여지지 않은 제사가 살인죄를 불러온 것이다.

하나님께 예배드림은 '전인적 행위'여야 한다. 즉 단순히 물질을 드리는 것이 아니라, 그 물질을 통해 자기 자신을 하나님께 드려야 한다는 것이다. 제사를 드릴 때는 제물의 정결성만 따질 것이 아니라 제사자의 정결성과 온전성에 신경을 써야 한다. 따라서 마음 없는 제물은 온전한 예물이 될 수 없다. 평상시의 정결한 삶, 순종하는 삶이 전제되지 않은 제물도 온전한 예물이 될 수 없다. 제물이 아니라 사람이 중요하다. 제사는 제물 이전에 사람이 결정한다. 하나님은 사람의 마음을 받으신다. 사람이 종교의식보다 우선한다. 종교가 이데올로기가 되면 안 된다. 종교가 목적이고 사람이 수단이 되면 안 된다. 그러면 사람을 제물로 삼는 몰록과 다를 바가 없다.

하나님께 많은 것을 드리는 자, 드릴 수 있는 자에게 찾아오는 유혹이 있다. 그것은 그 큰 제물로 자기 자신을 대신하려는 것이다. 그리고 자신의 허물을 큰 제물로 대신하려는 것이다. 하지만 만유의 소유자 되신 하나님께서 필요로 하시는 것은 이 세상에 없다. 큰 제물은 삶의 자질구레한 문제들과 허물을 가릴 수 없다. 우리는 물질로 마음을 속이려고 한다. 그러나 하나님은 만홀히 여김을 받으시지 않는다(갈 6:7). 하나님은 모든 것을 아신다. 하나님은 제물보다 온전한 예배자를 원하신다. 내게 고백하지 않는 죄가 있다면 드리는 예배가 소용이 없다.

여기서 주목해야 할 현상은 "네 형제에게 원망 들을 만한 일이 있는 것"이 생각나는 것이다. 왜 예배드리려 가는데 이런 생각이 날까? 성령님이 주시는 생각이다. 성령님의 역사를 소멸하지 말라. 앞에서는 형제에게 노하고, 형제를 향해서 '라가'라 하고, '미련한 놈'이라고 하는 자가 살인죄를 지었다고 했다. 하지만 이번에는 나의 죄와 실수와 허물과 무례함과 부도덕으로 인해서 형제가 원망을 하게 된 상황이다. 아마도 형제는 나를 향해서 이를 갈고 있을 것이다. 나를 향해 분노하고 있을 것이고, 나를 '라가'라고 욕하기도 할 것이고, '미련한 놈' 혹은 그 이상의 욕설을 퍼붓고 있을 것이다. 앞의 논리대로라면 그 형제는 나 때문에 시험에 들었고, 실족하고 있고, 살인의 죄를 품고 있는 것이다.

그런데도 내가 제사만 드리면 모든 것이 끝나겠는가? 나로 인해서 나와 그 형제는 화목의 관계가 깨어졌다. 이 모든 문제의 시발점은 바로 나다. 때린 놈은 잊어버려도 맞은 사람은 기억하는 법이다. 그렇다면 어떻게 해야 하는가? 형제와 화목하는 것 없이 하나님과 내가 화목할 수 있을까? 형제와 화목하는 것은 결국 형제를 살인의 죄에서 구원하는 일이기도 하다. 내 죄가 또 다른 죄를 불러오는 것을 멈추는 과정이기도 하다.

예수님은 우리에게 예물을 제단 앞에 두고 먼저 가서 형제와 화목하라고 하신다. 그 뒤에 다시 와서 예물을 드리라고 하신다. 나의 행위로 인해서 형제에게 문제가 생길 경우에는 그것을 먼저 해소시켜 주어야 한다. 나의 죄든 형제의 죄든 죄를 그대로 놔두고 하나님께 예배드리려 하지 말아야 한다. 그 예배는 형식이고 종교행사다. 하나님은 이런 예배를 받지 않으신다. 하나님께 나아가는 길에 문제가 발생했을 경우에는 미루지 말고 먼저 해결해야 한다.

"먼저"라는 표현을 사용하고 있음에 유의하라. 이것이냐 저것이냐 하는 양자택일이 아니다. 우선순위의 문제다. '예배만 드리라'는 예배 지상주의자도 아니고, '예배 안 드려도 된다'고 사람의 관계만을 중시하는 인본주의자도 아니다. 먼저 타인과 화해하고 그 뒤에 마음으로부터 준비된 온전한 상태에서 하나님께 예배드리면 하나님이 그 예배를 기뻐 받으신다는 의미다.

하나님께 예배드리는 자는 정결한 자, 거룩한 자여야 한다. 하나님은 신령과 진정으로 예배하는 자를 찾으신다. 성령님은 우리에게 참된 예배자가 될 자격과 조건을 알려 주신다. 고백하지 않은 죄가 있다면 먼저 해결해야 한다. "내가 나의 마음에 죄악을 품었더라면 주께서 듣지 아니하시리라"(시 66:18). 성령님께서 주시는 깨달음과 통찰을 소멸해서는 안 되고 반드시 순종하고 실천해야 한다. 그럴 때 하나님께서 큰 은혜를 베푸실 것이다. "순종이 제사보다 낫고 듣는 것이 숫양의 기름보다 나으니"(삼상 15:22). 서로 화해해야 열납되고, 불화하면 반납된다. 이런 관점에서 보았을 때 예배보다 화목이 우선이다. 화목이 예배를 예배답게 만들기 때문이다. 사람 관계(화목)가 하나님 관계(예배)보다 더 소중하기 때문이 아니다. 예배가 소중하기 때문에 예배 이전의 삶이 준비되어야 한다. 목적이 좋으면 수단도 좋아야 한다.

코로나19 사태가 음지에서 활동하던 신천지의 정체와 진면모를 백일하에 노출시켰다. 그들은 목적을 위해서라면 어떤 수단이라도 사용한다. 말이 좋아서 '모략'이지 그들의 주장은 거짓말에 불과하다. 거짓말로 전도하고 포교하는 거짓의 체계다. 하나님은 이런 것을 결코 용납하지 않으신다. 예배가 중요하며 예배 이전의 삶도 중요하다. 껍데기만 드리는 예배는 필요 없다. 하나님은 예배기술자가 필요한 것이 아니라 참된 예배자가 필요하다. 홉니와 비느하스처럼 종교기술자가 필요한 것이 아니다. 하나님은 제물보다 화목을 원하신다.

성전에 가는 길과 법정에 가는 길이 다 마음에 달려 있다. 하나님께 제사를 드리기 전에 화목해야 예배가 받아들여지듯이, 재판관에게 고발하기 전에 합의를 해야 감옥을 면할 수 있다. 성전과 법정의 대립적인 경우인데 관건은 동일한 화해가 요구된다. 결국 하나님 앞에서 해결하지 않으면 재판관 앞에서 재판을 받게 된다. 그를 형제로 대하지 않으면 그가 고발하는 원수가 된다. 법정에 가는 길도 성전에 가는 길과 같아야 한다. "너를 고발하는 자와 함께 길에 있을 때에 급히 사화하라"(마 5:25). 원망 들을 만한 일이 있는 형제의 경우보다, 소송 당사자인 경우는 화해하기 더욱 힘들다. 오죽했으면 비용을 들여가면서 재판관에게 호소하겠는가! 소송을 하게 되면 인격과 마음이 다 털린다. 모두 다 상처를 받게 되고 영적으로 정신적으로 정서적으로 누더기가 되고 만다.

만유를 창조하시고 생명의 호흡을 주신 하나님은 결코 이런 일을 원하시지 않는다. 길은 하나다. 급히 길에서 사화(私和)하라는 것이다. 원고가 반드시 올바른 자는 아니라 할지라도 현재 문맥으로 보자면 나 때문에 상대방이 화가 나서 나를 고발하려 하는 것으로 보인다. 그때 재판정에 가서 변명하고 억지를 쓰기보다는 길에서 급히 합의하는 것이 낫다. 그렇지 않으면 "고발하는 자가 너를 재판관에게 내어 주고 재판관이 옥리에게 내어 주어 옥에 가둘까 염려하라 진실로 네게 이르노니 네가 한 푼이라도 남김이 없이 다 갚기 전에는 결코 거기서 나오지 못하리라"(마 5:25-26).

고발하는 자와 화해하면 끝날 일이 재판관 앞으로, 그리고 간수에게로, 감옥으로 점점 악화된다. 예수님께서 우리에게 범죄의 처벌을 경감할 수 있는 길을 알려 주시는 것이 아니다. 형제간에 화목하라는 것이다. 나의 잘못이든 상대방의 잘못이든 그것 때문에 화목이 깨어지고 서로 반목하면 결국 살인의 죄를 짓는 것과 진배없다는 말씀이다.

예수님은 서기관과 바리새인의 의보다 '더 나은 의'를 위해서 제6계명인 '살인 금지 계명'을 이렇게 해석하셨다. 일상생활 가운데(22절), 예배 활동 가운데(23-24절), 법정 소송 사건 가운데(25-26절) 나와 형제의 생명을 증진시킬 수 있는 다양한 길을 모색해 보여 주셨다. 생명보다 귀한 것은 없다. 이 생명을 해치지 않게 하라. 오히려 생명력을 증진시키라. 생명을 풍성하게 하는 자는 반드시 하나님의 큰 축복과 은혜를 받게 될 것이다. "내가 온 것은 양으로 생명을 얻게 하고 더 풍성히 얻게 하려는 것이라"(요 10:10).

13
마음의 간음

²⁷또 간음하지 말라 하였다는 것을 너희가 들었으나 ²⁸나는 너희에게 이르노니 음욕을 품고 여자를 보는 자마다 마음에 이미 간음하였느니라 ²⁹만일 네 오른 눈이 너로 실족하게 하거든 빼어 내버리라 네 백체 중 하나가 없어지고 온 몸이 지옥에 던져지지 않는 것이 유익하며 ³⁰또한 만일 네 오른손이 너로 실족하게 하거든 찍어 내버리라 네 백체 중 하나가 없어지고 온 몸이 지옥에 던져지지 않는 것이 유익하니라 ³¹또 일렀으되 누구든지 아내를 버리려거든 이혼 증서를 줄 것이라 하였으나 ³²나는 너희에게 이르노니 누구든지 음행한 이유 없이 아내를 버리면 이는 그로 간음하게 함이요 또 누구든지 버림받은 여자에게 장가드는 자도 간음함이니라 마 5:27-32

오늘 말씀은 무척 불편한 말씀이다. 세상적 가치관과 개방된 성 그리고 타락한 인간 본성 아래에서는 별로 환영받지 못할 메시지다. 그러나 세상 풍조가 그렇고 세상 사람들이 다 그렇게 산다고 해서 성경적 가치를 포기하거나 타협할 수는 없다. "이제 내가 사람들에게 좋게 하랴 하나님께 좋게 하랴 사람들에게 기쁨을 구하랴 내가 지금까지 사람들의 기쁨을 구하였다면 그리스도의 종이 아니니라"(갈 1:10). 참으로 하나님의 말씀을 전하는 사역자라면 가감 없이 하나님의 말씀을 전해야 한다. 잘못된 것을 바로잡기 위해서라도 진리의 말씀을 선포해야 하고, 상처를 치유하기 위해서라도 책망의 말씀을 전해야 한다.

복음에는 예방적인 차원과 치유적인 차원이 있다. 이미 잘못을 한 사람에게는 깨달음을 주어 치유를 받게 해야 하고, 더불어 그러한 잘못을 하지 않도록 미리 예방하는 것도 중요하다. 말씀이 정죄하고 심판하기 위한 것만은 아니다. 돌이킬 수 없는 마지막 심판까지는 아직 시간이 있고 기회가 있다. 우리에게 주어진 은혜의 유예 기간(grace period)을 잘 활용해서 영혼을 정결하게 하고 주님의 복을 받을 그릇을 준비해야 한다.

예수님은 기존 율법 해석을 제시하면서, 자신의 해석을 대립적으로 제시하신다. "너희는 ~라고 들었으나, 나는 너희에게 말한다."(마 5:27-28, 31-32 참고) 본문에서는 '살인 금지'에 이어, 두 번째와 세 번째 대립 명제를 보여 주신다. "또 간음하지 말라 하였다는 것을 너희가 들었으나 나는 너희에게 이르노니 음욕을 품고 여자를 보는 자마다 마음에 이미 간음하였느니라"(마 5:27-28). 십계명에서 간음 금지 명령은 제7계명이다. "간음하지 말라"(출 20:14; 신 5:18). 그러나 간음은 연쇄적으로 "도둑질하지 말라"는 제8계명과 "(이웃의 아내를) 탐내지 말라"는 제10계명을 어기는 것이다. 우리가 살고 있는 세상에서는 살인보다 간음이 빈도수가 높다. 그만큼 간음이 살인보다 쉽게 일어난다. 그만큼 이 계명을 제대로 지키는 것이 어렵다는 말도 된다. 하지만 예수님의 말씀을 들어보면 그 어려움이 생각했던 것보다 훨씬 더 어렵다.

"음욕을 품고 여자를 보는 자마다 마음에 이미 간음하였느니라." 살인의 경우처럼, 간음도 마음의 문제로 간주하신다. '몸의 간음' 이전에 '마음의 간음'이 문제다. 예수님은 제자들에게 서기관과 바리새인보다 '더 나은 의'를 요구하시기 때문이다. 바리새인들은 행위상으로는 간음 금지 계명을 잘 준수하고 있었다. 그래서 하나님께 자기 자랑을 늘어놓을 수 있었다. "바리새인은 서서 따로 기도하여 이르되 하나님이여 나는 다른 사람들 곧 토색, 불의, 간음을 하는 자들과 같지 아니하고 이 세리와도 같지 아니함을 감사하나이다"(눅 18:11). 간음은 법적으로도 판단을 받는다. (이제 한국은 간통죄가 폐지되어 형사상 책임을 물을 수 없다 하더라도 손해배상이나 위자료 등의 민사상의 책임은 물을 수 있다.)

그런데 기독교 윤리는 실정법보다 더 높은 기준을 가지고 있다. 더구나 하나님을 믿는 사람은 더 높은 도덕성을 지녀야 한다. 성의 문제에서 '몸의 거룩함'을 유지할 뿐만 아니라 '마음의 성결'도 챙겨야 한다. 즉 성결한 마음이 이 문제에서 최우선의 관심사가 되어야 한다. 예수님은 행위 이전에 마음을 문제 삼으신다. 살인이 분노에서 시작되는 것처럼 간음은 마음속의 음욕에서부터 시작된다. 죄는 겉으로 드러난 행동과 행위의 문제만이 아니라, 보이지는 않지만 행동으로 이끄는 마음의 문제다. 음욕은 간음할 수 있는 상황만 되면 간음이라는 행동으로 옮겨질 수 있다. 그러므로 마음에 일어나는 음욕을 회개해야 한다.

본문에서 "간음하다"는 헬라어로 '모이큐오'로서 혼외정사로서의 간통을 의미하고, "여자"도 성숙한 여인 혹은 결혼한 여자를 의미하는 '귀네'를 사용한다. 본래 이 계명의 전제는 타인의 배우자와 사통하는 것을 금지하는 것을 바탕으로 했을 것이다. 제10계명 속에 "네 이웃의 아내를 탐내지 말라"(출 20:17)는 표현은 제7계명인 간음 금지 규정을 더 명확히 풀이한 것이다. 고대 세계 특히 유대 사회에서 아내는 남자의 소유로 인식되었기 때문에 타인의 아내와 사통하는 것은 그 남자의 권리를 침범하는 것으로 여겨 돌로 쳐 죽이는 극형에 처했다. 결혼 관계에 들어가지 않은 처녀에 대해서는 속죄금을 받는 등 다소 재량이 있었다.

지금 예수님께서 문제 삼고 있는 것은 간음 이전의 마음의 문제다. '음욕을 품고 여자를 보는 것'조차도 안 된다는 의미다. 음욕을 품고 타인의 배우자를 쳐다봐서도 안 된다는 의미다. 아니 이 정도를 넘어서 내 배우자가 아닌 이성에 대해서 음욕을 품고 쳐다보는 것 자체가 안 될 말이다. 예수님은 인류의 타락 이후 인간 마음에 깊이 파고든 이성에 대한 고삐 풀린 욕망을 문제 삼고 계신다. 그렇다면 상대방의 결혼 여부나 나이가 무슨 상관이 있겠는가! 32절에 '음행한 이유 없이'라고 할 때의 '음행'을 문제 삼고 계신다.

'음행', '음란'이라고 번역되는 헬라어는 '포르네이아'다. 이 단어는 혼외정사를 의미하는 간음, 간통, 사통을 포함해서 모든 종류의 성적 왜곡과 악을 포괄하는 단어다. 현대를 조감해 보면, '포르네이아'가 넘쳐난다. 포르노 잡지, 영상 매체, 인터넷, 이메일, 스마트폰, 유튜브에 넘쳐난다. IT 기술을 사람들에게 보급하려 할 때 제일 먼저 활용되는 것이 바로 이런 포르노들이다. 이런 매체의 영향 탓인지 사회에는 성희롱, 성적 농담, 성폭행, 성 착취 동영상 N번방, 변태성욕, 성중독, 동성애, 불륜, 성매매 등 온갖 성적 부조리가 만연해 있다. 현대는 기술발전과 함께 음란을 권하는 사회가 되었다. 성적 자기 결정권이란 미명하에, 인권이란 이름으로 무분별한 성을 권장하는 사회가 되었다.

현재 한국은 간통죄가 폐지되었다. 그래서 쌍방의 동의만 있으면 배우자 외의 성적 관계가 아무 일도 아닌 시대가 되었다. 간통죄가 더 이상 범죄 구성 요건이 되지 않자, 불륜과 외도를 저질러 놓고도 뻔뻔하게 구는 경우도 많이 생겼다. 하나님이 주신 고귀한 성이 놀이가 되어 버리고 말았다. 본래 하나님은 아담과 하와를 만드셨다. 아담과 스티브를 만드시지 않았다. 한 남자와 한 여자를 만드시고 서로를 알아 가도록 성을 주셨다. 성은 본래 인격적인 깊은 교제와 서로 간의 친밀한 교제다. 이런 교제 가운데 생육하고 번성하기 위해서 성을 주셨다. 그러므로 성은 반드시 결혼 안에서 유지되고 향유되어야 한다. 그런데 점점 결혼과 무관하게 '사랑 안에서의 성', '합의하의 성' 그리고 '놀이로서의 성'으로 타락, 쇠퇴, 저하되어 가고 있다. 혼전성교, 동성애, 동성 간의 결혼을 비롯한 다양한 형태의 결혼을 합법화 혹은 정당화하려고 한다.

예수님은 "간통하는 자" 이전에 "음욕을 품고 여자를 보는 자"를 거론하신다. 이런 자는 성적 의도를 가지고 여자를 성적 욕망의 대상으로 보는 자다. 상대방을 존재로 보지 않고 욕망의 대상으로 본다. 닭이 알을 품으면 병아리가 나오는 것처럼 음욕을 품고 있으면 결국 음행으로 나아가게 된다. 하나님을 주야로 묵상하는 대신 여자를 성적 대상으로 묵상하면 어떻게 되겠는가? 예수님은 마음으로 이미 간음했다고 선포하신다. '음욕을 품는다'는 말은 사실 '갈망' 혹은 '열망'을 품고 여성을 본다는 의미다. 제10계명에 탐내지 말라고 했는데 성적인 영역에서 탐을 내는 것이다. 제1계명과 제10계명이 십계명을 전체적으로 해석할 수 있는 '해석학적 열쇠'라면 결국 하나님이건 이웃이건 물질이건 마음과 동기가 제일 중요함을 가르쳐 준다. 효도, 살인, 간음, 도둑질, 거짓말 등 모든 것이 마음에서 비롯되고, 마음이 제일 중요하다. 마음에 불법적인 성적 결합에 대한 열망이 일어나서 그 사람을 지배하게 된다면, 그는 이미 간음자가 되는 것이다.

따라서 바울은 우리가 십자가에 못 박을 것은 육체만이 아니라 그보다 더욱 중요한 것이 있다고 한다. "그리스도 예수의 사람들은 육체와 함께 그 정욕과 탐심을 십자가에 못 박았느니라"(갈 5:24). "정욕과 탐심"은 육체를 움직이는 원흉이다. 정욕과 탐심이 주범(主犯)이고, 육체는 종범(從犯)이다. 그래서 먼저 정욕과 탐심을 십자가에 단단히 못을 박아야 한다. 다른 모든 죄는 자기 몸 밖에서 죄를 범하지만, 간음을 비롯한 성적인 범죄는 자기 몸에 죄를 범하게 된다. 우리는 예수 그리스도의 보혈로 대속 받아 정결하게 된 그리스도의 성전이다. 누구든지 하나님의 성전을 더럽히면 하나님께서 멸하신다는 경고를 깊이 새겨야 한다. "음행을 피하라 사람이 범하는 죄마다 몸 밖에 있거니와 음행하는 자는 자기 몸에 죄를 범하느니라"(고전 6:18).

그렇다면 어떻게 우리는 간음의 죄, 음행의 죄를 피할 수 있을까? 요셉의 모범을 따르기를 바란다. 요셉은 보디발 장군의 아내가 무서워서가 아니라, 죄의 결과가 무섭기 때문에 도망쳤다. 자신이 하나님 앞에 서 있다는 '코람데오'의 신앙을 가졌다. "내가 어찌 이 큰 악을 행하여 하나님께 죄를 지으리이까"(창 39:9). 요셉과 그 여인의 상황에 하나님을 개입시켰다.

예수님은 신체의 비유를 들어서 음행 죄의 싹을 단호하게 자를 것을 주문하셨다. '실족하다'라는 표현은 '범죄하다'라는 말로 바꿀 수 있다. "만일 네 오른 눈이 너로 실족하게 하거든 빼어 내버리라 네 백체 중 하나가 없어지고 온 몸이 지옥에 던져지지 않는 것이 유익하며 또한 만일 네 오른손이 너로 실족하게 하거든 찍어 내버리라 네 백체 중 하나가 없어지고 온 몸이 지옥에 던져지지 않는 것이 유익하니라"(마 5:29-30).

오른 눈이나 오른손은 백체 중 하나다. 온 몸의 일부다. 하지만 그것이 신체 중에서 얼마나 중요한 부분인가? 그런데 그것이 유익하게 하지 못하고 사람을 실족하게 한다면 본래의 목적대로 쓰이는 것이 아니다. 차라리 그런 지체는 없는 만도 못하다는 것이다. 건강하고, 힘 좋고, 신체 기능은 온전하지만 남을 학대하고 온갖 죄를 짓는다면 장애를 가진 것보다 못하다. 욕망을 따라 살라고 건강한 육체를 주신 것이 아니다. 주님의 뜻대로 유익하게 선용하라고 주신 것이다. 따라서 육체가 욕망의 노예가 되어서는 안 된다. 예수님은 우리에게 있는 가장 소중한 것이 죄의 원인이 된다면 과감하게 그것을 제거하라고 하신다. 죄에 대한 철저한 결단, 결연한 단절이 필요하다. 옳지 않은 것을 '아니오'라고 단호하게 다룰 용기가 있어야 한다.

영화화된 책인 「6일간의 깨달음」(이후에 「127시간」이라는 제목으로 개정 출판)에는 저자 아론 랠스톤이 겪은 일이 나온다. 그는 로키산맥 45개 봉우리를 등반한 등반가였다. 유타주의 말발굽 협곡에 들어섰다가 떨어진 돌에 그만 팔이 끼이고 6일간 사막에 갇히게 되었다. 구조될 가능성이 과연 있는 것인지 의구심이 드는 가운데 그는 갈증과 추위와 싸우게 되었다. 결국 결단의 순간을 맞닥뜨렸다. '여기서 얼어 죽을 것인가? 팔 하나를 버리고 살 것인가?' 그는 잘 들지 않는 칼로 자신의 오른팔을 자르고 그 바위를 벗어날 수 있었다. 그는 말한다. "내 팔 하나가 내 목숨 값이다."

지옥에 갈 것인가? 천국에 갈 것인가? 천국에 갈 수 있다면 눈과 손을 절단해도 유익하다고 볼 수 있다. 천국의 가치는 그 무엇보다 귀하기 때문이다. 신체의 한 부분을 잃더라도, 신체의 가장 중요한 부분을 잃는다 하더라도 천국에 가야 한다. 천국은 눈보다 귀하고, 손보다 귀하다. 아니, 온 목숨보다도 중하다. "사람이 만일 온 천하를 얻고도 제 목숨을 잃으면 무엇이 유익하리요"(마 16:26). 지옥은 천국처럼 확실히 존재하며, 천국에 가지 못하는 자들이 가는 곳이며, 그곳은 몸과 영혼이 멸망을 당하는 무서운 곳이다. "몸은 죽여도 영혼은 능히 죽이지 못하는 자들을 두려워하지 말고 오직 몸과 영혼을 능히 지옥에 멸하실 수 있는 이를 두려워하라"(마 10:28). 우리의 삶의 판단 기준은 이 세상에서 내세까지 확장되어야 한다. 세상의 영광, 죄악의 낙을 위해 영혼을 희생해서는 안 된다. 천국은 이 세상에서 어떤 희생을 치르더라도 반드시 가야 하는 곳이다. 우리가 세상에서 해야 할 가장 중요한 일은 영원을 준비하는 것이다.

산상수훈에서 예수님은 간음과 관련된 결연한 결단을 '눈'과 '손'에 비유하셨는데 이는 죄가 들어오는 통로다. 병행구절인 교회 내의 작은 자를 실족케 하는 문제에 대해서는 '손'과 '발'의 비유를 통해 말씀하신다(마 18:8-9). 따라서 각오와 결단의 비유에는 눈, 손, 발이 나오며, 이것들은 연쇄적인 구조를 이루고 있다. 눈을 통해 유혹을 받고, 마음을 통해 설득을 당하면, 손과 발로 죄를 범하게 되는 것이다. 눈은 첩보병이고 마음은 사령관이며 손과 발은 행동대원이다. 아담과 하와가 선악과를 따먹을 때, 선악과를 쳐다보았다. "보암직도 하고 먹음직도 하고 지혜롭게 할 만큼 탐스럽기도 한 나무인지라"(창 3:6). 그러므로 마음을 지키기 위해서는 눈으로 보는 것을 조심해야 한다. 욥은 고난 중에 자기 일생을 회고하면서, 눈의 위험성을 일찍부터 인식하고 자기의 눈을 정결하게 지켰다고 여러 군데서 증언한다. "간음하는 자의 눈은 저물기를 바라며"(욥 24:15), "내가 내 눈과 약속하였나니 어찌 처녀에게 주목하랴"(욥 31:1), "내 마음이 내 눈을 따랐거나"(욥 31:7).

예수님의 말씀을 문자적으로 받아들여, 간음의 죄를 버리기 위해서 초대교부 오리겐이나 양도천 목사처럼 스스로 거세한 사람도 있다. 그러나 중요한 것은 절단이 아니라 결단이다. 신체의 지체를 절단한다고 해서 정욕이 없어지지 않는다. 마음으로 간음을 한다. 중요한 것은 마음의 성결이다. 유혹이 올 때 욕심을 통제하고 제어하는 것이다. 유혹이 올 때 눈이 없는 사람처럼 해보자(눈을 감는 것). 손이 없는 사람처럼 해보자(손을 맞잡는 것). 발이 없는 사람처럼 해보자(발을 멈추는 것). 이것은 죄가 들어오는 통로와 죄를 실행하는 수단을 차단하는 것이다. '만일 너의 눈이 너로 죄를 짓게 한다면 아예 쳐다보지 말라. 만일 너의 발이 너를 죄를 짓는 곳으로 인도한다면 가지 말라. 만일 너의 손이 죄를 짓게 한다면 하지 말라.' 실족의 결과는 죽음이요 지옥이다. 지옥은 불과 유황으로 타는 영원한 불이다. 작은 죄가 커다란 일이 되는 것은 마치 작은 불씨가 큰 집을 태우는 것과 같다. 암논은 다말을 향해 음욕을 품고 있다가 결국 속임수를 써서 다말을 강간했다. 이것은 압살롬의 살인을 불렀고 결국 압살롬은 반역으로 온 나라를 어려움에 빠트렸다. 마음의 음욕을 막지 못하면 더 큰 일들이 생겨난다.

토마스 프리드먼이 쓴 「베이루트에서 예루살렘까지」를 보면 한 베두인 이야기가 나온다. 어느 날 칠면조를 누가 훔쳐갔다. 아버지는 아들들을 불러 "칠면조를 찾아오라"고 호통을 친다. 아들들은 그까짓 칠면조 한 마리 때문에 누군지도 모르는 자를 찾아다녀야 하느냐고 불평을 했다. 그러자 낙타를 잃어버리게 되었다. 이때도 아버지는 "칠면조를 찾아오라"고 했다. 아들들은 아버지를 이해할 수 없었다. 그런데 그 후에 말을 잃어버리고, 딸이 강간을 당하는 사건이 연속해서 일어났다. 모든 것이 칠면조 때문이었다. 도둑이 칠면조를 훔쳤을 때 저들이 찾지 않았기 때문에 모든 것을 훔쳐갈 수 있었던 것이다. 마음에 음욕이 일 때 예방조치를 해야 한다. 그렇지 않으면 커다란 재앙이 임할 것이다.

세 번째 대립 명제는 십계명이 아니고 이혼과 재혼에 대한 규정이다. "또 일렀으되 누구든지 아내를 버리려거든 이혼 증거를 줄 것이라 하였으나"(마 5:31). 앞에서 다룬 마음의 문제들을 고찰해 보면 분노, 멸시, 음욕을 다루었는데, 이 모든 것이 다 이혼의 원인이 될 수 있다. 결혼한 자는 서로 나누일 수 없지만 예외적으로 이혼할 수 있는 상황에 대한 규정이 신명기에 나온다. "사람이 아내를 맞이하여 데려온 후에 그에게 수치 되는 일이 있음을 발견하고 그를 기뻐하지 아니하면 이혼 증서를 써서 그의 손에 주고 그를 자기 집에서 내보낼 것이요"(신 24:1).

모세는 이혼할 수 있는 예외적인 사유로 '수치 되는 일'을 제시했다. 그럼 무엇이 수치 되는 일인가? 예수님 당시 양대 학파 중 하나였던 힐렐 학파는 이를 광범위하게 해석하여 '남편이 기뻐하지 않는 일'로 해석했다. 힐렐 학파에 따르면 별의별 사유로 여성은 이혼을 당할 수 있었다. 반면 샴마이 학파는 엄격하게 적용하여 '간음'으로만 한정했다. 아내가 간음한 경우를 제외하고는 이혼을 하지 못하게 했다. 본래 모세의 율법에 의하면 결혼한 여자의 간음은 사형에 해당하는 죄로 보았다. 후에 예수님은 바리새인과의 논쟁에서 다시 이혼 문제를 다루신다(마 19:1-12).

중요한 것은 이혼 증서를 써주라는 모세의 율법은 본래 여성을 보호하기 위한 조치였다는 것이다. "모세가 너희 마음의 완악함 때문에 아내 버림을 허락하였거니와 본래는 그렇지 아니하니라"(마 19:8). 구약 시대조차 이혼은 인간의 타락과 죄성 때문에 허락된 것뿐이다. 아내를 증오하고 미워하여 독수공방을 시키고 생활비를 제대로 주지 않으면서 아내를 괴롭게 하기보다는 차라리 이혼증서를 써주어 자유롭게 나가도록 하는 것이 낫다는 것이다.

본래 하나님께서는 둘이 합하여 한 몸이 되게 하셨기에 그 누구도 결혼의 연합을 깨뜨릴 수가 없다. 하지만 약자인 여성에게 결혼이 고통이 된다면 이혼증서를 써서 내보낼 수 있다는 것이다. 이혼증서를 써주면 친정으로 돌아갈 수 있고 재혼도 할 수 있다. 이처럼 이혼증서 제도는 약자인 여성들을 배려하고 보호하기 위한 조치였다. 증서 없이 내쫓았다가 나중에 여성을 곤란에 빠뜨리지 못하게 하려 한 것이다. 그리고 이혼증서를 공증하게 함으로써 이혼의 고삐를 죄려는 목적도 있었을 것이다. 이 모든 것이 다 "너희의 완악함 때문에" 불가피하게 주어진 것이다.

그런데 세월이 흘러 여성을 보호하려던 이 율법의 정신은 온데간데없이 사라졌다. 허락과 양해사항이 남편의 권리가 된 것이다. 남편은 기뻐하지 않는 아내에 대해서 이혼증서만 써주면 결혼

관계를 끝낼 수 있는 것으로 악용했다. 동성애와 관련해서 차별금지법이 입법화되면 동성애를 합법화시킬 뿐만 아니라, 동성애를 비판하는 모든 입을 틀어막는 악법으로 악용되는 것과 같다. "동성애는 죄다!"라는 구호를 말하는 순간 불법을 저지르는 것이 되어 버린다. 약자를 보호하려는 조치가 누군가에 의해 악용되는 경우를 경계해야 한다.

단도직입적으로 말해서 예수님은 이혼을 불허하신다. 모세는 비록 너희들의 마음이 완악함 때문에 허용했을지 몰라도, 천국의 제자 된 너희들은 이혼하지 말라는 것이다. 아내를 버리는 자는 아내로 하여금 간음하게 만드는 자요, 버림받은 여자에게 장가드는 자도 간음하는 자라는 것이다. 죄를 지을 가능성을 예방하시는 것이다. 정결함과 거룩함이 결혼과 가정생활을 지배하도록 울타리를 쳐두신 것이다.

결혼생활에서 우리가 이야기를 할 수 있는 부분은 이것이다. 혹시라도 배우자가 간음했다고 해도 율법 시대처럼 정죄하고 처벌하지 말고 용서할 수 있다면 용서해야 한다. 정절의 의무를 지키는 것이 최고의 선이지만, 간음한 배우자가 회개하면 우리가 주님으로부터 받은 용서로 용서해야 한다. 예방도 해야 하지만, 이미 잘못한 경우에는 치유도 해주어야 한다. 왜냐하면 예수님께서 말씀하신 사랑은 감정이 아니라 의지의 문제이기 때문이다.

내가 대학에서 학생들을 가르칠 때 이런 말을 한 적이 있다. "결혼 적령기는 언제인가? 그것은 죽고 못 사는 사람이 나타났을 때가 아니라, 상대가 누구라도 변함없이 평생 사랑할 준비가 되어 있을 때다." 사랑의 감정은 곧 사그라든다. 이것은 엄밀한 의미에서 사랑이 아니라 좋아하는 것이다. 사랑은 의지적인 것이다. 성숙한 인격을 지닌 사람은 사랑의 의지를 일관되게 가지기 때문에 깨어지지 않는 결혼생활을 끝까지 가져갈 수 있다. 설사 배우자의 중대한 실수와 허물이 있다고 해도 용서하고 용납하면서 살아가야 한다. 결혼은 하나님을 중심으로 한 영원한 언약으로, 은혜의 원리로 살아야 하며, 서로를 위하는 상호성, 영혼육이 연합된 친밀감을 나눌 때 온전한 결혼생활이 된다. 제대로 된 결혼생활은 사랑을 하고 사랑을 받고, 용서하고 용서받고, 이해하고 이해받고, 섬기고 섬김을 받는 것이다. 이럴 때 행복한 결혼생활, 나아가 가정 천국을 이룰 수 있다.

    결혼을 앞둔 사람들은 결혼식을 어떻게 할 것인가에 관심이 많다. 그러나 더욱 중요한 것은 행복한 결혼생활을 위한 준비다. 사랑은 의지적인 선택이다. 호세아는 고멜과 결혼했다. 선지자적 상징 행위이지만 하나님께서 명령하신 불가피한 결혼이었다. 음녀 고멜의 문제가 곧 드러났다. 하지만 호세아는 고멜을 정죄하거나 그와 연을 끊을 생각을 하기보다는 포용하고 회복시키는 데 주력했다. 고멜이 남편과 아이들을 남겨 두고 다른 남자를 따라 떠났지만 하나님은 가서 용서하고 데려오라고 하신다. 이것이 우리를 향한 하나님의 사랑이며, 이것이 우리가 이 땅 위에서 마지막까지 지키며 노력해야 할 결혼생활이다.

결혼생활의 목적은 행복이 아니라 거룩함이다. 백마 탄 왕자와의 행복한 결혼생활은 동화에만 나온다. 지상의 결혼생활은 끊임없는 갈등과 다툼을 거쳐 완성되는 것이다. 배우자의 부정 문제도 역시 그중의 하나일 것이다. 결혼생활에서 우리의 일은 심판이 아니라 용서와 치유다. 하지만 그전에 예방에 힘써야 한다. 우리가 용서하고 회개할 때 하나님의 치유와 긍휼이 있을 것이다. 이러한 은혜가 필요하지 않은 사람이 어디 있을까? 그런 점에서 신앙생활과 마찬가지로 결혼생활도 우리의 부단한 노력이 필요하다. 중생했다고 해서 신앙생활이 끝나는 것이 아니다. 성결을 이루기 위해서 우리는 치열한 영적 전투를 벌여야 한다. 사탄과 세상과 정욕과 피 흘리기까지 싸워 이겨야 한다. 그럴 때 우리 신앙이 성장하고 성숙해지고 거룩해진다. 결혼생활도 마찬가지다. 부단히 애쓰고 노력해야 유지되고 더욱 온전해지고 아름다운 꽃을 피우게 될 것이다.

예수님의 이혼 불가 원칙에 대해서 제자들은 깜짝 놀랐다. "제자들이 이르되 만일 사람이 아내에게 이같이 할진대 장가들지 않는 것이 좋겠나이다"(마 19:10). 하나님의 뜻대로 결혼생활을 유지하는 것이 힘들다는 의미다. 예수님은 제자들이 결혼의 신성함을 깨닫고, 결혼 안의 성을 하나님의 귀한 선물로 여기며, 가정을 통해 하나님께 영광 돌리기를 원하신다. 이렇게 살면 간음을 막을 수 있고 이혼을 예방할 수 있다.

오늘 본문에는 간음이 네 차례 언급되고, 음욕과 음행이 각각한 차례, 실족과 이혼과 지옥이 두 차례씩 언급되어 있다. 간음, 음욕, 음행, 실족, 이혼, 지옥 이 모든 것이 서로 연관되어 있다. 여기에서 벗어나야 한다. 하나님이 주신 귀한 선물인 결혼과 성이 잘못하면 남용될 수 있다. 예수님은 선물의 오용을 막기 위해 말씀하시는 것이다. 예수님은 우리가 가정의 불화, 가정의 해체로 고통받는 것을 원하지 않으신다. 교회와 함께 하나님에 의해 창조된 가정이 작은 천국이 되어 가기를 바라신다. 그러기 위해서 우리는 마음을 통제해야만 한다. 가정을 파괴할 행위를 마음 차원에서부터 근절해야 한다. 이것이 제자들에게 요구된 '더 나은 의'다.

불신자뿐만 아니라 신자들도 불화와 해체로 고통받는 가정이 많다. 기왕에 벌어진 일에 대해서 어떻게 되돌리겠는가. 하지만 이제부터라도 이런 원리에 따라, 회개할 것은 회개하고 고칠 것은 고쳐야 한다. 그리하여 가정과 결혼을 통해 마음의 성결을 추구해야 한다. 먹든지 마시든지 다 하나님의 영광을 위해서 해야 한다. 가정 내에서 어떤 일이 벌어지든지 은혜의 원리로 다루고 하나님께서 영광 받으시도록 해야 한다. 이것이 '제자의 도'이다.

14
옳다 옳다, 아니라 아니라

³³또 옛 사람에게 말한 바 헛 맹세를 하지 말고 네 맹세한 것을 주께 지키라 하였다는 것을 너희가 들었으나 ³⁴나는 너희에게 이르노니 도무지 맹세하지 말지니 하늘로도 하지 말라 이는 하나님의 보좌임이요 ³⁵땅으로도 하지 말라 이는 하나님의 발등상임이요 예루살렘으로도 하지 말라 이는 큰 임금의 성임이요 ³⁶네 머리로도 하지 말라 이는 네가 한 터럭도 희고 검게 할 수 없음이라 ³⁷오직 너희 말은 옳다 옳다, 아니라 아니라 하라 이에서 지나는 것은 악으로부터 나느니라 마 5:33-37

살인과 간음과 이혼에 대해 말씀하신 예수님께서 이제 네 번째로 '맹세'에 대해 말씀하신다. 맹세라는 주제는 곧 '진실과 거짓'에 대한 것이다. 예수님은 앞에서와 동일한 방식으로 대립적 병행법을 사용해서 기독교적 진리를 표현하신다. "너희가 ~들었으나 나는 너희에게 이르노니." 예수님은 서기관과 바리새인들보다 '더 나은 의', 구약이나 장로의 유전보다 '더 나은 의'를 말씀하려 하신다.

"또 옛 사람에게 말한 바 헛 맹세를 하지 말고 네 맹세한 것을 주께 지키라 하였다는 것을 너희가 들었으나"(마 5:33). 율법은 거짓 맹세는 하지 말고, 하나님께 한 맹세는 반드시 지키라고 한다.

하나님께 맹세한 것만 지키면 맹세하지 않은 많은 것들은 지키지 않아도 되는가? 그러면 무슨 말을 할 때마다 진실성을 확보하기 위해서 항상 하나님께 맹세를 시켜야 할 것이다. 이 정도의 도덕성은 결코 하나님의 거룩한 백성의 성품과 행실이 될 수 없음은 삼척동자도 알 것이다.

그러므로 예수님은 천국의 제자들에게 맹세 자체를 하지 말라고 하신다. "하늘로도", "땅으로도", "예루살렘으로도", "네 머리로도" 하지 말라고 하신다. 사실 하늘, 땅, 예루살렘은 당시 사람들이 사용했던 맹세의 수단이고 모두 하나님과 관련되어 있다. 하나님을 믿는 사회에서는 거짓을 위장하려고 할 때, 하나님과 관련되어 있는 수단을 사용하는 것보다 더 효과적인 것이 없었을 것이다. 율법이 원래 맹세를 허용한 것은 거짓말을 배척하고자 한 것이리라. 하지만 실제로 유대 사회에서는 맹세를 악용하는 사례가 많았고 문제가 되었다. 예수님께서는 맹세 금지를 통해 모든 거짓말을 봉쇄하려 하셨다. '헛 맹세'를 하지 않는 것은 물론이고 '도무지 맹세하지 말라'고 하신다. 예수님은 위증만이 아니라 맹세 자체도 문제가 있다고 보신 것이다. 오직 진실만을 말하면 맹세가 무슨 필요가 있겠는가? 맹세는 세상에 거짓이 있다는 명백한 증거다. 거짓이 만연해 있다는 증거다. 그래서 맹세는 거짓을 막는 고육지책(苦肉之策)이었다. 그러나 다른 한편 맹세는 거짓을 조장하기도 한다. 율법은 거짓말을 막고자 맹세를 허용했지만, 거짓말을 하기 위한 수단으로 맹세가 악용되기도 하였다. 결국 맹세가 거짓

말의 도피처가 되고 말았다.

그렇다면 왜 사람들은 맹세하는 것일까? 자기 말에 신빙성이 없으니까 다른 믿을 만한 것에서 신용을 빌려와야 했다. 왜 하나님을 두고 맹세하는가? 하나님은 절대적으로 믿을 만한 분이시기 때문이다. 사실 유대인들은 하나님의 성호를 언급함으로써 그 이름이 더럽혀지는 것, 즉 신성모독을 막기 위해 다양한 방식으로 달리 불렀다. 하나님의 이름으로 맹세하기보다는 하늘, 땅, 예루살렘, 성전 등으로 우회해서 맹세했다. 최대한 신성모독을 피하려 한 것이다. 그러나 하나님의 이름을 직접적으로 언급하지 않았어도 모두 하나님과 관련된 것이다.

맹세는 하나님을 마음대로 조작할 수 있는 대상으로 격하시키고, 하나님의 위엄을 손상시킬 위험이 있다. 그렇다고 하나님을 피하여 자신의 '머리'로 맹세하는 것도 맹세의 보장을 자신의 능력에 둔다는 점에서 신빙성이 떨어진다. 머리 털 하나도 희거나 검게 할 수 없는 인간이 어떻게 머리 전체를 두고 맹세를 할 수 있겠는가? 인간은 무능하다. 인간의 능력은 한계가 있는데 어떻게 자기 신체가 맹세의 보증 수단이 될 것인가? 그렇다고 머리 대신 목숨을 두고 맹세하는 것도 마찬가지다.

맹세를 악용하면 제3계명과 제9계명을 범하게 된다. 맹세는 현실 생활 속에서 자주 사용되지만, 특별히 법정에서 많이 사용된다. 자신의 거짓말을 맹세라는 형식으로 포장하게 되면 그는 제3계명과 제9계명을 동시에 어기게 된다. 제3계명은 이렇다. "너는 네 하나님 여호와의 이름을 망령되게 부르지 말라 여호와는 그의 이름을 망령되게 부르는 자를 죄 없다 하지 아니하리라"(출 20:7). 제9계명은 "거짓 증거 하지 말라"이다. 자신의 증언과 진술에 대해서 하나님을 이끌어 들임으로써 진실성을 담보하려던 것으로 위증을 금지하려는 것이다.

물론 구약 시대 율법에서는 법정의 정의를 위해 맹세가 필요했다. "네 하나님 여호와를 경외하며 그를 섬기며 그의 이름으로 맹세할 것이니라"(신 6:13). 과학적 수사기법에 의한 증거 재판이 아니라 목격자나 본인의 증언에 의한 재판일 경우, 말의 신빙성이 중요했다. 그래서 맹세를 시켰다. 맹세는 하나님께 자기 맹세의 증인이 되어 달라고, 그리고 자신이 그 맹세에 부합되지 않았을 때 벌을 내려 달라고 요청하는 서약이다. 처음에는 거짓말을 통제하기 위해 맹세를 시켰다. 자신이 지켜야 하는 일이 얼마나 중요한가를 각성시키기 위해 맹세를 시켰다. 인간들 사이의 의사소통이 불확실하고 의심이 있을 때, 하나님을 중재자로 삼아 거짓말을 막고 원활한 의사소통을 돕는 긍정적인 기능도 있었다.

그러나 차츰 거짓으로 맹세하거나 함부로 맹세하는 일을 통하여 자신의 잘못을 은폐하거나 정당화하는 부작용이 나타나게 되었다. 어려운 순간을 모면하기 위하여 거짓 맹세를 했는데, 즉각적인 하나님의 노여움을 당하지 않으니 두려움 없이 맹세를 했다. 진실을 말하게 하기 위해 맹세를 허용했던 것이 거짓말을 하는 수단으로 전락하면서 하나님의 이름이 남용되었다. 결과적으로 하나님의 이름이 망령되이 일컬어졌다. 그래서 율법에서도 거짓 맹세를 금했다. "너희는 내 이름으로 거짓 맹세함으로 네 하나님의 이름을 욕되게 하지 말라 나는 여호와니라"(레 19:12). 언제는 '맹세하라'고 했다가 또다시 '맹세하지 말라'고 하는 이유는 무엇인가? 모두 사람과 상황 때문이다. 하나님의 이름을 빌려 맹세하는 것이 허락되었으나, 그것을 망령되이 사용하는 것은 신성모독에 해당함으로 금지했다.

이런 잘못을 저지르는 자들은 대부분 믿지 않는 자들이기보다는 믿는 자들이다. 불신자보다는 신자들이, 평신도보다는 사역자들이, 사회에서보다는 교회에서 많이 일어나는 잘못이다. 그들은 자신의 사욕이나 잘못된 목적을 위하여 하나님의 이름을 도용하고 악용하고 이용한다. 과거에는 크리스천이라는 이름이 진실성과 정직성의 보증수표였던 적이 있었다. 한국 기독교도 초창기에는 신자 비율이 1%밖에 안 되어도 믿지 않는 자들이 기독교인이라고 하면 담보 없이도 얼마든지 돈을 빌려 주었다. 자신들이 그렇게 살지는 못해도 신자들의 말은 그대로 믿었다. 그때는 하나님께서 영광을 받으셨다. 하지만 기독교인들이 세상에서 지탄을 받게 되자 하나님까지도 욕을 받게 된 것이다. 기독교인이란 타이틀 자체가 하나님의 이름과 명예를 걸고 있기 때문이다. "믿는 것들이!"라는 세상의 비난은 바로 이런 것에서 연유한다. 좋든 싫든, 동의하든 동의하지 않든, 믿는 자는 하나님의 이름으로 말하고 행동하고 있는 셈이다.

전도자는 하나님께서 인간을 정직하게 창조하셨다고 말한다. "내가 깨달은 것은 오직 이것이라 곧 하나님은 사람을 정직하게 지으셨으나 사람이 많은 꾀들을 낸 것이니라"(전 7:29). 타락하기 전의 인간은 정직하게 말하고 있었다. 거짓의 아비 되는 사탄의 영향을 받기 전에는 말이다. 말은 진실해야 한다. 그것이 말의 본질이다. 그래야 원활하게 소통이 된다. 거짓은 말이 오염된 것이다. 의사소통이 원활할 수가 없다. 우리가 일상에서 쓰는 말은 기도를 구성하는 요소다. 하나님이 들으신다. 본질적으로 모든 말은 그 자체가 맹세다. 별도의 맹세가 없어도 진실해야 한다. 따라서 정직성과 진실성이 있으면 맹세가 아무 필요 없다. 정직성과 진실성이 없는 맹세는 백날 해보아도 아무 소용이 없다. 그러므로 맹세보다 더 중요한 것은 진실성이다. 대체로 진실하지 않은 사람이 맹세를 남발한다. 진실하고 정직한 사람은 평소에도 맹세를 거의 하지 않는다. 다만 맹세는 예외적 성격을 띤다. 취임식에서나 청문회나 재판정에서 공적인 요구에 부응해서 할 때가 그때다.

왜 악인들이 당돌하게도 하나님을 두고 맹세하는가? "사람들은 자기보다 더 큰 자를 가리켜 맹세하나니 맹세는 그들이 다투는 모든 일의 최후 확정이니라"(히 6:16). 맹세는 더 큰 것을 들어 한다. '맹세는 자기보다 더 큰 자'에게 요청하는 것이다. 맹세의 내용을 하나님이 보증하고, 지켜지지 않으면 하나님의 처벌도 달게 받겠다는 것이다. 맹세를 통해 자신의 정직성과 신뢰성을 부각시켜 자신이 말하는 것과 원하는 것을 얻어내려는 심사다. 자신의 의지대로 상대를 움직이려는 의도가 담겨 있다. 당면한 문제와 상관이 없는 거창한 대상을 끌어들여 다른 사람들로 하여금 자신의 말을 믿게 함으로 결국은 자기주장을 관철하려는 데 있다. 따라서 악인에게 있어서 맹세란 타인을 이용하는 것이요, 상대의 이해와 판단을 무시하고 나의 목적을 위해 상대를 이용하려는 것이다. 한마디로 이들에게 맹세는 곧 '세일즈'다. 신용을 도둑질하는 것이다. 맹세의 도움으로 말의 비중을 인위적으로 높이려는 것은 자신의 말이 비중이 없음을 스스로 인정하는 것이다.

예수님은 맹세를 잘못 가르치는 눈먼 인도자인 서기관들과 바리새인들을 책망하신다. 마태복음 23장의 "화 있을진저" 설교의 세 번째(마 23:16-22)에서 이런 어리석음을 폭로하신다. 그들이 말하기를 성전으로 맹세하면 아무 일 없거니와 성전의 금으로 맹세하면 지켜야 하고, 제단으로 맹세하면 아무 일 없거니와 그 제단 위의 예물로 맹세하면 지켜야 한다고 가르친다. 그들의 관점은 대단히 물질적이다. 성전보다 금을, 제단보다 예물을 더 크게 여긴다. '염불에는 맘이 없고 잿밥에만 맘이 있다.' 하지만 금과 예물을 거룩하게 하는 것은 제단과 성전이다. 얼마나 허탄한 가르침인가? 결국 이런 가르침을 통해 그들이 마음속으로 무엇을 더 귀하게 여기는지 알 수 있다.

구약에는 자기가 한 맹세가 자기 발목을 잡은 경우도 나온다. 입다는 암몬 자손과 전쟁을 하러 나갈 때, 여호와께서 승리를 주시면 개선해서 돌아올 때 자기 집에서 제일 먼저 영접하러 나오는 사람을 번제로 드리겠다는 서원을 했다. 전쟁에서 승리하고 돌아왔을 때 뜻밖에도 그의 무남독녀 외동딸이 소고를 잡고 춤추며 입다를 맞이하였다(삿 11:34). 입다는 옷을 찢고 참담해 하였다. 얼마나 땅을 치고 가슴을 칠 일인가! 전쟁에 나가기 전 이미 여호와의 영이 임하여 자기와 함께하심을 느꼈음에도, 왜 불필요하고 경솔한 서원을 함으로써 승리의 빛에 어둠을 드리웠는가! 아니, 서원을 해야 하나님이 도와주시는가?

사울 왕도 어리석은 맹세로 금식을 명령함으로써 승리의 기세를 꺾어 놓고 말았다. 아들 요나단의 용맹으로 블레셋과의 전투에서 승기를 잡았음에도 자기 군사들에게 해가 지기 전에 아무것도 먹지 말라고 명령함으로써 군사들의 사기와 전투력을 저하시켰다(삼상 14:14). 그리고 요나단마저도 이 맹세에 저촉되어 죽을 뻔했는데 그는 맹세하는 것을 듣지 못하였으므로 백성들의 중재와 간청으로 모면할 수 있었다.

신약에서도 헤롯 왕은 자기 생일잔치에 춤을 추는 헤로디아의 딸에게 맹세로 무엇이든 선물로 주겠다고 약속했다가 세례 요한의 머리를 요구받고 고민에 빠지게 되었다(마 14:7). 그리고 결국 세례 요한을 죽이게 되었다. 이들의 나약함이 또는 허세가 맹세를 하게 했고 그 맹세가 올무가 되었다. 이것이 맹세의 딜레마다.

과거의 맹세가 현대에서는 극단적인 말의 표현으로 바뀐 것 같다. 우리는 극단적인 말을 하는 사람을 경계해야 한다. '절대로', '내 명예를 걸고', '내 목숨을 내 놓겠다', '내가 네 자식이다', '내성을 갈겠다', '하늘이 두 쪽 나도', '손에 장을 지지겠다' 등의 표현을 자주 사용하는 사람을 주의해야 한다. 왜 이렇게 극단적인 표현을 사용하는가? 단순한 말로는 신뢰를 받을 가능성이 별로 없기 때문이다. 자신의 신용이 바닥났기 때문이다. "콩으로 메주를 쑨다"고 해도 곧이듣지 않기 때문이다. "맹세는 사람들이 거짓말쟁이기 때문에 생겨난 것이다"라는 말이 있듯 과격한 말도 동일하다. 요사이 점점 센 말이나 막말이 난무하는 것도 불신의 사회이기 때문이다. 또한 모든 형태의 과장법, 최상급의 사용도 마찬가지다. 참기름이 참기름 되지 못하니 '진짜 참기름', '순 참기름'같이 덕지덕지 형용사가 붙어야 한다. 하지만 이것조차도 믿을 수가 없는 것이 현실이다. 우리는 그냥 말이 신용인 사람이 되어야 한다. 서약하고 공증까지 해도 믿을 수 없는 사람이 되어서는 안 된다.

맹세 자체를 금지하신 예수님께서 그 대안으로 우리에게 이렇게 말하라고 하신다. "오직 너희 말은 옳다 옳다, 아니라 아니라 하라 이에서 지나는 것은 악으로부터 나느니라"(마 5:37). 전통적인 명제(33절)에 대해 기독교적인 반명제(37절)를 제시하신 것이다. 바리새인들은 맹세하라고 가르친다. 맹세할 때 효력이 있는 수단과 효력이 없는 수단을 친절하게 구별해서 가르쳐 준다. 하지만 예수님은 맹세를 금하신다. 우리는 오직 "예" 할 것은 "예" 하고 "아니요" 할 것은 "아니요"라고 진실만 말하면 된다. 말장난하지 말고 진실을 말하라는 것이다.

반면 어떤 사람은 애매모호하게 말하는 사람들이 있다. "예"라고 말해야 할 때 "예" 하지 못하고 "아니요"라고 말해야 할 때 "아니요"라고 말하지 못하는 사람은 이중적이며 기회주의적인 사람이다. 또한 어떤 이는 긍정도 부정도 하지 않는 사람이 있다. 그는 아무런 책임도 지지 않으려 한다. 세상에는 이런 사람들이 너무나 많다. 예수님의 무죄를 확신했으면서도 본디오 빌라도는 유대 종교 지도자들의 낯을 봐서 "아니요"라고 말하지 못했다. 그는 비겁했기 때문에 결국 사도신경에 부끄러운 이름을 영원히 남기는 주인공이 되고 말았다. 반면 나단 선지자는 다윗 왕 앞에서도 아닌 것은 "아니요"라고 말했던 참 선지자였다. 명백한 부정, 명백한 긍정을 말하지 않는 사람도 거짓말하는 사람이다.

현재 국회에서는 포괄적 차별금지법을 입법화하려는 움직임을 보이고 있다. 차별금지에 대한 규정은 지금까지 많은 논의가 있었고, 일정 부분 다른 법률에 적용되어 왔다. 이번 법률안은 그런 분산된 차별금지의 원칙을 포괄적으로 강화해서 적용해 보자는 취지로 입법화에 나섰다. 거기에는 성별 선택의 자유, 동성애와 동성결혼 합법화 등이 들어 있다. 과연 성별이 개인의 주관과 사회적 판단의 문제인가? 동성애와 동성결혼이 창조의 질서에 합당한 것인가? 기독교는 분명 이것에 대해서 하나님의 말씀인 성경을 기초로 해서 "아니요"라고 말해야 한다. 하지만 입법 추진 세력은 진리의 말씀에 기반을 두기보다는 소수자의 자유와 권리와 인권을 보호하겠다는 미명 하에 입법을 밀어붙이고 있다. 우리가 보기에 이 법안은 죄를 합법화하고, 바른말을 하는 자를 처벌하겠다는 발상이다.

여기서 주의해야 할 것은 죄와 죄인을 구별해야 한다는 것이다. 죄는 미워하되 죄인은 용서하고 고쳐 주어야 한다. 동성애는 죄이지만 동성애자는 회복되어야 할 연약한 피조물이다. 동성애를 한다고 해서 혐오하고 인간으로서의 권리를 침해해서는 안 된다. 그들을 도와 바른 삶을 살 수 있도록 상담해 주고, 치유를 위해 노력해야 한다. 그래도 우리는 죄에 대해서는 분명히 "아니요"라고 말할 수 있어야 한다. 그런데도 입법 추진 세력은 인간의 실정법이라는 권한으로 영원하신 하나님의 창조 질서를 무너뜨리고자 한다. 이는 법의 최소한의 기반인 전통 문화나 윤리에 반하는 것이며 비윤리의 합법화로 기존 가정을 해체하고 사회질서를 교란시키는 것이다.

기존의 차별금지법으로도 양성평등이 보호되고, 소수자의 인권이 보호된다. 지금도 개별적 사안에 대하여 보호하는 법이 있는데, 포괄적 차별금지법은 처벌 조항이 들어가 있다. 그들을 보호하는 것에서 더 나아가 징벌조항을 끼워 넣었다. 죄를 죄라고 말하지 못하게 하고, 말하는 자에게 벌금을 물리고 처벌을 하려 한다. 이것은 나쁜 역차별법이다.

인간의 자유와 인권은 소중하지만, 하나님의 진리 앞에서는 상대적일 수밖에 없다. 사실 '옳다'와 '아니다'를 말할 수 있는 양심과 표현의 자유를 제약하는 것이 차별이 아닌가! 안타깝게도 작은 거짓말들, 입법자들과 대중의 애매모호한 태도, 시류에 영합하는 마음들이 합쳐져서 전 사회적으로 성 윤리를 파탄시키고 나쁜 성도덕을 가르치고 건강한 가정을 망가뜨리며 창조 질서를 왜곡하고 있다. 우리는 주변을 잘 살펴보고 포괄적 차별금지법안에 대해 반대 의견을 강력하게 개진해야 한다. 일천만 기독교인이 이 법안에 대해 분명한 의식을 가지고 의견을 표명한다면 입법화를 저지할 수 있을 것이다.

　이와 관련하여 한국 기독교의 아픈 역사가 떠오른다. 일제 치하 조선은 신사참배를 강요받았다. 이것은 명명백백히 우상숭배다. 십계명 중 제1계명을 어기는 대죄(大罪)다. 그런데도 일제 당국과 일부 교단에서는 "신사참배는 우상 숭배의 죄가 아니라 국민의례다"라고 호도하기 시작했다. 그것을 법으로 만들고 강요하기 시작했다. 그러는 사이에 죄가 죄가 아닌 것이 되어 버린 것이다. 도리어 신앙의 정절을 지키기 위해서 신사참배를 거부하던 사람들이 범법자로서 처벌받게 되었다. 신사참배를 하지 말라고 설교하는 것은 선동하는 반역죄가 되었다. 이 때문에 주기철 목사님 같은 분이 순교하기도 했다.

　이처럼 거짓도 법의 탈을 쓰면, 악을 선하다 하고 선을 악하다 한다. 흑암을 광명으로 삼으며 광명으로 흑암을 삼게 되고, 쓴 것을 단 것으로 삼으며 단 것을 쓴 것으로 삼게 된다. 의식 있는 기독교인들은 깨어서 각종 법을 개정하는 것에 대해 주의 깊게 살펴야 한다. 최근 '사학법 개정안'이 기독교학교의 자율권을 훼손하고, '건강가족기본법 개정안'이 건강한 혼인과 가족제도를 해체하는 독소조항들을 담고 있는 것을 주목해야 한다.

사회적 종교적 함의가 큰 법안에 대해서 우리는 분명한 입장을 취해야 한다. "예" 혹은 "아니요"를 분명하게 해야 한다. 물론 하나님의 말씀인 진리에 입각해서 그렇게 해야 한다. 야고보는 "내 형제들아 무엇보다도 맹세하지 말지니 하늘로나 땅으로나 아무 다른 것으로도 맹세하지 말고 오직 너희가 그렇다고 생각하는 것은 그렇다 하고 아니하고 생각하는 것은 아니라 하여 정죄 받음을 면하라"(약 5:12)고 했다. 예수님은 "이에서 지나는 것은 악으로부터 나느니라"(마 5:37)고 하셨다.

율법에서는 이혼을 허락한 것처럼 맹세도 허용된다. 이것은 사실이다. 하지만 둘 다 하라는 적극적 명령은 아니다. 예외적인 경우다. 결혼식이나 임직식 때에 서원을 하고 맹세를 하는 경우가 있는데, 이것은 우리의 의지가 약하기 때문에 하나님과 사람 앞에서 서약함으로 하나님의 도우심을 구하고 자신의 말에 대한 책임을 지고 살겠다는 의지의 표현이다. 서원을 하고 지키지 않는 사람이 있다. 그런 경우에는 차라리 하지 않는 편이 낫다. 이혼하지 않는 것이 하나님의 기쁘신 뜻인 것처럼, 맹세를 안 하는 것도 하나님의 뜻이다. 이혼은 혼인 맹세를 지키지 않음으로 생긴 불행이다. 이 모든 것은 완악한 마음에서 비롯된 것이다.

이혼이 인간의 완악한 마음에서 비롯되었다면, 맹세는 인간의 진실하지 못함에서 나온다. 우리가 맹세를 요구하는 것은 스스로 진실하지 못하기 때문이다. 스스로 신뢰를 받을 수 없기 때문에 하나님을 개입시켜 신뢰를 얻고자 함이다. 하지만 자주 하는 맹세는 오히려 그 맹세의 질을 떨어뜨린다. 우리의 말은 보증수표가 되어야 한다. 예수님은 맹세의 무가치성보다는 언어의 진실성을 경시하는 태도를 비판하셨다. 예수님을 통해 거듭나서 새로운 피조물이 되고 천국의 생명을 앞당겨 살아가고 있는 우리는 태초의 인간상을 회복해야 한다. 그리스도의 형상, 하나님의 형상을 닮아가야 한다. 하나님이 거짓말을 하실 수 없듯 우리도 아버지를 따라서 모든 일과 말에 진실한 자가 되어야 한다. 결국 맹세가 필요 없는 존재가 되어야 한다.

15
왕십리 정신

³⁸또 눈은 눈으로, 이는 이로 갚으라 하였다는 것을 너희가 들었으나 ³⁹나는 너희에게 이르노니 악한 자를 대적하지 말라 누구든지 네 오른편 뺨을 치거든 왼편도 돌려 대며 ⁴⁰또 너를 고발하여 속옷을 가지고자 하는 자에게 겉옷까지도 가지게 하며 ⁴¹또 누구든지 너로 억지로 오 리를 가게 하거든 그 사람과 십 리를 동행하고 ⁴²네게 구하는 자에게 주며 네게 꾸고자 하는 자에게 거절하지 말라 마 5:38-42

기독교인의 '더 나은 의'에 대한 다섯 번째 사례는 '보복 금지'다. "또 눈은 눈으로 이는 이로 갚으라 하였다는 것을 너희가 들었으나"(마 5:38). 이 규정은 모세의 율법에 나오는 내용으로, 출애굽기 21장 24절, 레위기 24장 20절, 신명기 19장 21절에 표현되어 있다. 이를 우리는 동형동해복수법(同形同害復讐法, lex talionis)이라고 부른다. 이 법은 '손해는 손해로 갚는다'는 것을 규정한 보상법의 역할도 담당한다. "짐승을 죽인 자는 그것을 물어줄 것이요"(레 24:21).

사람들은 이 규정을 개인 간의 사적 보복을 정당화시키는 법률로 보았다. 하지만 이 규정의 본래 취지는 보복을 허용하려는

데에 있는 것이 아니라 복수심의 지나친 확대를 통제하려는 목적이었다. 배상(형벌)은 피해 이상을 넘어서는 안 된다는 것이다. 피해자의 분노와 욕망이 걷잡을 수 없이 커지면 더 큰 파국이 도래되기 때문이다. 그래서 이런 법을 통해 이미 벌어진 악에 대해 적절한 통제선을 정하여 혼란을 방지하고 질서를 유지하려 했다. 한 대 맞은 사람은 결코 한 대로 만족하지 않고 두 대를 때린다. 두 대 맞은 사람이 또 그 곱절로 갚아 주다 보면 결국 관계는 붕괴되고 비참한 결말만이 남게 된다. 창세기의 라멕은 어떤 소년과 다투다 상처를 입었는데 그것 때문에 그 소년을 죽이고 말았다. 그러면서 하는 말이 "가인을 위하여는 벌이 칠 배일진대 라멕을 위하여는 벌이 칠십칠 배이리로다"(창 4:24)라고 했다. 자기를 해치면 77배로 갚아 주겠다는 무시무시한 말이다. 이것이 통제가 필요한 타락한 인간의 본성이다.

 언약문서로 알려진 출애굽기 21장에서 23장까지는 십계명을 기초로 하여 다양한 '판례법'이 나온다. 특징은 인과응보의 원리다. 즉 사람이나 재산에 손해를 끼친 경우에 어떻게 처리해야 하는지를 하나님께서 재판관에게 알려 주신 지시 사항들이다. 가해자에게는 마땅히 받아야 할 벌을 규정하고, 피해자에게는 피해 받은 만큼만 받고 그 이상은 제한하도록 한다. 이것을 통해 정의를 규정하고 복수를 제한하는 두 가지 효과를 얻을 수 있다. 이처럼 이 법의 원래의 의도는 과도한 보복 금지, 개인적 복수 금지를 특징으로 한다.

이 법과 유사한 것이 이미 고대에도 있었다. 기원전 1700년 고대 바빌로니아의 6대 왕인 함무라비는 인류 최초로 성문법전을 편찬했다. 여기에 들어 있는 것이 동해복수법이다. 개인적 복수를 국가가 관할하도록 하며, 그 정도는 피해 받은 것과 동일하게 함으로써 사법의 예측성과 공정성, 평등성을 담보하려 한 것이다. 이 법률에 따르면 자유민들 사이에서는 법 앞에 평등했다. 타락한 인간 본능을 억제하고 적절한 처벌이 이루어지려면 정의의 원칙이 필요하다. 정의의 원칙이 바로 동해복수법이고, 그 정의의 실천은 피해 당사자가 아니라 법 제도와 공권력에 의해서 완성시키는 구조다.

예수님 당시 바리새인들은 동해복수법을 권리이자 의무로 생각했다. 즉 각자에게는 보복할 권리와 의무가 있다고 보았다. 그들은 본질상 '부정적이고 소극적인 명령'을 '긍정적이고 적극적인 명령'으로 환골탈태하게 했다. 그리함으로써 보복을 정당화했다. 이는 율법에 대한 심각한 오독(誤讀)이다.

동해복수법은 강자에 의해 약자가 피해를 당하는 것을 막기 위해서 만들어진 약자보호법의 성격을 갖기도 한다. 부자든 가난한 자든, 권력이 있든 없든 누구든지 피해를 당한 대로 갚아 준다면 누가 불법과 악을 자행하려 하겠는가! 생명에는 생명, 눈에는 눈, 이에는 이, 손에는 손, 발에는 발, 상처에는 상처, 데움에는 데우는 것으로 한다면 두려움 때문에라도 남을 해치지 못한다. 동해복수법은 신체 사건에 대해 돈으로 배상을 하지 못하게 막고 있다. 상해 사건이나 사망 사건의 경우, 가해자가 아무리 부자라고 해도 그도 동일하게 당해야 한다면 이는 약자를 보호하는 데 특효약일 것이다.

따라서 '눈에는 눈, 이에는 이'라는 규정은 알고 보면 당시 시대에는 참 훌륭한 취지와 목적을 지니고 있다는 것을 발견하게 된다. 세상 사람들이 생각하는 수준을 넘는 고상한 차원을 지니고 있다. 하지만 기독교인은 이 '의'에서 더 나아가야 한다. 은혜를 받았기 때문에 더 앞으로 전진할 수 있다. 그것이 율법과 복음의 차이다. 세상과 하나님의 나라 차이다. 땅과 하늘의 차이다.

예수님은 보복을 금지하시되, 보복의 의지마저도 포기하라고 하신다. 성령의 영감을 받은 바울은 이 문제에 대해서 이처럼 말했다. "아무에게도 악을 악으로 갚지 말고 모든 사람 앞에서 선한 일을 도모하라"(롬 12:17). "너희가 친히 원수를 갚지 말고 하나님의 진노하심에 맡기라 기록되었으되 원수 갚는 것이 내게 있으니 내가 갚으리라고 주께서 말씀하시니라"(롬 12:19). 복수는 '나의 것'이 아니라 '하나님의 것'이라는 뜻이다. 기독교인은 더 나아가 복수 대신 선행을 해야 한다. 원수에게라도 해야 한다. "네 원수가 주리거든 먹이고 목마르거든 마시게 하라 그리함으로 네가 숯불을 그 머리에 쌓아 놓으리라 악에게 지지 말고 선으로 악을 이기라"(롬 12:20-21).

예수님은 제자들에게 "악한 자를 대적하지 말라"고 하신다. '악으로 악을 갚지 말라' 혹은 '악한 자를 상종하지 말라'는 의미다. 여기에는 우리가 익히 아는 비폭력 무저항 정신이 들어 있다. 톨스토이, 간디, 마틴 루터 킹, 만델라를 통해 우리가 본 것이다. 그들은 모두 악에 대항하지도 저항하지도 않았지만, 최종적으로는 선으로 악을 이겼다. 우리도 그렇게 하라는 의미다.

'눈에는 눈, 이에는 이'로 갚는 것은 인과응보요 '정의의 원리'다. '이웃을 사랑하고, 원수를 미워하는 것'(43절)도 역시 공의의 원리다. 하지만 공의의 원리대로만 살아서는 안 된다. '오른편 뺨을 치거든 왼편도 돌려 대며, 속옷을 가지고자 하는 자에게 겉옷까지 가지게 하며, 억지로 오리를 가게 하는 자와 십 리를 동행'하는 것은 은혜요, '은혜의 원리'다. 원수를 사랑하고 박해하는 자를 위해 기도하는 것도 은혜다. 보통 사람은 할 수 없는 것이다. 은혜 받은 자만 할 수 있는 것이다. 악한 자를 대적하지 말라는 것은 공의의 원리가 아니라, 은혜의 원리를 따르라는 부르심이다.

예수님은 은혜의 대상을 '가장 강한 자'부터 시작하여 '가장 약한 자'로까지 확대하신다. 즉 우리가 은혜로 대해야 할 대상을 '악한 자', '고발하는 자', '강요하는 자', '구하는 자', '꾸고자 하는 자'로 점차 수위를 낮추신다. 앞의 세 가지가 자기 권리 포기의 '내려놓음'이라면, 나머지 두 개는 자원하는 '이타심'이다. 보복 금지의 클라이맥스는 이타심이다. "네게 구하는 자에게 주며 네게 꾸고자 하는 자에게 거절하지 말라"(마 5:42).

예수님의 이 말씀은 아무리 기독교인이라고 해도 지키기 어려운 말씀이다. 그렇다고 해서 율법적으로 지키라는 것도 아니다.

예수님의 이 말씀은 자기의 마음을 자성하고 성찰해 보라는 것이다. 타인과의 관계가 아니라, 나와 예수님과의 관계를 점검해 보라는 의미다. '나는 과연 그런 사람이 되어 가고 있는가?' '나는 정말 악을 악으로 갚지 않고 선으로 갚고 있는가?' 그렇다고 해서 나에게 부당하게 고통을 끼친 사람들에게 어떤 권리가 있다는 것은 더더욱 아니다. 지금 예수님은 내 마음을 다루고 계신다. 내 마음이 그리스도의 마음과 그분의 사랑을 더욱 깊이 체험하기를 원하신다. 내가 예수님의 마음을 품기를 원하신다. 그래서 내 마음이 그 어떤 원수의 격동에도 불구하고 내적 평안과 자유를 누리기 원하신다.

이 내적 평화와 자유는 그들이 절대로 깨뜨릴 수 없어야 한다. 그들이 비록 내 뺨을 칠 수는 있어도 내 마음의 평안을 빼앗을 수는 없다. 그들이 내 옷을 가져갈 수는 있어도 나의 자유를 빼앗을 수는 없다. 그들이 나를 강제할 수는 있어도 내 의지까지 굴복시킬 수는 없다. 예수님은 우리가 이런 영적 성장을 이루기를 원하신다. 위에 열거된 것은 자칫 나약함으로 비칠 수도 있다. 하지만 실상은 엄청난 능력이다. 세상이 감당할 수 없는 하나님의 사람이다. 땅이 범접할 수 없는 하늘의 능력이다. 내게 원수가 나타났을 때 내 개인적인 일로만 받아들이지 말라. 그 관계에 그리스도를 개입시켜라. 예수님은 그 아픈 관계를 통해 상대방이 아니라 바로 나를 다루기를 원하신다. 그 아픔의 끝을 통해 나를 조각하고 계신 것이다. "아프지, 내가 네 맘 안다!"

그렇다면 원수의 준동과 격동, 억울한 일에도 흔들림 없이 평안할 수 있는 비결은 무엇인가? 바로 여유다. 여유에서 이것이 흘러나온다. 첫째로 오른편 뺨을 치는 자에게 왼편도 돌려대는 것은 여유, 특히 '마음의 여유'가 없이는 안 된다. 넓은 마음이 필요하다. 소위 심리적 쿠션이 있어야 한다. 져 주는 마음, 양보하는 마음, 용서하는 마음, 참는 마음 같은 것이 필요하다. 이웃을 일곱 번씩 일흔 번까지 용서하고, 원수를 사랑하고, 박해하는 자를 위해 기도해 줄 수 있는 것은 이런 여유에서 나온다. 이것은 윤리적인 명령일 뿐만 아니라 21세기의 건강법이다. 의학적 충고이기도 하다. 고혈압, 심장병, 위궤양, 불면증, 호르몬 불균형, 신경과민, 피로, 스트레스 관련 질병은 여유 없는 삶에서 온다. 누군가를 변화시키려 할 때는 필연적으로 "혈압 오른다", "소화가 안 된다", "잠이 안 온다", "제 명에 못 산다"는 말이 따라올 것이다. 내가 여유로운 자로 변화될 때에 용서가 가능해진다. 은혜의 원리는 이런 여유의 원천이다.

둘째로 겉옷을 가지고자 고발하는 경우에 속옷도 가지게 하라는 말씀은 '물질의 여유'를 이야기하는 것이다. 단벌옷이면 그렇게 하고 싶어도 좀 어렵다. 당대 유대인들은 대개 속옷과 겉옷 두 가지만 입고 다녔고, 겉옷은 밤에 이불 대용으로 사용되었기 때문에 속옷보다는 겉옷의 비중이 더 컸다. 만약 겉옷을 전당 잡는다고 해도 밤에는 사용할 수 있도록 해 지기 전에 돌려주라는 것이 율법이다(출 22:26). 그만큼 중요한 것이 겉옷이다. 겉옷은 강요할 수 없는 나의 권리다. 그처럼 중요한 것이라도 상대가 원할 때는 주라는 의미다. 한편, 이 비유는 우리에게 물질에 대한 여유를 알려 준다. 작은 것을 요구하는 자에게 큰 것도 아낌없이 주라는 것이다. 사실 너무 인색하게 굴어도 남는 것이 없다. 결국은 '공수래공수거', 즉 빈손으로 와서 빈손으로 갈 뿐이다. 그래서 요구한 것보다 더 베풀라는 것이다. 그가 받을 수 있는 것보다 은혜로 더 베풀라는 것이다. 구제할 때 적용하면 참 좋다.

셋째로 너로 억지로 오 리를 가게 하는 자가 있다면 십 리를 동행하라는 말씀은 '시간의 여유'를 말한다. 시간의 여유를 내서 봉사하는 것이다. 이것도 시간의 여유가 있어야 가능하다. 이것은 소위 '왕십리(往十里) 정신'이다. 리브가가 물을 달라는 아브라함의 종에게뿐 아니라 그의 짐승에게까지 물을 주는 정신이다. 아름다운 성품을 엿볼 수 있는 행동이다. 현대인은 너무 바쁘게 살기 때문에 주변을 살필 겨를이 없다. 이웃은 물론이요, 자기 가족조차도 돌아볼 시간이 없다. 그래서 '바쁜 아빠, 나쁜 아빠'가 되는 것이다.

위의 세 가지는 공통적으로 '더 해주라'는 것이다. 이 모든 것은 여유가 있어야 가능하다. 마음의 여유, 물질의 여유, 시간의 여유를 가지고 사시기를 기원한다. 보복 본능, 소유욕, 이기심을 가지고는 예수님의 제자가 될 수 없다. 이타심만이 동해복수법의 완성이다. 이타심은 여유에서 온다. 인간의 법과 정의는 하나님이 원하시는 뜻을 성취하기에는 역부족이다. 인간의 법은 타락한 세상에서 부득이하게 필요한 규정일 뿐이다. 선은 선, 악은 악으로 대하는 것이 세상의 방식이다. 선을 악으로 대하는 것은 악마의 방식이고, 악을 선으로 대하는 것은 하나님의 방식이다.

삼국지와 관련된 '우생마사'(牛生馬死)라는 사자성어가 있다. 홍수가 났을 때 힘이 센 말은 자신의 힘을 믿고 물살을 거슬러 가려다 힘이 빠져 죽고, 소는 물살에 몸을 맡기고 유유히 떠내려가면서 조금씩 뭍으로 나가 목숨을 건진다는 것이다. 여유를 가지고 마음을 비워야 산다.

잠시 이런 생각을 해보자. 예수님은 내가 아니라 상대에게 초점을 맞추고 계실 수도 있다고 말이다. 비록 나에게 복수의 권리가 있고, 정의가 내 편이라고 해도, 예수님의 시선으로 상대를 바라볼 수는 없는가? 긍휼의 시선으로 그를 이해할 수는 없는가? 만약 내가 그를 율법적으로 대응하고 받은 대로만 돌려준다면, 그를 더 완악하게 만들 것이다. 그러면 그는 영원히 회복될 가능성이 없다. 그를 회개시키고 회복시킬 수 있는 유일한 열쇠를 내가 쥐고 있다면 어떻게 할 것인가? 사실 '눈에는 눈, 이에는 이'로 하나님이 우리를 대하신다면 우리는 너나 할 것 없이 지옥행이다. 하나님을 통해서 그를 보라.

본문은 온 세상에 대한 고발이다. 세상 사람들은 그렇게 산다. 하지만 하나님 나라의 삶은 정반대다. 그래서 세상의 삶과 하나님 나라의 삶은 서로 모순 관계다. 그 증거가 십자가다. 십자가는 사실 억울하다. 그런데도 예수님은 그 십자가를 순한 양처럼 받아들이셨고 결국 악에 대해 영원하고도 완벽한 승리를 거두셨다. 악인을 처리하는 것은 내 몫이 아니라 예수의 몫이다. 자발적 고난은 악보다 강하다.

그렇다면 여유가 없는 사람은 어떤 모습일까? 그는 항상 불안하고, 걱정과 염려가 많고, 조급하고, 남을 비난하고, 실적에 집착하고, 일중독에 빠지고, 쉴 줄을 모른다. 이런 사람은 하나님보다 다른 사람이나 일이 더 크게 보인다. 우리는 오히려 "하나님에게는 더 많이, 사람에게는 더 적게 기대하라"는 말을 기억해야 한다. 사람에게 기대하면 실망이 많다. 반면 하나님을 의지하면 하나님께서 여유를 주실 것이다. 우리는 존재보다 행위를 더 중시하는 경향이 있다. 이것이 여유가 없는 이유다. 당신의 가치는 당신의 행위가 아니라 존재에 있음을 알아야 한다. 여유 있어 보이는 당신의 모습이 참 아름답다.

꼭 재산이 많아야만 여유 있어 보이는가? 많은 것을 가지고 있으면서도 여유 없는 사람들이 주변에 많다. 내가 미국에서 유학하며 목회할 때, 같은 학교 유학생 교인이 한 명 있었다. 그는 날마다 필요한 것이 없다고 죽는 소리를 냈다. 빈티를 마구 드러냈다. 그 소리를 너무 많이 들어서 긍휼한 마음이 일었다. 그래서 현금을 좀 마련해서 학교 경리과를 찾았다. 그 학생의 이름을 대고 빚이 얼마나 있는지 확인하니 나보다 적은 것이 아닌가! 그런데도 그는 그렇게 불안해하고 있었던 것이다. 그래도 대신 빚을 얼마 갚아 주었다.

우리가 하나님을 좋아하는 것도 그분이 세상 누구보다 여유로우시기 때문이다. 그분은 은혜가 풍성한 하나님이시다. 성경에 보면 "그 풍성하신 은혜를 따라"라는 취지의 말들이 많다. 용서도 일곱 번만 해줄 것이 아니라 "일곱 번을 일흔 번이라도 용서하라"고 하시는 분이시다. 그것은 하나님의 마음이다. 누가 나에게 그렇게 많은 죄를 짓겠는가? 나는 누가 10번도 잘못하기 전에 관계부터 끝내기 때문에 그렇게 잘못할 기회가 없다. 그러나 나는 하나님께 490번이 아니라 4900번도 더 잘못했을 것이다. 그래도 용서해 주시겠다는 하나님의 넉넉한 마음이다. 우리의 죄가 아무리 커도 하나님의 용서는 그 모든 죄를 덮고도 남는다. 하나님은 온 우주를 운영하시면서 할 일도 많으시지만, 서두르지 않고 잠잠히 기다리시기도 한다. 그래서 우리는 그분 곁을 떠나지 못하는 것이다.

누가복음 15장에는 탕자의 비유가 나오는데, 탕자는 자기 몫의 재산을 미리 요구하여 집을 떠나 허랑방탕하게 다 허비했다. 그때 아버지는 그 자식이 돌아올 때 베풀 파티 준비를 하고 있었다. 살진 송아지를 점찍어 놓고, 제일 좋은 옷을 맞추어 놓고, 새 신을 준비하고, 반지까지 새로 만들어 두었다. 그 자식이 언제 올지 기별도 없는데 말이다. 이 얼마나 여유 있는 태도인가? 촌각을 다투며 초조하게 기다렸을까? 절대로 아니다. 종국에 탕자는 가진 재물을 다 탕진하고 남의 집 머슴 노릇을 하며 돼지 음식이나 먹는 신세가 되었다. 무엇이 이 탕자로 하여금 다시 아버지 집으로 돌아가게 했는가? 탕자를 집으로 돌아오게 한 것은 아버지의 풍요로움이었다(눅 15:20). "이에 스스로 돌이켜 이르되 내 아버지에게는 양식이 풍족한 품꾼이 얼마나 많은가 나는 여기서 주려 죽는구나"(눅 15:17).

아들은 아버지의 여유를 알고 있었다. 아버지에게 가면 먹을 것이 있고 머물 수 있는 공간이 있다는 것을 안 것이다. 무엇보다 자신을 받아 줄 아버지의 넓은 마음을 안 것이다. 아이를 키우는 부모들은 아이들을 너무 구박하면 안 된다. 자녀를 노엽게 해서는 안 된다. 공부 좀 못하면 어떻고 개구쟁이면 어떠한가? 그 아이들도 집안에서 운신할 수 있는 여유가 있어야 한다. 부모는 아이들이 집안에서 마음껏 활보하도록 해야 한다. 그 정도로 부모의 마음은 넓어야 한다. 그러지 않으면 문제가 있을 때 자녀들이 절대로 부모가 있는 집으로 돌아오지 않고 밖으로 떠돌게 된다. 친구들을 찾아가든지, 혼자 고생하면서 해결하려고 하다가 결국 외로움에 지쳐서 자살을 선택하기도 한다. 마음의 여유가 있는 부모가 자녀를 살린다. 부모는 자녀에게 '어떤 모습이라도 언제든지 돌아오라. 나는 너를 환영할 준비가 되어 있다'는 메시지를 주어야 한다.

나는 구약의 인물 가운데 별 특징이 없는 것처럼 보이는 이삭을 아주 좋아한다. 그는 믿음의 조상으로 유명한 아브라함과 파란만장한 삶을 산 유별난 야곱 사이에 끼어서 성경에서조차 별로 기록된 내용이 없다. 창세기 26장에 보면 우물 몇 개 판 것이 전부다. 하지만 그런 그에게는 타인에게 없는 여유가 있었다. 우물을 파면 블레셋 사람들이 자기들 것이라고 우긴다. 이삭은 자신의 소유권을 주장하며 대항할 법도 한데 그냥 넘겨 주고 또 다른 곳으로 옮겨 가서 우물을 판다. 그러면 또 어김없이 샘물이 솟구쳐 나온다. 그러면 또 빼앗기고, 그래도 또 우물을 파고…. 이렇게 해서 이삭은 우물을 많이 판 것이다. 이삭은 여유가 있는 사람이다. 그런데 이삭의 이런 여유가 어디에서 나왔을까? 아버지 아브라함의 하나님을 믿는 믿음에서 나왔다. 그는 그 땅이 물을 준다기보다 하나님이 물을 준다고 믿었다. 하나님은 어디든지 계시고, 하나님은 언제나 계시고, 하나님은 무엇이나 가능하시다는 믿음이 있었다. 이삭은 우물을 팠다기보다는 하나님께 줄을 댄 것이다. 물꼬를 튼 것이다(창 26:12-22).

믿음은 자신감이다. 자신감이라는 영어단어 'confidence'는 '함께'라는 의미의 'con-'과 '믿음'이라는 의미의 'fid'가 합성된 단어다. 자신감 있게 행하는 것은 믿음을 가지고 행하는 것이다. 우리의 자신감과 정서적 안정은 오직 하나님과의 긴밀한 관계로부터 비롯된다. 우리의 여유는 결국 하나님의 마음을 품는 것이고, 하나님 나라를 앞당겨 미리 경험하는 것이다. 하나님의 나라는 아무 부족함이 없다. 믿는 사람은 시간 속에서 영원을 경험한다. 따라서 여유 있고 자신감이 넘치게 된다. 우리 마음의 여유 상태를 분별할 방법은 돌을 던져 보는 것이다. 옹달샘에 돌을 던지면 쉽게 파문이 일어난다. 그러나 넓은 바다에 돌을 던지면 거의 파문이 일지 않는다. 바다 같은 여유를 가져라. 여유를 가져야 창의력도 발휘되고, 일도 결국 잘 된다. 자기 자신을 너무 괴롭히지 말라.

결국 여유 있는 이삭이 최종 승자가 되었다. 블레셋 사람들이 이삭을 보니 처음에는 바보같이 보였는데 점점 이상한 것을 발견하게 된다. 한두 번도 아니고, 블레셋 사람들의 억지에 분통을 터뜨리고 대항할 법도 한데, 그는 그렇게 하지 않았다. 도리어 피해 가는 곳마다 샘물이 터져 나오는 것이다. 중동지방에서 샘은 발견하기도 파기도 힘들다. 그래서 수자원을 놓고 칼부림과 전쟁이 일어나는 곳이 아닌가! 그런데 어찌된 영문인지 이삭은 가는 곳마다 형통하다. 결국 블레셋 사람들은 깨닫게 시작한다. '이삭의 뒤에 누군가가 있다. 거대한 존재가 있다.' 그들은 이삭과 함께하시는 하나님을 분명히 보았다(창 26:28). 그래서 화친을 맺기 위해 먼저 찾아왔다. 여유로운 사람이 이긴다. 성내는 자는 진다. 그래서 이삭은 거부가 되고, 땅을 더 많이 차지하게 되었다. 전에 내려놓았던 것까지 한꺼번에 얻게 되어 '르호봇'(장소가 넓음)이 되었다. "여호와 앞에 잠잠하고 참고 기다리라 자기 길이 형통하며 악한 꾀를 이루는 자 때문에 불평하지 말지어다 분을 그치고 노를 버리며 불평하지 말라 오히려 악을 만들 뿐이라 진실로 악을 행하는 자들은 끊어질 것이라 여호와를 소망하는 자들은 땅을 차지하리로다"(시 37:7-9).

리처드 칼슨이 쓴「우리는 사소한 것에 목숨을 건다」는 책에는 이런 표현이 나온다. "Don't Sweat the Small Stuff … and its all small stuff." "사소한 것에 연연하지 말라. … 그리고 사실 세상의 모든 것은 다 사소하다." 작은 여유는 인생에 커다란 기쁨을 가져다준다. 시시비비를 가리는 것은 조금만 멀리 보면 그다지 중요하지 않다. 운전할 때 조금만 여유를 가져 보라. 대화할 때 조금만 여유를 가져 보라. 화가 나는가? 한번 숨을 깊이 들이쉬고 열까지 세어 보라. '이것만 가지면 나는 행복할 거야'라는 생각 대신에 갖고 싶은 것이 아니라 지금 가지고 있는 것을 생각하라.

예수님도 참 여유로우신 분이다. 오병이어 기적을 보면 예수님의 여유를 짐작할 수 있다. 남자 장정만 5,000명이나 되는 배고픈 회중을 바라보시면서 예수님은 제자들에게 "너희가 먹을 것을 주라"고 하셨다. 보리떡 다섯 개와 물고기 두 마리를 누구 코에 붙일 것인가? 하지만 그 결과는 어떠했는가? 간신히 허기를 면하는 정도가 아니다. 모든 사람이 배불리 먹고도 열두 광주리가 남았다. 시작한 것보다 남은 것이 더 많다. 예수님은 풍성하신 분이다.

사실 좋은 설교도 여유에서 나온다. 음악도 쉼표 없이 끊임없이 연주해 대면 그때부터 소음이 된다. 동양화의 매력은 여백이 주는 아름다움이다. 홀로 있음이 함께 있음을 가능하게 하듯, 안식이 의미 있는 시간을 만들어 준다. 베풂이 물질을 가치 있게 만들어 준다. 용서가 상대의 마음을 사게 해준다.

악인과 선인에게 해와 비를 고르게 주시는 하나님의 마음, 이것이 예수님의 마음이다. 하나님의 온전하심과 같이 우리도 이렇게 온전해야 한다. 그래야 남보다 더하게 되고 하늘의 상급을 받게 된다. 우리는 하나님의 풍부함을 즐길 줄 알아야 한다. 받은 대로 돌려준다는 보복 의지를 갖기보다 여유 있게 받아들이고 베풀고 함께 살아가는 것이 아름답다. 예배드리는 시간, 하나님께 드리는 물질, 다른 사람을 용서하는 마음, 이런 것에서부터 시간과 물질과 마음의 여유로운 삶을 시작해 보자. 하나님의 풍부하심을 경험하게 될 것이다. 삶에 여유가 넘칠 것이다.

16
너희도 온전하라

⁴³또 네 이웃을 사랑하고 네 원수를 미워하라 하였다는 것을 너희가 들었으나 ⁴⁴나는 너희에게 이르노니 너희 원수를 사랑하며 너희를 박해하는 자를 위하여 기도하라 ⁴⁵이같이 한즉 하늘에 계신 너희 아버지의 아들이 되리니 이는 하나님이 그 해를 악인과 선인에게 비추시며 비를 의로운 자와 불의한 자에게 내려주심이라 ⁴⁶너희가 너희를 사랑하는 자를 사랑하면 무슨 상이 있으리요 세리도 이같이 아니하느냐 ⁴⁷또 너희가 너희 형제에게만 문안하면 남보다 더하는 것이 무엇이냐 이방인들도 이같이 아니하느냐 ⁴⁸그러므로 하늘에 계신 너희 아버지의 온전하심과 같이 너희도 온전하라 마 5:43-48

맹세(5:33-37)와 보복(5:38-42)에 대해 말씀하신 예수님께서 이제 증오에 대해서 말씀하신다(5:43-48). 앞에 나온 '살인'과 '간음'이 타인의 생명권에 관련된 사항이라면, '맹세'와 '보복'과 '증오'는 사회적인 맥락을 가지고 있다. 예수님은 이런 사회적 맥락의 일들에 대해서 '맹세 금지 → 보복 금지 → 원수사랑' 순으로 나열하셨는데, 이는 점층적인 구조를 이루고 있다. 즉 오른뺨을 때리면 왼편도 돌려대는 복수 금지에서 더 나아가서, 자기를 죽이려는 원수를 사랑하는 단계에 이르라고 말씀하신다. 수동적인 사랑에서 적극적인 사랑으로 나아가라는 것이다. 이것이야말로 가장 높은 단계의 사랑이다. 제6계명인 "살인하지 말라"는 본래 이것을 의미하는 것이다.

기독교인의 '더 나은 의'를 제시하기 위해 예수님은 당대 유대인들이 사용하던 관용적 표현 하나를 제시하신다. "네 이웃을 사랑하고 네 원수를 미워하라"(5:43). 이 표현은 성경의 말씀 같지 않고 세상에서 하는 말 같다. 실제로 이와 동일한 구절은 성경 어디에도 나와 있지 않다. 자기의 생각을 포함해서 '하나님의 말씀 형식'처럼 재구성한 것이다. 하나님의 마음을 반영하지 않고 우리의 마음을 반영한 말이다. 이처럼 하나님의 말씀을 들어도 그대로 듣지 않고 자기 생각과 말을 집어넣는 사람들이 많다. "말씀을 가감하지 말라"는 경고는 요한계시록에만 적용되는 것이 아니라 모든 하나님의 말씀에 적용되어야 한다. 우리는 있는 그대로, 주어진 그대로 하나님의 말씀을 해석하고 합당한 적용을 찾아내야 한다.

위의 표현은 성경의 직접 인용이라기보다는 바리새인들의 신념이 반영된 율법 해석이다. 레위기 19장 18절은 "원수를 갚지 말며 동포를 원망하지 말며 네 이웃 사랑하기를 네 자신과 같이 사랑하라 나는 여호와이니라"라고 되어 있다. "원수를 갚지 말며"와 "네 자신과 같이"를 생략하고 대신 "네 원수를 미워하라"를 추가했다. 이렇게 자기 마음대로 성경의 한 부분을 빼내고, 한 부분을 추가해 넣었다. 한마디로 '이웃에게는 사랑을, 원수에게는 미움을!'이란 말이다. 사실 이것은 인간의 본성에 해당한다. 그래서 가르치거나 배울 필요도 없다. 본능적으로 그렇게 산다. 본능이라는 것이 다 옳은 것은 아니다. 그래서 본능은 이성의 통제를 받고 영성의 지도를 받아야 한다.

아담과 하와의 타락 이후 인류의 본성은 '전적인 타락'(total depravity)에 빠져 있다. 이 타락한 본성은 하나님이 창조하신 것도 아니고, 기뻐하시는 바는 더더욱 아니다. 예를 들어 하나님은 남성은 여성에게, 여성은 남성에게 끌리게 만드셨다. 남성은 여성을 "내 살 중의 살이요 뼈 중의 뼈"라고 여기며, 여성은 자기 남편을 사모하게 만드셨다. 하지만 현대인들이 사용하는 '성적 지향'이라는 용어는 자기 마음이 이끄는 대로 자기가 원하는 성별의 사람을 만나겠다는 것이다. 본능을 따라 살겠다는 것이다. 현대의 자유주의자들은 인간의 욕망을 선하고 지고지순한 가치로 인정한다. 하지만 그렇지 않다. 인간의 식욕, 수면욕, 성욕, 물질욕, 명예욕, 권력욕은 이성의 지배를 받아야 한다. 그것이 짐승과 인간이 다른 점이다. 그렇지 않으면 인간이 짐승이 된다. 바울 등을 비롯해서 수많은 철학자와 윤리학자들은 인간의 욕망은 절대 선하지 않으며, 인간의 성숙은 욕구를 통제하고 때로는 본능을 거슬러 변화를 받아야 함을 강조했다. 그래서 우리에게는 믿음이 필요하다. 성령을 받아야 가능하다.

이에 대해 예수님은 반대 명제를 제시하신다. "나는 너희에게 이르노니 너희 원수를 사랑하며 너희를 박해하는 자를 위하여 기도하라"(마 5:44). 이것은 최상급 계명이다. 성도가 제일 성도다워질 때다. '원수를 사랑하라. 박해자를 위해 기도해 주라.'

기도는 타락한 본성이 할 수 없는 일을 할 수 있도록 능력을 공급한다. 기도는 사랑으로 말미암아 하게 되지만, 기도를 통해 사랑이 창출되기도 한다. 사람은 자기가 사랑하는 자를 위하여 기도한다. 하지만 기도하다 보면 그가 사랑스럽게 여겨져서 더 기도하게 된다. 기도할 때 성령님께서 역사하여 '사랑의 열매'가 맺어지기 때문일 것이다. 따라서 원수나 박해하는 자가 있을 때는 본성이 시키는 대로 미움과 증오의 마음을 품지 말고, 하나님 앞에 나아가서 기도해야 한다. 지금 당장에는 그에 대해서 사랑은 고사하고 좋아하는 감정조차도 품을 수 없겠지만, 그를 위해 기도하는 과정이 힘들겠지만, 기도가 길어지고 깊어지면 기도의 줄을 타고 사랑의 능력이 하늘로부터 흘러들게 될 것이다. 그 사랑의 능력이 기도에 기름을 부어 더욱 윤택하게 원수를 위해서 기도하게 된다. 자기도 그 힘으로 인해서 더욱 영적으로 윤택해진다.

당신에게 원수가 생겼는가? 다른 일을 차치하고 기도부터 하라. 홀로 기도하기 힘든가? 중보기도를 요청하라. 그렇게 기도로 마음을 변화시켜야 한다. 중보기도는 상대를 향하는 내 마음을 변화시키고 종국에 상대도 변화시킨다. 다윗의 시편인 109편에 보면 배은망덕하게 다윗을 미워하는 사람들이 생겼을 때 다윗이 한 행동이 묘사되어 있다. "나는 사랑하나 그들은 도리어 나를 대적하니 나는 기도할 뿐이라"(시 109:4). 사랑과 미움 사이에 기도가 해답이다. 아직도 미운 사람이 있는가? 기도가 부족하다. 기도를 더 하라. 기도는 미움을 불태운다. 기도를 통해 인간관계의 최대

난제를 해결할 수 있다.

　보복 금지가 사랑의 소극적 표현이라면, 원수사랑은 사랑의 적극적 표현이다. 내가 내 원수에게 사랑을 보여야 한다. 사실 원수가 내게 품는 적의(敵意)는 사랑이 결핍되었다는 표현이다. 원수만큼 사랑이 필요한 사람이 있을까? 사랑 없이 살아가는 사람만큼 사랑이 필요한 사람이 있을까? 내게 원수가 생겼다면 그가 내 사랑을 필요로 하며 그것이 충족되지 못했기 때문이라고 생각하라. 그렇게 되면 불필요한 감정 낭비를 막고 사고의 흐름이 왜곡되는 것도 막아 줄 것이다. 내가 마땅히 그에게 주어야 할 사랑을 그동안 유보하고 막고 있었기 때문에 그가 그 사랑을 청구하기 위해서 원수로 등장한 것이다. 따라서 원수 관계를 청산하는 길은 체불된 사랑을 그에게 주는 것뿐이다. 그러면 원수가 변화될 것이다.

　사마리아인의 비유를 통해 알 수 있는 바와 같이, 바리새인은 사랑을 베풀어야 할 '이웃'의 개념을 최소한으로 한정하기를 바랐다. 반면에 예수님은 이웃의 개념을 최대한으로 확장하여 원수까지 포함시키셨다. 사마리아 사람의 비유 중에 바리새인이 "누가 내 이웃이니이까?"라고 묻는 것은 사람을 이웃, 타인, 그리고 원수로 구별함으로써 사랑을 베푸는 대상을 최소화시키려는 것이다. 물론 이런 발상 안에는 자기 마음에 들지 않는 자들을 향한 증오와 적대 감정을 합리화하기 위한 목적도 있을 것이다.

　하지만 예수님의 말씀에 따르면, 우리는 이웃의 범위를 외국인, 동성애자, 죄인, 자연생태계까지 확장해야 한다. 지역적, 인종적, 문화적, 종교적, 생태적 차이를 뛰어넘어야 한다. 더구나 '네가 가서 이웃이 되라' 하셨으니 세상에 이웃이 아닌 자가 없다. 마음만 먹으면 모두 다 이웃이 될 수 있다. 내 주변에 있는 모든 존재, 하나님께서 섭리로써 내 곁에 머물게 하신 존재는 모두 내가 사랑을 베풀어야 할 이웃이다. 주님께서 그 사랑을 명령하셨다.

예수님께서 평소 세리와 죄인과 이방인을 가깝고 친근하게 대하신 것은 그들을 구원으로 인도하기 위해서였다. 결코 그들의 죄악된 행위와 행습이 옳다고 인정하신 것이 아니다. '더 나은 의'를 말씀하시는 과정에서 예수님은 세리나 이방인들의 태도는 제자의 삶의 길이 될 수 없다고 하셨다. 세리와 이방인도 얼마든지 사랑을 할 수 있고 또한 사랑하고 있다. 하지만 그들의 사랑은 본능적인 사랑, 이기적인 사랑, 좁은 사랑일 뿐이다. 그들은 자기를 사랑하는 자를 사랑할 줄 안다. 자기 형제들에게 문안할 줄도 안다. 하지만 거기까지다. 그것이 그들의 한계다. 반면 제자는 곧 하나님의 아들이 된 사람들인데, 그들은 아버지이신 하나님을 닮은 자여야 한다. 하나님의 사랑은 의지적인 사랑, 이타적인 사랑, 희생적인 사랑, 넓은 사랑이다. 하나님의 자녀들은 하나님을 본받아 그 넓은 사랑으로 원수까지도 사랑해야 한다.

구체적으로 하늘에 계신 하나님 아버지는 어떻게 섭리하고 계신가? 그분은 악인이나 불의한 자에게도 온갖 좋은 것들을 주시는 분이다. 한국 속담처럼 "미운 놈 떡 하나 더 준다"고까지는 못해도 결코 제외되지 않는다. "온갖 좋은 은사와 온전한 선물이 다

위로부터 빛들의 아버지께로부터 내려오나니 그는 변함도 없으시고 회전하는 그림자도 없으시니라"(약 1:17). 빛들의 아버지이시지만 어둠 가운데 있는 자들에게도 역시 좋은 것을 주신다. 하나님은 해를 선인에게만이 아니라 악인에게도 비추신다. 하나님은 하늘에서 비를 주시되 의로운 자에게뿐 아니라 불의한 자에게도 내려 주신다.

햇빛과 비는 모두 생명의 원천을 공급하는 것이다. 비록 그들은 마음과 몸으로 하나님을 대적하고 하나님의 참된 백성을 박해하는 자들이지만 하나님의 사랑의 대상에 포함되어서 일반적인 은혜를 입고 살아간다. 상대방이 의인이나 형제라면 누가 사랑을 베풀 대상이 되지 못하겠는가? 하지만 상대방이 원수라면 문제는 달라진다. 따라서 사랑은 의지적인 선택이다. 그래서 사랑은 자기 확장이다. 사랑하는 것은 좁은 자아를 넘어설 기회다. 이는 결코 자연적이고 감정적인 사랑이 아니다. 그래서 기도해야 한다. 하나님이 도와주셔야 한다. 그럴 때만 우리는 하나님이 기뻐하시는 일을 하게 된다.

원수를 멀리서 찾을 필요도 없다. 때로 원수가 집안 식구일 때도 있다. 차라리 남남이었다면 좋을 그런 형편의 가정들도 많다. 가깝기 때문에 아낌없는 사랑의 대상이 되기도 하고, 가깝기 때문에 철천지원수가 되기도 한다. 서로 간에 합당한 거리와 예의를 지키지 않으면 벌어지는 문제다. 핏줄이 다른 원수라면 안 보면 그만이지만, 가족 원수는 보든, 보지 않든 평생 그 고통을 짊어지고 가야 한다. 자기 뿌리를 상실하고 자기 자신을 부정하게 될 것이기 때문이다. 멀리 있는 원수만 사랑할 것이 아니라, 가까운 원수도 사랑해야 한다. 이것을 필생의 사명으로 여겨야 한다. 멀리 있는 원수는 관념론적으로 사랑하면 된다. 그러나 가까이 있는 원수는 현실이다. 기독교 복음을 관념화해서는 안 된다. 진짜 원수는 집안의 원수다. "사람의 원수가 자기 집안 식구리라"(마 10:36). 그 원수도 사랑해야 한다.

예수님은 세리와 이방인이 하는 행동을 제시하시면서 '문안(問安)'에 대해 말씀하셨다. "또 너희가 너희 형제에게만 문안하면 남보다 더하는 것이 무엇이냐"(5:47). 이는 인사를 포함해서, 가족들이 어려움에 처했을 때 도와주는 유무형의 원조를 의미한다. "누구든지 자기 친족 특히 자기 가족을 돌보지 아니하면 믿음을 배반한 자요 불신자보다 더 악한 자니라"(딤전 5:8). 이것이 바로 자기 친족에게 문안한다는 의미일 수 있다. 세리와 이방인은 하나님 없는 자들이 보여 주는 영적 수준, 윤리적 수준을 대표한다. 기독교인은 세리와 이방인이 하는 차원을 반드시 넘어야 한다. 그것도 못해서는 안 된다. 불신자보다 더 악독한 자가 되어서는 안 된다.

하지만 예수님은 열등(劣等)이나 동등(同等)을 넘어 월등(越等)을 원하신다. '남보다 더하는 것'이 있어야 한다. 그것은 세상 사람과 차원이 다른 것이다. 여기에 또한 그리스도인의 비범함이 있다. 십자가의 도, 제자의 도는 '빼기'가 아니라 '더하기'(+)다. 속옷을 가지고자 하는 자에게 겉옷까지도 내어 주며, 오 리를 강제로 걷게 하는 자와 기쁜 마음, 자원하는 마음으로 십 리를 동행해 주는 것이다. 성도는 세상과 다를 뿐만 아니라 더 하는 자다. '더 나은 의'를 갖는 자다. 하나님의 성품을 닮는 자는 보복 의지를 품지 않는 것을 넘어 적극적으로 사랑의 마음을 품는다. 이것이 바로 하나님의 자녀 됨의 증명이다.

신안군 임자도에 임자 진리교회가 있다. 이 교회는 문준경 전도사님이 처음으로 세운 교회. 그 교회를 세울 때 마을 유지를 전도했는데 이판일, 이판성 형제다. 그들은 술을 많이 마셨지만 믿음 생활을 시작하면서 술도 끊고 독실하게 신앙생활을 하여 마침내 장로가 되었다. 일제 강점기에 신사참배를 거부하여 모진 매를 맞으면서도 신앙의 정절을 지켰다. 한국전쟁으로 공산당이 섬까지 점령하게 되었다. 이판일 장로님 가족과 친지들이 밀실 예배를 드리다가 잡혀 48명이 총살당하여 한 구덩이에 묻히게 되었다. 당시 이판일 장로님의 아들 이인재 청년만이 목포에서 유학하고 있던 터라 화를 면할 수 있었다.

국군에 의해 섬이 수복된 이후 좌익세력과 학살에 가담한 사람들을 색출했다. 연락을 받고 섬에 들어간 이인재 청년은 가족이 다 죽고 한 구덩이에 묻힌 참담한 모습을 보게 되었다. 국군은 살인 행위에 가담한 사람들을 잡아 놓고 카빈총을 그에게 주면서 그들을 직접 처형해도 좋다고 했다. 가족을 죽인 원수들을 보면서 분노에 차서 총구를 그들에게 겨누고 있을 때 갑자기 하늘에서 큰 소리로 음성이 들렸다. 그 음성은 "용서하라!"는 네 글자였다. 너무나도 또렷하고 분명하게 들리는 그 목소리는 처형당한 아버지의 목소리였다. 깜짝 놀란 이인재 청년은 총을 내려놓을 수밖에 없었다. 그리고 그들을 용서해 주었다.

이인재 청년은 나중에 신학을 공부하고 목사 안수를 받은 뒤 고향인 임자도에 들어가 임자 진리교회를 재건했다. 48명이 순교를 당한 곳은 현재 밭으로 변했는데 그곳을 깊이 파면 유골이 발견된다고 한다. 기독교대한성결교회에서 이곳에 돌비를 세웠는데 그 비명은 '용서하라'다. 자기 가족을 몰살시킨 자들도 용서해야 한다. 이인재 목사님의 아들 이성균 목사가 그곳에서 현재도 목회를 하고 있다.

〈레일웨이 맨〉(The Railway Man, 2014)이라는 실화를 바탕으로 한 영화가 있다. 주인공 에릭 로맥스는 영국군으로 싱가포르에서 2차 세계 대전 도중 일본군의 포로가 되어 수년간 고문을 받는다. 전쟁 후에도 고문으로 생긴 트라우마 때문에 평생을 고통 속에 불행한 나날을 보낸다. 마지막에 에릭은 자신을 고문했던 일본 헌병대 장교 나가세를 만나 복수할 수 있는 기회를 얻게 된다. 그런데 그는 복수 대신 용서를 택한다. 복수함으로 '언제까지나 괴로운 기억으로 고통받을 수는 없다'고 생각한 것이다. 용서가 이기는 길이고 진정한 치유의 길이다.

원수를 사랑하는 문제와 관련해서 마틴 루터 킹은 '왜' 그리고 '어떻게' 그리스도인들이 사랑해야 하는지를 보여 주었다. 폭력은 폭력을 낳고 미움은 미움을 낳으며 계속해서 순환되기 때문에, 이에 연루된 사람들의 마음과 삶은 하향 나선형의 모습을 보여 준다. 희생당하는 사람이 진정으로 용서하지 못한다면 그 사람의 마음속에 악이 자라서 그를 괴롭게 할 것이다. 이 사람은 미워하는 사람과 똑같은 해를 당하게 될 것이다. 이 악순환을 끊는 길은 용서밖에 없다. 오직 사랑만이 원수를 친구로 변화시킬 수 있는 유일한 힘이다. 왜냐하면 그것은 '창조적'이고 '구속적'인 능력을 가지고 있기 때문이다. 미움을 사랑으로 대처하기로 결심해야 한다. 그러면 자유와 억압자 둘 다를 얻을 것이기 때문이다. 우리의 승리는 갑절의 승리가 될 것이다.

예수님은 인류의 구원을 위해서 죽기 위하여 이 땅에 오셨지만, 십자가를 지고 죽으시는 과정은 모든 악과 불의와 억울함으로 점철되어 있었다. 예수님은 고난을 받아 십자가에 죽으셨다. 사실 죽음보다 더 힘든 것은 고난이다. 고난을 견디기 힘들어 오히려 죽음을 택하는 사람도 있다. 그것이 자살이다. 예수님은 십자가 죽음 이전에 수없이 많은 고난을 받으셨다. 재판 전개 과정이나 대제사장을 비롯한 유대인 지도자들의 막무가내 행태, 한때는 찬양했다가 돌변하여 십자가에 못을 박으라고 아우성치는 민중, 조롱하며 침을 뱉고 가시관을 씌우고 갈대로 치는 군병들을 보면서 예수님은 의분을 일으켜도 마땅한 상황이었다.

하지만 예수님은 그 모든 과정을 거치면서 결코 화를 내지 않으셨다. 위협하지도 않으셨다. 털 깎는 자 앞에서 잠잠한 양처럼 모든 것을 받아들이셨다. 모든 것을 다 용서하셨다. 아마도 겟세마

네 기도의 위력이리라. 마지막으로 예수님은 십자가에 위에서 "아버지 저들을 사하여 주옵소서 자기들이 하는 것을 알지 못함이니이다"(눅 23:34)라고 말씀하셨다. 그 어떤 감정적 앙금도 없이 완벽하게 용서하셨다. 예수님은 그들의 악의와 가증스러움을 보신 것이 아니라 사람 본연의 모습과 일그러진 하나님의 작품을 보고 계셨던 것이다. 그리고 자신의 죽음과 부활로 인해 새로워질 그들의 모습도 보신 것이다.

랄프 루터는 "원수를 사랑함은 진주가 떨어져 있는 진흙탕을 사랑하는 게 아니라 진흙탕에 떨어져 있는 진주를 사랑한다는 뜻이다"라고 말했다. 그 많은 진흙을 보지 말고 그 속에서 빛나는 진주를 봐야 한다. 원수에게는 온갖 미움과 증오와 허물과 죄악이 뒤범벅되어 있지만, 그 안에 있는 영혼을 보라는 말이다. 예수님의 눈으로 보라는 것이다. 예수님의 눈으로 보면 변화가 온다. 먼저 은혜를 베풀게 된다. 그 은혜를 받아들이면 변화가 오고 구원을 받는다. 초대교회 일곱 집사 중 한 명인 스데반도 돌에 맞아 죽게 되었다. 순교를 당하면서 그는 예수님처럼 자기를 죽이는 자들을 용서해 달라고 기도했다. 그리고 그 은혜의 선물을 바울이 받게 되었다. 그 자리에서 모든 광경을 목격하고 돌 던지는 사람들의 옷을 맡아 주었던 바울은 스데반의 말에 충격을 받게 되었고, 스데반의 기도로 인해 다메섹 도상에서 하나님의 사역자로 부르심을 받게 된 것이다.

원수를 사랑하는 자에게는 상이 있다. "너희가 너희를 사랑하는 자를 사랑하면 무슨 상이 있으리요"(5:46). '하늘의 상' 혹은 '상'은 마태가 즐겨 사용한 말로 10회 이상(마 5:12, 6:1-18, 10:41-42) 사용되었는데, 특히 산상수훈에 집중적으로 나온다. 우리에게는 상급이 있다. 천국에는 우리를 위한 상급이 예비되어 있다. 이 상은 하나님이 주시는 상이요, 하늘나라에서 받는 상이요, 가장 큰 상이다. 이 상은 종말론적 의미가 있다. 믿음 장이라 불리는 히브리서 11장은 하나님이 기뻐하시는 믿음에 대해 "하나님이 계신 것"과 "하나님은 상 주시는 이심"을 믿는 것이라고 했다(히 11:6). 하나님이 주시는 상을 믿어야 한다. 그 상을 받아야 한다. 구원은 은혜로, 상급은 충성함으로 받는다. 우리는 '구원받는 믿음'을 넘어 '상급 받는 믿음'으로 나아가야 한다. 마태복음 25장은 "잘하였도다 착하고 충성된 종아"라는 칭찬을 받는 사람들을 소개한다. 바울서신이나 요한계시록에는 면류관이 이 상급을 대체하는 용어로 사용된다. 상급 받는 성도가 된다는 것은 성숙한 제자, 온전한 사람이 되는 것이다. 예수님이 '더 나은 의'를 말씀하시는 과정을 보면 점점 강도가 높아지더니 그 정점이 바로 원수사랑이었다. 완전을 향해 나가는 마지막 길이 원수사랑이다.

"그러므로 하늘에 계신 너희 아버지의 온전하심과 같이 너희도 온전하라"(마 5:48). 율법과 그 해석에 대한 예수님의 결론이다. 이 결론은 지금까지 언급된 6가지 주제에 대한 결론이기도 하다. '더 나은 의'를 추구하는 목적은 온전하신 하나님에게 도달하기 위해서다. '온전하다'라는 말은 헬라어 원어로 '텔레이오스'다. 이는 목적(텔로스)을 향해 나아가는 것, 목적지에 도달하는 것을 의미한다. 그것은 한마디로 성결이다. 거룩함이다. 우리는 하나님의 거룩한 수준에 도달해야 한다. 기독교인의 완전이다. "내가 거룩하니 너희도 거룩할지어다"(레 11:44-45, 19:2, 20:7, 26). 성결은 우리 신앙의 목적이다. '더 나은 의'를 추구하다 보면 성결에 이른다.

17
아버지의 상을 받으라

¹사람에게 보이려고 그들 앞에서 너희 의를 행하지 않도록 주의하라 그리하지 아니하면 하늘에 계신 너희 아버지께 상을 받지 못하느니라 ²그러므로 구제할 때에 외식하는 자가 사람에게서 영광을 받으려고 회당과 거리에서 하는 것 같이 너희 앞에 나팔을 불지 말라 진실로 너희에게 이르노니 그들은 자기 상을 이미 받았느니라 ³너는 구제할 때에 오른손이 하는 것을 왼손이 모르게 하여 ⁴네 구제함을 은밀하게 하라 은밀한 중에 보시는 너의 아버지께서 갚으시리라 ⁵또 너희는 기도할 때에 외식하는 자와 같이 하지 말라 그들은 사람에게 보이려고 회당과 큰 거리 어귀에 서서 기도하기를 좋아하느니라 내가 진실로 너희에게 이르노니 그들은 자기 상을 이미 받았느니라 ⁶너는 기도할 때에 네 골방에 들어가 문을 닫고 은밀한 중에 계신 네 아버지께 기도하라 은밀한 중에 보시는 네 아버지께서 갚으시리라 ⁷또 기도할 때에 이방인과 같이 중언부언하지 말라 그들은 말을 많이 하여야 들으실 줄 생각하느니라 ⁸그러므로 그들을 본받지 말라 구하기 전에 너희에게 있어야 할 것을 하나님 너희 아버지께서 아시느니라

¹⁶금식할 때에 너희는 외식하는 자들과 같이 슬픈 기색을 보이지 말라 그들은 금식하는 것을 사람에게 보이려고 얼굴을 흉하게 하느니라 내가 진실로 너희에게 이르노니 그들은 자기 상을 이미 받았느니라 ¹⁷너는 금식할 때에 머리에 기름을 바르고 얼굴을 씻으라 ¹⁸이는 금식하는 자로 사람에게 보이지 않고 오직 은밀한 중에 계신 네 아버지께 보이게 하려 함이라 은밀한 중에 보시는 네 아버지께서 갚으시리라 마 6:1-8, 16-18

예수님을 믿으면 하나님의 자녀가 되고 영생의 구원을 받는다. 그러나 거기서 끝나는 것이 아니다. 예수님을 믿으면 상급도 받는다.

"나는 선한 싸움을 싸우고 나의 달려갈 길을 마치고 믿음을 지켰으니 이제 후로는 나를 위하여 의의 면류관이 예비되었으므로 주 곧 의로우신 재판장이 그 날에 내게 주실 것이며 내게만 아니라 주의 나타나심을 사모하는 모든 자에게도니라"(딤후 4:7-8). 예수님의 제자로 사는 삶은 상급을 쌓는 생활이다. 하늘에서 많은 상급을 받으시길 바란다. 팔복의 여덟 번째 복에서도 "기뻐하고 즐거워하라 하늘에서 너희의 상이 큼이라"(마 5:12)고 말씀하신다.

본문에서는 두 가지 종류의 상이 나온다. '자기의 상'과 '아버지의 상'이다. '자기의 상'은 자기 스스로 세상 사람들로부터 받는 것이다. '아버지의 상'은 하나님께서 금생과 내생에 주시는 것이다. 신앙생활은 세상에서의 상, 즉 사람들의 상을 추구하는 것이 아니라, 아버지의 상을 구하는 것이다. 그래서 신앙생활은 사회생활과 달라야 한다. 사람 중심으로 흐르면 안 된다. 신앙생활의 목적은 오로지 하나님 아버지가 중심이 되어야 한다. 신앙생활에 있어서 가장 중요한 것은 당신의 초점이 오직 하나님께만 있어야 한다는 것이다. 이중 초점이 아니라 단일 초점(single focus)이 되어야 한다. 신자는 삶의 한 걸음 한 걸음을 한 분 하나님 앞에서 걷는 코람데오의 정신으로 살아간다.

신자에게는 오직 하나님만이 유일한 청중이시다. 한 연주자가 연주가 끝나 청중들이 환호하고 있을 때도 전혀 기뻐하지 않는 것 같았다고 한다. 그의 시선은 그를 가르친 선생님에게로 향하고 있었기 때문이다. 골똘히 생각하던 선생님이 환한 표정으로 손뼉을 쳐주자 그제야 안도의 한숨을 내쉬며 이내 표정이 밝아졌다는 이야기를 들은 적이 있다. 우리도 이 연주자처럼 되어야 한다. 우리는 다른 무엇보다 하나님의 'YES'를 기다려야 한다. 사람들에게 잘 보이려 하지 말고, 하나님께 잘 보이려 하라. 한 분 하나님께 삶의 초점을 두고 살라. 이것이 한 분 청중의 원리다. 당신이 연주하는 인생의 관객을 선택하라. "무슨 일을 하든지 마음을 다하여 주께 하듯 하고 사람에게 하듯 하지 말라 이는 기업의 상을 주께 받을 줄 아나니 너희는 주 그리스도를 섬기느니라"(골 3:23-24).

"사람에게 보이려고 그들 앞에서 너희 의를 행하지 않도록 주의하라"(마 6:1). '의'를 행하는 것은 좋은 일이요 권할 일이지만, 행하는 방법은 주의해야 한다. 자칫 선행이 걸림돌이 될 수 있기 때문이다. 그래서 그 본래의 취지가 퇴색되기도 한다. 마태복음 5장에 나온 것들이 '도덕적인 의'라면, 6장에서 다루는 의는 소위 '신앙적 의'다. 즉 구제, 기도, 금식은 유대인들이 소중히 여기던 의로운 삶의 세 가지 영역에 해당한다. 예수님도 우선 이런 경건의 생활을 인정하신다. 그러나 같은 '의'라도 어떠한 의도와 동기에서 행해야 하는지를 가르쳐 주신다. 즉 하나님이 받으시는 '바른 의'가 되도록 해야 한다는 말씀이다.

'사람에게 보이려고' 해서는 안 되고, 오직 '하나님께 보이는 것'이 되어야 한다. 경건생활을 하다가 사람의 눈에 띄는 것이 문제가 아니라, 사람들 눈에 띄려고 경건생활을 하는 것이 문제다. 경건의 목적과 의도가 사람에게 있으면 안 된다. 초점이 잘못된 것이다. 사람의 인정과 칭찬과 명예와 영광을 얻으려 한다면 이것은 참다운 의가 될 수 없다. 이것은 경건한 의가 아니라 일종의 거래이고 사업이다. 돈과 시간과 열심을 들여 명예와 인정을 구입하는 것이다. 사역(使役)을 사업(事業)으로 만드는 것이다. 오히려 우리는 사업을 사역으로 만들어야 되는데 말이다!

바른 의가 되려면 우리의 모든 선행과 신앙생활이 하나님을 기쁘시게 하려는 동기에서 수행되어야 한다. 하지만 타락한 인간은 천성적으로 하나님보다 사람에게 상 받기를 원한다. 우리가 제자라면 하나님을 기쁘시게 하는 동기 외에 다른 동기를 가져서는 안 된다. 목적뿐 아니라 동기에 있어서도 순수하고 선해야 한다. 우리의 의는 이렇게 말하는 박애주의자의 의와 다르다. "착한 일을 해야 한다. 그들이 불쌍하기 때문에." 우리의 의는 이렇게 말하는 종교주의자들의 의와 다르다. "기도해야 한다. 그래야 경건하게 보이기 때문에." 우리의 의는 이렇게 말하는 금욕주의자들의 의와 다르다. "욕망을 죽여야 한다. 육체가 악하기 때문에."

예수님은 당시 유대인의 경건생활의 세 가지 덕목을 익히 알고 계셨다. 또한 예수님 자신도 이 거룩한 덕목을 실천하고 계셨고 제자들에게도 요구하셨을 것이다. 구제와 관련해서는, 예수님께서 가룟 유다에게 "네가 하는 일을 속히 하라"(요 13:27)고 하셨을 때 제자들은 "유다가 돈궤를 맡았으므로 명절에 우리가 쓸 물건을 사라 하시는지 혹은 가난한 자들에게 무엇을 주라 하시는 줄로 생각하더라"(요 13:29)고 했다. 즉 예수님 공동체는 갈릴리 여인들의 공궤를 받으신 것만이 아니라, 때로 가난한 자들을 구제하고 계셨음을 엿볼 수 있다. 기도와 관련해서는, 누가복음에 많이 기록되어 있고 제자들에게 늘 기도하라고 당부하셨다. 금식과 관련해서는, 예수님께서 공생애 직전 40일 광야 금식을 하셨는데 이를 통해 금식의 가치를 인정하고 계셨음을 알 수 있다. 공생애가 본격적으로 시작되자 하나님 나라 임재의 기쁨을 표현하기 위해서 금식 대신 죄인들과 잔치를 벌이신 것도 사실이지만 말이다. "회개하라"라는 요청에는 금식에 대한 요구도 포함되어 있음이 분명하다.

구제, 기도, 금식 모두 좋은 것이다. 육체적 헌신을 요구하는 차원으로 보자면 구제보다 기도, 기도보다 금식이 더 강렬하다. 그래서 점층적 나열을 이루고 있다. 기도만이 하나님과의 관계의 통로가 아니다. 구제와 금식도 마찬가지다. 이 모든 것은 십계명처럼 좋은 것이다. 하나님이 주신 율법도 그랬다. 예를 들어 안식일 준수 계명을 주신 것은 사람의 자유를 빼앗고 옴짝달싹 못하게 하려는 것이 아니라, 모든 피조물에게 쉼과 안식을 주시려는 의도였다. 하나님과의 관계, 다른 사람과의 관계, 자연 만물과의 관계에서 의로움을 드러내기 위해서 주셨다.

하지만 다른 계명들과 마찬가지로 이 거룩하고 좋은 계명도 그것을 대하는 태도와 의도가 잘못되면 변질되어 버린다. 사탄은 인간 영혼에 유익한 것들이 무엇인지 잘 알고 있다. 그뿐만 아니라 사탄은 이 선한 것들을 악용하는 방법도 잘 알고 있다. 선한 것을 잘못된 방식으로 수행하게 하는 방법을 잘 알고 있다. 아담과 하와를 속인 것처럼 거짓말로 사람들을 속인다. 하나님의 계명을 곧이곧대로 하면 힘드니, 쉬운 길이 있다고 하면서 말이다. "모로 가도 서울만 가면 된다"는 말은 아주 좋지 않은 말이다. 결코 목적이 수단을 정당화하지 않는다. 목적이 좋으면 수단도 좋아야 한다. 선한 일을 하되 선한 방식으로 해야 한다. 죄와 정욕 가운데 빠져 있는 인간은 사탄의 꾐에 빠져 선한 것을 악하게 사용한다. 사람들은 선한 것을 악하게 사용하는 재주가 많다. 서기관들과 바리새인들이 율법이나 세 가지 경건의 생활을 나쁘게 만들었다. 그래서 세 가지 경건한 생활방식이 나쁜 평판을 듣게 된 것이다.

세 가지 경건의 덕목이 부패하여 악취가 난다고 해서 예수님이 이것들을 금지하시는 것이 아니다. 율법도 선하고 경건생활도 필요하다. 여기에 상급이 있음을 알려 주신다. 율법의 문제와 마찬가지로, 현대에는 구제, 기도, 금식이 해서 문제가 되는 것이 아니라, 안 해서 문제가 되는 경우가 적지 않다. 오늘날은 경건의 생활을 적극적으로 독려하고 권면해야 할 때다. 바른 구제, 바른 기도, 바른 금식이 필요하다. 율법도 그랬지만 이렇게 좋은 것을 올바른 동기에서 하도록 권면해야 한다. 이것을 예수님은 제자들에게 당부하는 것이다.

바리새인과 서기관들은 사람으로부터 존경과 명예, 감투와 공적 보상을 받고자 하는 욕망에서 자신들의 경건 활동을 노출시켰고 이를 통해 사람들의 갈채와 찬사를 이끌어 냈다. 그들은 '자기의'와 '자기 상', '세상에서의 칭찬과 인정'을 구했다. 이것은 일종의 종교사업이며 외식하는 것이다. '외식하는 자'라는 표현은 예수님만이 사용하신 단어로서 복음서에 22번 나온다. '외식하는 자'는 헬라어로 '휘포크리테스'로서 연극에서 '연기하는 자'라는 뜻이다. 연기하는 자는 각본에 따라 분장하고 표정 짓고 흉내 내고 말하고 행동하는 사람이다. 본래 그 사람의 모습이 아니다. 외식하는 자는 결국 위선자라는 의미다. 그들의 선함의 가면 뒤에 있는 악함을 분별해 내야 한다.

니코스 카잔차스키가 쓴 「성 프란시스」라는 책에 이런 이야기가 나온다. 프란시스는 어릴 적 유복하게 살았는데, 한번은 성극 팀이 그의 마을 성당에서 성극을 공연했다. 성황리에 성극을 마친 성극 팀을 그의 집에서 대접하게 되었다. 그런데 배우들이 화장도 지우지 않은 채 잡담을 늘어놓으며 술잔을 기울였다. 그중에 예수님 역할을 했던 배우도 있었다. 연극에 감동을 받았던 프란시스는 그 배우에게 "아저씨, 아저씨는 예수님이셨잖아요?"라고 말하자, 그는 아이의 질문이 재밌다고 웃으면서 "얘야, 그건 연극이야, 그건 연극이었다고. 너는 연극과 현실도 구분 못 하냐"라고 핀잔을 주었다고 한다. 그때 어린 프란시스는 그 일에 충격을 받았다.

신앙생활은 하나님 앞에서 하는 것이다. 당신은 정말로 하나님을 믿는가? 그분은 "은밀한 중에 보시는 네 아버지"(6:4, 6:6, 6:18) 이시다. 여기서 '하나님' 혹은 '주님'이라고 하지 않고 '아버지'라고 친근하게 표현했다. 이미 하나님을 '아버지'라고 부르는 자들이 가는 길이 제자도이다. 외식하는 자들은 자기의 상을 받는다 (6:2, 5, 16). 자기의 상은 사람들이 주는 것이요, 타인을 조종해서 자기 스스로 자신에게 주는 것이다. 그러나 아버지의 상은 하나님이 주시는 것이다. 은밀한 중에 보시는 하나님이 주시는 것이다. 당신은 어떤 것을 받겠는가? F. F. 브루스는 "숨기고 싶은 유혹을 받을 때 보여 주어야 하고(악행) 보여 주고 싶은 유혹을 받을 때 숨겨야 한다(선행)"고 말했다. 선행은 공개되어 빛이 되게 하고, 경건은 숨겨서 자랑이 되지 않게 해야 한다. 목적은 사람의 영광을 위해서가 아니라 하나님의 영광을 위해서다. 이것은 신자의 삶의 목적과 같다.

1. 바른 구제

올바른 구제란 무엇인가? 바리새인과 서기관들은 구제하기 전에 회당과 거리에서 나팔을 불어 사람들의 시선을 끈 뒤에 구제를 시행했다. 그리하여 사람들의 존경의 눈빛을 받아 냈다. 주는 자의 우월의식도 있었을 것이다. 아마 구제의 대상이 된 사람은 물질의 도움은 받았지만 마음으로는 상처를 받았을 것이다. 예수님께서는 구제할 때는 '오른손이 하는 것을 왼손이 모르게' 해야 한다고 하신다. 어떻게 오른손이 한 일을 왼손이 모를 수가 있는가? 그만큼 자신이 구제하는 사실을 다른 사람뿐 아니라 자신도 철저히 잊어버리고 마음에 담아 두지 말라는 뜻이다. 그래도 하나님은 은밀한 중에 보고 계신다. 하나님께서는 그것을 기억하셨다가 나중에 반드시 갚아 주실 것이다.

실제로 자신도 잊어버린 은밀한 구제에 대한 칭찬이 나온다. 이런 사람은 나중에 자신도 깜짝 놀라게 될 것이다. "이에 의인들이 대답하여 이르되 주여 우리가 어느 때에 주께서 주리신 것을 보고 음식을 대접하였으며 목마르신 것을 보고 마시게 하였나이까 어느 때에 나그네 되신 것을 보고 영접하였으며 헐벗으신 것을 보고 옷 입혔나이까 어느 때에 병드신 것이나 옥에 갇히신 것을 보고 가서 뵈었나이까 하리니 임금이 대답하여 이르시되 내가 진실로 너희에게 이르노니 너희가 여기 내 형제 중에 지극히 작은 자 하나에게 한 것이 곧 내게 한 것이니라 하시고"(마 25:37-40).

주님께서 가장 귀하게 여기시는 구제는 다른 사람을 의식하지 않을 뿐 아니라 자신도 기억하지 않는 구제다. 자신이 한 일을 크게 여기지 않는 것이다. 남 앞에 생색내지 않는 것이다. '하나님의 손'이 하는 것임을 아는 것이다. 구제 자체가 자연스럽고 당연한 일이 되는 것이다. 자기의 영광이 아니라 하나님의 영광을 위해서 하는 것이다.

구제는 옆으로 하는 기도다. 구제의 대상자는 옆에 있는 내 이웃이지만, 실상 그 효과는 하나님을 지향하고 있기 때문이다. "가난한 자를 불쌍히 여기는 것은 여호와께 꾸어 드리는 것이니 그의 선행을 그에게 갚아 주시리라"(잠 19:17). 하나님께서 자신을 가난한 자와 동일시하는 모습은 구약 시대부터 존재하고 있었다. 구제는 하나님을 향한 거룩한 행위다. 신약 시대 룻다에는 도르가라는 여제자가 살았는데 선행과 구제로 많은 과부들을 돌본 여인이었다(행 9:36). 그가 죽자 제자들이 베드로를 청하여 도르가를 살려 내었고 이 일을 통해 그 지역에 큰 기쁨과 영혼 구원의 역사가 이루어졌다. 신약에서 이방인 선교의 문을 활짝 열게 한 사람은 가이사랴의 백부장 고넬료다. 그는 비록 이방인이요 로마 군인이었지만 온 집안과 더불어 하나님을 경외하며 백성을 많이 구제하고 하나님께 항상 기도하던 사람이었다. 성경은 그의 기도뿐 아니라 구제가 하나님 앞에 상달되어 기억하신 바가 되었다고 했다(행 10:4). 옆으로 하는 구제도 기도처럼 결국 하나님께 상달된다. 그 일의 응답이 베드로를 보내셔서 온 가족이 구원을 받는 은혜로 나타났다. 하나님은 이렇게 구제하는 사람들을 귀히 보신다. 다만 은밀하게 해야 한다.

2. 바른 기도

기도는 신자의 특권이면서 의무다. 바벨론 포로기 이후 유대인들과 바리새인들은 하루에 세 번씩 시간을 정해 놓고 기도했다. 문제는 바리새인들은 사람에게 보이기 위해 회당과 큰 거리 어귀에 서서 기도했다는 것이다. 공개적인 장소에서 모두 알아들을 수 있게 큰 소리로 그리고 현학적으로 기도했다. 이것은 하나님을 향해 기도하는 것이 아니라 사람 들으라고 기도하는 것이다. 기도라는 형식을 빌려서 사람들에게 말하는 것이다. 기도가 하나님과의 소통 도구가 아니라, 자기 학식과 경건의 과시 수단이 된 것이다.

예수님은 어떻게 기도해야 하는지, 무엇을 기도해야 하는지를 가르쳐 주시기 전에(마 6:9-13) 잘못된 기도에 대해 말씀하신다(마 6:5-8). 잘못된 본을 따르지 말라는 것이다. 그것은 바리새인의 자기과시적인 종교적 외식과 이방인의 자기도취적인 심리적 주문을 따르지 말라는 것이다. 이들은 기도의 대상이 잘못되었다. 그리고 기도의 목적도 잘못되었다. 기도는 자기과시나 자기암시가 아니다. 기도는 믿음이다. 기도는 하나님에 대한 믿음을 표현하는 하나의 방식이다.

"바리새인은 서서 따로 기도하여 이르되 하나님이여 나는 다른 사람들 곧 토색, 불의, 간음을 하는 자들과 같지 아니하고 이 세리와도 같지 아니함을 감사하나이다 나는 이레에 두 번씩 금식하고 또 소득의 십일조를 드리나이다"(눅 18:11-12). 이것이 외식적인 바리새인의 기도다. 이는 하나님을 높이지 않고 자신을 드러내는 기도다. 여기서 감사는 거짓 감사다. 아니 다른 사람을 정죄하는 것이다. 이렇게 진정한 감사가 없는 기도, 회개가 없는 기도, 간구가 없는 기도, 겸비가 없는 기도는 모두 가짜다. 하나님이 들으시는 것은 없고 사람 들으라는 내용뿐이다. 이런 기도로는 자아는 부풀어 오르고 영혼은 오그라든다. 기도하면서 자신의 이야기가 다른 사람에게 어떻게 들릴 것인가에만 온통 신경을 쓴다.

하나님은 은밀한 곳에 계신다. 공중기도를 드리는 시간이나 교회에서만 기도를 드려서도 안 된다. 기도 시간에만 기도하지 말고 수시로 기도해야 한다. 우리의 삶 전체가 기도가 되게 해야 한다. 예수님은 기도자로 하여금 '네 골방에 들어가 문을 닫고' 기도하라고 하신다. 이는 기도하기 전에 배제의 과정이 있어야 한다는 의미다. 마음을 장악하여 혼란스럽게 만드는 사람들, 복잡한 문제와 상황을 배제하고, 오로지 하나님께만 나아가는 '홀로 있음'이 전제되어야 한다. 모든 것을 차단하고 하나님께 나아가 은밀하게 기도하는 것 없이는 제자가 되기 힘들다. 기도는 마음의 문제다. 하나님을 향해 열려 있는 마음이다. 기도는 하나님과의 진지한 대화다. 하나님과 인격적인 관계를 맺기 위한 것이다. 기도는 하나님을 3인칭이 아니라 2인칭으로 만나는 것이다. 기도는 형식적이거나 기계적인 것이 아니다.

기도는 양(quantity)보다 질(quality)이다. 예수님은 기도할 때 이방인처럼 중언부언하지 말라고 하신다. 중언부언은 무의미한 말의 반복이다. 심리적으로 자기도취에 빠진 것이다. 기도는 이방인들이 외우는 주문이 아니다. 주(기도)문에서 기도가 빠지면 주문이 된다. 이방인들은 신을 설득하기 위해서 많은 말을 한다. 하지만 우리가 섬기는 하나님은 우리 필요를 이미 다 알고 계신다. 기도를 시작하기도 전에 이미 다 알고 계신다. 그렇다면 우리에게 필요한 것은 많은 기도의 언어나 기도의 형식이 아니라 진솔한 언어다. 말이 아니라 마음이다. 자기 자신을 모두 내어 드리고 하나님의 응답을 받을 그릇을 준비하는 것이다. 기도의 본질은 하나님을 바꾸는 것이 아니라 나를 바꾸는 것이다. 제자의 기도 모범은 주기도문으로 표현된다. 이것이 진정 자녀의 기도다. 하나님 아버지의 이름을 높이는 것, 아버지의 나라가 임하는 것, 아버지의 뜻이 이루어지는 것이다. 모든 필요는 하나님께서 채워 주실 것이다. 기도는 자랑이 아니라 선물이다. 그래서 예수님은 기도의 모본을 보여 주신다(마 6:9-13). 기도는 아버지의 이름을 높이는 것, 아버지의 나라를 부르는 것, 아버지의 뜻을 이루는 것이다.

3. 바른 금식

하나님을 섬기기 위해서 음식물을 끊는다는 것은 보통의 헌신과 희생으로는 안 된다. 음식물이 생명이라면, 금식은 생명을 걸고 하나님을 섬기는 경건 활동이다. 따라서 금식은 경건 활동 중 최고봉이라고 부를 만하다. 금식을 자랑거리로 삼는 것도 무리가 아니다. 하지만 거기에 오류와 함정이 있다. 어렵게 금식하고 나서 자기 상을 받아 버림으로써 아버지의 상을 받지 못한다면 이것보다 더 원통한 것이 무엇이 있겠는가? 헛고생한 것이다. 하지만 외식하는 바리새인들은 이런 어리석은 짓을 자행하고 있으며 공동체 경건에 악영향을 퍼뜨리고 있다. 우리는 금식도 바르게 해야 한다.

바리새인들은 매주 두 번씩(월요일과 목요일) 금식하는 의무를 지켰다. 무슬림의 주장에 따르면, 기도는 천국의 중간까지 데려다주고, 금식은 천국 문 앞까지 데려다주고, 구제는 천국 안으로 들어가게 해준다고 한다. 이슬람교에서 라마단은 '더운 달'이란 의미로 신성한 달로 인식되고 있는데, 그 한 달 동안에는 일출에서 일몰까지 의무적으로 금식을 하며 날마다 다섯 번씩 기도를 드린다. 이 기간에는 해가 지고 난 밤에만 음식을 먹을 수 있다. 그래서 라마단 기간에는 식료품 가게에 품귀현상이 일어날 정도로 사람들이 음식물을 많이 구입하고 취식한다고 한다. 금식 기간에 음식물 섭취량이 줄어들기는커녕 오히려 폭증한다는 것은 아이러니다.

금식을 경건을 과시하는 수단으로 쓰면 안 된다. 자칫 영적 엘리트주의에 빠질 수 있기 때문이다. 교만은 패망의 선봉이요 거만함은 넘어짐의 앞잡이다. 따라서 예수님은 금식하는 사람은 오히려 금식하지 않는 것처럼 위장하라고 하신다. "머리에 기름을 바르고 얼굴을 씻으라."

금식의 본질은 자신을 훈련하는 것이다. 구제가 밖을 향하고, 기도가 위를 향한다면, 금식은 안을 향한다. 나 자신을 연단하는 것이다. 모세, 다윗, 엘리야, 에스더, 다니엘, 예수님, 바울 모두 금식하셨다. 예수님은 금식을 배격하시는 것이 아니라 올바른 금식을 회복하라고 말씀하신다. 육체적 유익, 기도의 응답, 영적 능력을 받기 위한 수단으로서의 금식이 아니라, 하나님의 영광을 위한 금식을 하라는 것이다. 금식에는 하나님이 우리의 양식이며 하나님만이 우리를 살린다는 고백이 들어가야 한다.

제대로 된 금식을 하게 되면 구제와 기도와 함께 결합되어 나타난다. 금식하면서 구제하고, 금식하면서 기도한다. 이사야에 따르면 참된 금식은 가난한 자를 구제하는 것이다. "내가 기뻐하는 금식은 흉악의 결박을 풀어 주며 멍에의 줄을 끌러 주며 압제당하는 자를 자유하게 하며 모든 멍에를 꺾는 것이 아니겠느냐 또 주린 자에게 네 양식을 나누어 주며 유리하는 빈민을 집에 들이며 헐벗은 자를 보면 입히며 또 네 골육을 피하여 스스로 숨지 아니하는 것이 아니겠느냐"(사 58:6-7).

예수님은 이런 구제, 기도, 금식의 모범을 보여 주셨다. 구제는 남을 섬기는 것, 기도는 하나님께 구하는 것, 금식은 자신을 부정하는 것이다. 올바른 방법은 동일하게 '은밀한 중에 계시는', '은밀한 중에 보시는' 아버지께 드리는 것이다. 우리의 경건 활동이 '은밀함의 훈련'이 될 때, 교만의 권세가 깨어지고 아버지의 상을 받게 될 것이다. 제자들이여, 예수님의 길을 걸어가라.

18
이렇게 기도하라

> ⁹그러므로 너희는 이렇게 기도하라 하늘에 계신 우리 아버지여 이름이 거룩히 여김을 받으시오며 ¹⁰나라가 임하시오며 뜻이 하늘에서 이루어진 것 같이 땅에서도 이루어지이다 ¹¹오늘 우리에게 일용할 양식을 주시옵고 ¹²우리가 우리에게 죄 지은 자를 사하여 준 것 같이 우리 죄를 사하여 주시옵고 ¹³우리를 시험에 들게 하지 마시옵고 다만 악에서 구하시옵소서 나라와 권세와 영광이 아버지께 영원히 있사옵나이다 아멘 마 6:9-13

산상수훈(마 5-7장)의 중심은 주기도문이라고 할 수 있다. 산상수훈은 예수님의 말씀과 기도로 구성되어 있는데, 그 말씀들이 주기도문에 녹아 있고, 그 말씀을 실천하면서 살아가기 위해서는 주님이 가르쳐 주신 기도를 해야 한다. 사실 예수님의 사역과 메시지 전체가 오롯이 이 짧은 주기도문 안에 들어 있다고 할 수 있다. 따라서 열심히 그리고 많이 기도하는 것도 중요하지만, 예수님이 가르쳐 주신 기도의 정신에 비추어 자신의 기도 생활을 점검하고 그 취지에 맞도록 조정하는 것이 필요하다. "그러므로 너희는 이렇게 기도하라."

이전 단락(마 6:5-8)에서 기도하는 '태도'에 대해서 말했다면,

현재 본문은 기도하는 '내용'을 다루고 있다. 주기도문의 핵심은 '하나님의 영광을 구하는 기도'다. 이것은 우리 인생의 목적과도 같다. 모든 기도의 목적도 하나님의 영광을 구하는 것이어야 한다. 기도의 목적이나 인생의 목적이 동일하다. 나의 관심과 목적은 하나님의 이름을 높이고, 하나님의 나라가 임하고, 하나님의 뜻을 알고 그 뜻을 이루는 것이다. 하지만 현실은 어떠한가? 하나님의 이름이 아니라 내 이름, 하나님의 나라가 아니라 내 나라, 하나님의 뜻이 아니라 내 뜻을 위해서 동분서주하고 이전투구하고 있지 않은가! 그래서 날마다 이 기도가 필요하다. 우리는 주기도문에 따라 올바르게 기도해야 한다. 기도의 양이 많든 적든 바르게 기도해야 한다. 그리고 하나님께 영광을 돌리기 위해서는 이 주기도문으로 기도해야 한다.

마태복음 6장 33절은 주기도문의 취지를 한마디로 요약해서 보여 주고 있다. "너희는 먼저 그의 나라와 그의 의를 구하라 그리하면 이 모든 것을 너희에게 더하시리라." 주기도문의 우선순위는 분명하다. 하나님에 대한 청원을 하면 나머지는 하나님이 더하여 주신다. 이것은 우리의 우선순위와 다르다. 우리의 기도도 그렇다. 우리의 필요를 먼저 구하고 다음에 하나님의 나라를 구한다. 이렇게 기도하면 기도도 이기적이 된다. 기도는 이기주의를 벗어나는 것인데, 이런 기도는 오히려 이기주의를 강화한다. 이런 기도는 우리를 자아로부터 해방시킬 수 없다.

당시 유대인들도 마찬가지였다. 유대인의 대표적인 일상 기도인 '18번 축복기도'의 순서를 살펴보면 자신들에게 필요한 것을 먼저 구한다. 그들은 일상적인 것을 먼저 구하고 나중에 종말론적인 소망을 표현한다. 하지만 예수님께서는 주기도문에서 그 순서를 바꾸셨다. 땅의 것을 구하는 대신 먼저 하늘의 것을 구한다. 일도 순서대로 해야 일의 진척과 성취가 보장된다. 기도도 영적인 순서와 질서에 맞게 기도해야 우리 영혼이 변화되고 성숙하며 삶이 증진된다.

주기도문은 우리 영혼과 삶을 변화시키는 놀라운 기도다. 기도는 삶을 닮고, 삶은 기도를 닮는다. 우리 그리스도인의 삶이 지탄을 받는 것은 기도가 잘못되었다는 반증이다. 기도가 바뀌어야 삶이 바뀐다. 기도가 바뀌어야 미래가 바뀐다. 그러므로 기도 개혁이 일어나야 한다. 기도하면서 삶의 우선순위가 바뀌고 종국에는 우리가 철저히 변화된다. 주기도문이 모든 기도의 모본이 되어야 한다. 주기도문은 기도 중의 기도다. 어느 누가 예수님이 드린 기도보다 더 위대한 기도를 할 수 있겠는가? 더구나 예수님은 우리의 기도를 들으시는 분이다. 기도를 듣는 분이 이렇게 기도하라고 말씀하신다. 그러면 들으시겠다고 하신다. 이것은 기도의 공식이다.

기도의 대상: 하늘에 계신 우리 아버지

제일 먼저 예수님은 기도의 대상을 부르신다. "하늘에 계신 우리 아버지여"(마 6:9). 기도의 초점은 하나님이다. 장소가 아니라 우선권이다. 주기도문은 하늘에서부터 이 땅을 보게 한다. 기도할 때

나와 세상에서 하나님과 하나님 나라로 초점이 옮겨 간다. 기도할 때 하늘과 땅이 연결된다. 헬라어 원문으로 보면 '아버지, 우리의, 하늘에 계신 이여'(파테르 헤몬 호 엔 토이스 우라노이스)이다. 기도의 시작은 '아버지'라는 단호한 한 마디로부터 시작된다. 하나님은 '파테르' 즉 우리의 아버지이시다. 예수님은 하나님의 외아들이시기 때문에, 엄밀한 의미에서 하나님을 '아버지'라고 합법적으로 부를 수 있는 유일한 분이시다. 하지만 예수님은 그의 제자들에게도 '아버지'라고 부를 수 있는 특권을 허락하셨다. 하나님을 '아버지'라고 부르는 순간 기도자는 하나님의 아들, 하나님의 딸이 되는 것이다.

당시로서는 유일무이하시고 무한하신 절대자가 내 아버지가 되신다고 하는 충격적인 선언이다. 이 세상에 많은 종교가 있지만, 어떤 종교가 그 숭배하는 절대자를 자기의 아버지라고 부르도록 허락했는가? 이 세상의 가짜 종교들은 신에 대한 공포와 두려움을 조장해서 그 추종자를 신의 노예, 교주의 노예로 삼는다. 시쳇말로 그루밍을 해서 꼼짝달싹 못하게 한다. 하지만 예수님께서 우리에게 알려 주시는 하나님은 나의 친근한 아버지가 되셔서 복을 주시고 참된 자유를 허락하신다. 예수님은 이런 호칭을 통해서 믿는 우리의 새로운 정체성을 확인시켜 주신다. 하나님은 나와 상관이 없는 절대 타자가 아니라 나와 가장 친밀한 관계에 있는 분이다. 기도는 이런 관계성 속에서 시작된다. 하나님을 아버지라고 부르는 것만으로도 우리의 신앙고백이 들어 있고, 기도 응답에 대한 확신이 이미 들어 있다.

　우리 아버지는 '하늘에' 계신다. 신자는 땅에 살고 있지만, 우리가 모시는 아버지, 우리를 사랑하시는 아버지는 하늘에 계신다. 하늘은 우선 무한히 높은 곳을 의미하지만 우리를 감싸고 있는 모든 것이 하늘이다. 이는 하나님의 초월성과 무제한성과 크신 권능을 상징한다. 이 세상의 권세가 아무리 막강해도, 하늘을 나는 새도 떨어뜨릴 권세를 지닌 개인과 국가가 있다고 해도, 하늘에 계신 하나님과 비할 수 있겠는가? 하나님은 무한히 높으시고 영원하시고 절대적인 주재자이시다. 우리는 그런 하나님을 내 아버지로 모시고 살아가는 존재다. 하나님이 내 편이시니 내가 누구를 두려워하랴! 느부갓네살의 꿈(단 2장)과 다니엘의 환상(단 7장)에 나오는 지상의 제국들은 금과 은과 동과 철로 되어 있고, 그 포악함과 힘이 사자, 곰, 표범, 무서운 짐승과 같지만, 결국 하늘 아래 유한한 존재들일 뿐이다. "태산이 높다 하되 하늘 아래 뫼이로다"(양사언의 시조 중).

　하지만 하늘에 계신 하나님이라고 해서 저 멀리, 저 높이 계신 것만은 아니다. 하나님은 이 땅 위에, 국가 안에, 사업장 안에, 교회 안에, 가정 안에, 그리고 내 심령 안에도 거하고 계시다. 아브라함 카이퍼의 '영역 주권론'에 따르면 하나님께서 계시지 않은 곳, 통치하시지 않은 곳이 없다. 하나님은 초월적이시면서도 동시에 내재적이시다. 그렇게 하나님은 모든 영역에서 최고 주권자로서 계신 분이다. 그 하나님은 '내' 아버지일 뿐만 아니라 '우리' 아버지이시다. 이 기도는 내 개인적이고 이기적인 기도를 넘어 공동체적인 기도의 가능성을 활짝 열어 놓고 있다. 우리 모두를 위한 하나님을 구하는 기도의 전제다.

하나님을 이렇게 부름으로써 예수님은 신자들의 수직적 관계와 수평적 관계를 다시 한 번 일깨운다. 아버지와 자녀의 관계, 형제자매의 관계를 통해 어떻게 기도해야 하는가를 다시 확인시켜 준다. 그리고 시각 자체를 달리하게 만든다. 지상의 관점이 아니라 하늘의 관점으로 보게 한다. 하나님의 시각에서 볼 수 있게 해준다. 하나님의 관점에서 인간을 보며, 영원의 관점에서 시간을 보게 한다. 기도는 땅의 문제와 하늘의 능력을 연결하는 통로다. 기도는 땅을 하늘에 연결시켜 땅을 살려내는 것이다. 주기도문은 두 부분으로 나누어지는데, 하나님에 대한 청원과 우리에 대한 청원이 있다. 예수님께서는 먼저 하늘의 것을 세 가지 구하고, 그 뒤에 땅의 것을 세 가지 구하신다.

1. '당신'의 간구 세 가지

처음 세 가지 간구는 '당신'의 것에 대한 간구다. 한글 번역에서는 '당신의'라는 말이 빠져 있지만, 헬라어 원문에는 '당신의'라는 말이 세 번 들어간다. '당신의 이름', '당신의 나라', '당신의 뜻'. 이것은 하나님의 영광을 구하는 것으로, 영적인 복을 구하는 것이다.

제일 먼저 예수님은 "이름이 거룩히 여김을 받으시오며"라고 기도하신다. 이는 하나님의 명예를 구하는 기도다. 십계명 중 제3

계명은 "너는 네 하나님 여호와의 이름을 망령되이 부르지 말라"다. 하나님의 이름을 오용하는 자들이 이 세상에 많다. 심지어 신자 중에서도 하나님의 이름을 망령되이 부르거나 오용하는 이들이 있다. 사실 교회의 중직자들인 목사와 장로들이 이런 잘못을 더 많이 한다. 하나님을 잘 믿는다는 사람들 때문에 세상에서 하나님의 이름이 모욕을 당한다. 자기의 이기적인 목적, 자기주장의 합리화를 위해서 하나님의 이름을 오용하기 때문이다. 우리는 하나님의 이름이 거룩하게 여김을 받게 해달라고 기도해야 한다. 내 삶과 내 말과 내 사업에서 하나님의 영광이 가려지지 않게 해주시고, 하나님의 영광이 드높아질 수 있게 해달라고 기도해야 한다. 이 기도는 우리가 성결한 자녀가 되는 것으로 응답해야 한다.

두 번째는 "나라가 임하시오며"이다. 하나님의 나라, 하나님의 통치가 이 땅 위에, 내 삶에, 내 마음에 이뤄지게 해달라는 기도다. 하나님 나라는 예수님에게만 나타나는 독특한 개념이다. 예수님이 90회 언급하셨고 신약에 122회 나온다. 에세네파의 미래적 종말이나 열심당의 현재적 종말과 달리, 예수님의 하나님 나라는 미래적이면서 현재적이다. 이것은 예수 그리스도께서 오셔서 전한 메시지의 핵심이다. "회개하라 천국이 가까이 왔느니라"(마 4:17). 종말론적으로 하나님의 나라가 온전히 임할 때가 오겠지만, 현재도 하나님의 나라가 벌써 이 세상에 작동되고 있다. 하나님의 통치가 네 삶에 임하면 그것이 하나님의 나라이고, 하나님의 통치가 이 땅에 임하면 하나님의 나라가 이뤄지는 것이다. 신앙생활이란 이 땅에 하나님의 나라가 임하도록 간구하는 삶이다. 예수님은 "나라에 가게 하소서"라고 기도하지 않고 "나라가 오게 하소서"라고 기도하셨다. 기도는 하나님 나라를 자기의 삶에 초청하는 초대장이다. 하나님의 나라가 자기 삶에 임하여 가정으로 일터로 확장되어 나가는 것이다. 우리가 하나님 나라의 백성이 되는 것으로 응답해야 한다.

세 번째는 "뜻이 하늘에서 이루어진 것 같이 땅에서도 이루어지이다"이다. 예수님은 겟세마네 동산에서 "나의 원대로 마시옵고 아버지의 원대로 하옵소서"(마 26:39)라고 기도하셨는데, 주기도문의 완전한 적용이다. 바로 이런 정신으로 기도하라는 것이다. 기도는 하나님의 뜻을 이 땅에 이루는 가장 강력한 도구다. 하나님 나라는 목표지점이고 하나님의 뜻은 그곳에 이르는 길이다. 하나님의 뜻은 이미 하늘에서는 이루어졌다. 이제 땅에서 이루어질 일만 남았다. 우리는 하나님의 뜻을 이루는 채널이 되어야 한다. 기도를 통해 내 뜻을 관철하는 것이 아니라, 도리어 내 뜻을 내려놓고 아버지의 뜻 안으로 들어가는 것이다. 이것이 바로 십자가의 정신이다. 기도는 하나님의 뜻이 내 삶에 가장 최선이라는 것을 깨달아 가는 과정이다. 아담과 하와의 타락 사건을 통해 알 수 있는 바와 같이, 인간에게는 자기 뜻대로 살려는 마음이 강력하다. 하지만 자기 뜻의 성취는 결국 죄와 죽음만을 가져왔다. 자기 뜻을 내려놓기 위해서는 자기 죽음이 필요하다. "누구든지 나를 따라오려거든 자기를 부인하고 자기 십자가를 지고 나를 따를 것이니라"(마 16:24). 하나님의 뜻이 성취되기를 구하는 자는 자기 부인과 자기 죽음을 각오해야 한다. 그것을 위해 기도하라는 의미다.

우리는 이상의 세 가지의 기도를 드리지만, 이미 객관적으로 보면 성취된 일들이다. 온 우주에는 하나님의 이름이 거룩히 여김을 받고 있으며, 하나님의 나라가 임해 있으며, 하나님의 뜻이 하늘에서와 같이 땅에서도 이루어지고 있다. 그런데도 예수님께서 이런 기도를 하라고 하신 이유는 무엇인가? 주기도문은 이미 하나님에게서 이루어진 것을 땅에 이루는 데 동역하겠다는 고백이다. 그것이 내 삶에, 내 가정에, 내 사업장에, 내 영혼에 이루어지지 않았기 때문이다. 모든 것들이 하나님의 빛 가운데 있지만, 아직도 어둠에 휩싸여 있는 것은 다름 아니라 나와 관련된 영역이라는 것이다. 그 어둠의 영역을 주님께 내어 드리면서 속히 임재해 달라고 기도하는 것이다. 이는 하나님을 위한 기도라기보다는 오히려 자기 자신을 위한 기도가 아닌가!

한편, 이 기도는 내가 그 기도의 정신이 비추어서 '앞으로 그렇게 살겠습니다. 도와주십시오'라고 하는 다짐의 기도, 도움 요청의 기도다. 이 기도에 대한 궁극적인 응답은 하나님께서 내려 주시겠지만, 이 기도에 대해 일차적인 응답의 책임은 자기 자신에게 있다. 따라서 이 기도는 아직도 응답되지 않은 기도라고 할 수 있다. '내가 하나님의 이름을 망령되이 부르지 않겠습니다', '내가 하나님의 나라가 임하도록 내 나라를 부수겠습니다', '내가 하나님의 뜻이 이 땅에서도 이루어지도록 내 뜻을 분쇄하고 하나님의 뜻대로 순종하며 살겠습니다'라는 기도다. 우리는 하나님의 이름을 오용하고, 하나님 나라보다는 세상 나라에 살고, 하나님 뜻보다는 나의 뜻을 주장하는 현실에 살고 있기 때문에 이 기도가 필요하고, 그런 의미에서 이 기도는 아직도 응답되지 않은 기도다. 주님이 오실 때까지 계속되어야 할 기도다.

    우리는 이 기도를 전체적으로 기도할 수도 있지만, 따로따로 떼어 구체적으로 깊게 기도할 수도 있다. 하나님의 이름과 관련해서는, '하나님, 오늘 일과 속에서 하나님의 이름을 드높이게 해주세요', '무슨 일을 하든지 하나님께 영광 돌리게 해주세요', '우리 자녀들이 어디로 가든지 하나님의 이름을 높이며 살게 해주세요', '내가 행하는 일들을 통해 하나님의 이름을 드러내고 하나님께 영광 돌리는 일을 하게 해주세요'라고 말이다. 하나님의 나라와 관련해서는, '하나님의 나라가 내 마음에 이뤄지게 해주세요', '우리 가정에서 하나님의 나라를 경험하게 해주세요', '제가 하는 일을 통해 하나님의 나라가 점점 확장되게 해주세요'라고 말이다. 하나님의 뜻과 관련해서는, '오늘 제가 경영하는 일이 하나님의 뜻대로 이뤄지게 해주세요', '우리 자녀들이 하나님의 뜻을 알아 자신의 인생 목적으로 삼게 해주세요'라고 말이다.

2. 우리의 간구 세 가지

주기도문은 내가 하겠다는 것을 먼저 말하고, 하나님이 해주시라는 것을 다음에 말한다. 후반부에 나오는 세 가지 기도는 우리 자신을 위한 간구다. 이는 세상일에 하나님의 임재와 중재를 구하는 것이다. 요약해 보면, 물질 문제에 대해서, 사람과의 관계에 대해서, 영적인 문제에 대해서 구하고 있다. 현재의 양식, 과거의 용서, 미래의 보호다. 이것을 기도한다는 것은 우리의 능력으로 양식을 얻을 수 없고, 용서를 받을 수 없고, 시험에서 피할 수 없다는 것을 인정하는 것이다. 모든 것이 은혜임을 믿는 것이다. 그래서 기도는 기적이다.

첫 번째 기도는 '일용할 양식'을 구하는 기도다. "오늘 우리에게 일용할 양식을 주옵시고." 이 기도는 간편하고 '단순한 삶'을 구하는 기도다. 몇 년 동안 먹을 양식을 구하는 것이 아니라, 오늘 하루 먹을 양식을 구하는 소박한 기도다. 광야에서 하나님께서 이스라엘 백성들에게 날마다 만나를 주셔서 먹고 살게 하셨듯이, 우리 삶에서도 그날그날 역사하시는 하나님의 권능과 은혜와 기적을 경험하면서 살아가게 해달라는 것이다. '내가 먹는 이 떡이 내 노동의 열매일 뿐만 아니라 하나님의 축복이 되게 해주세요'라는 기도다. 그렇게 되면 우리는 육신의 떡만 먹는 것이 아니라, 영적인 양식을 같이 먹게 될 것이다. 내가 이룬 열매가 아니라 거기에 축복하신 하나님의 은혜를 같이 먹게 되는 것이다. 이것이 성찬이다.

이런 단순한 기도는 정말 위대한 기도다. 우리는 큰 문제, 어려운 문제만을 놓고 하나님께 구하는데, 인간이 할 수 있을 것 같은 일용할 양식조차도 하나님의 도우심과 개입과 인도를 구하는 것은 모든 것이 다 기도의 제목이 될 수 있다는 의미다. 모든 영역에 하나님의 역사하심을 믿기 때문이다. 이런 기도만큼 위대한 기도가 없고 놀라운 기도가 없다. 또한 '나에게'가 아니라 '우리에게' 일용할 양식을 구하는 기도는 공동체의 음식을 위한 기도다. 만일 내게 남는 것이 있다면 공동체를 위해 나누겠다는 의지의 표현이 기도 하다. 갈등과 다툼은 나 자신만을 위해, 내 미래를 위해 쌓아 두겠다는 마음에서 비롯되기 때문이다. 오늘 주실 은혜를 바라보는 자는 아낌없이 나눌 수가 있다. 일용할 양식을 위한 기도는 결국 하나님의 실천적인 사랑에 동참하는 것이다.

두 번째 기도는 죄 문제 해결을 위한 기도다. "우리가 우리에게 죄 지은 자를 사하여 준 것 같이 우리 죄를 사하여 주시옵고." 내 죄를 용서해 달라는 청원과 함께 타인의 죄를 용서해 주겠다는 서약이기도 하다. 앞서 본 바와 같이 물질과의 편리한 관계도 중요하지만, 타인과의 평안한 관계, 원만한 관계는 더욱 중요하다. 이 기도의 중요성은 주기도문이 다 끝난 뒤에 부록으로 몇 마디 말씀이 덧붙어 있는 것을 보면 알 수 있다. "너희가 사람의 잘못을 용서하면 너희 하늘 아버지께서도 너희 잘못을 용서하시려니와 너희가 사람의 잘못을 용서하지 아니하면 너희 아버지께서도 너희 잘못을 용서하지 아니하시리라"(마 6:14-15). 기도 전에 용서다. 회개 전에 용서다. 이 기도는 하나님으로부터 자기 죄를 용서받기 위해서는 타인에 대한 용서가 전제되어야 한다는 말씀이다. "진실로 너희에게 이르노니 무엇이든지 너희가 땅에서 매면 하늘에서도 매일 것이요 무엇이든지 땅에서 풀면 하늘에서도 풀리리라"(마 18:18). 다른 사람과의 관계에서 마음속에 맺혀 있는 것들을 풀면 하늘에서 풀어 줄 것이라는 의미다.

　하나님은 복을 주고 싶으신데 왜 우리는 복을 받지 못하는가? 우리 마음속에 타인에 대한 원망과 시비와 미움과 증오가 있기 때문이다. 물론 그것이 타인의 죄로 인해 받은 상처일 수 있다. 하지만 피해자라고 그 마음을 그대로 품고 미움을 계속할 명분을 제공하지는 않는다. 하나님과 자기 사이의 관계를 막아 좋은 것이 흘러오는 것을 방해하는 장애물 역할만 할 뿐이다. 그리고 우리 자신도 하나님을 향해서 죄를 짓고 있다. 이 문제를 해결받기 위해서는 먼저 타인의 죄를 용서하라는 말씀이다. 우리가 우리 죄를 아무리 많이 회개한다고 해도 타인의 죄를 용서하지 않는다면 우리의 죄 용서를 받지 못하게 될 뿐이다. 기어를 중립에 놓고 액셀러레이터를 아무리 세게 오래 밟아도 차량은 1cm도 나아가지 못한다. 타인이 내게 행한 죄와 잘못을 용서하지 않는 자도 이와 동일하다. 영적인 유익이 조금도 없다. 마태복음 5장은 "예물을 제단에 드리려다가 거기서 네 형제에게 원망 들을 만한 일이 있는 것이 생각나거든 예물을 제단에 두고 먼저 가서 형제와 화목하고 그 후에 와서 예물을 드리라"(마 5:23-24)고 한다. 제사보다 화목이 먼저다. 예배와 제사가 중요하기 때문에 먼저 제사자가 정결하고 깨끗해진 상태로 오라는 것이다. 그래야 하나님이 받으실 만한 제사가 되는 것이다. 기도의 장애요소가 제거되지 않는다면 그 기도는 형식이 되고 만다.

세 번째 기도는 시험과 악에서 구해 달라는 기도다. "우리를 시험에 들게 하지 마시옵고 다만 악에서 구하시옵소서." 시험이란 우리를 하나님으로부터 떼어내는 것이다. 교회 생활을 하다 보면 실망스러운 일이 많다. 목회자에 대해서, 교회와 성도들에 대해서 나쁜 생각과 마음을 품게 되기도 한다. 하지만 시험에 들면 안 된다. 그것 때문에 하나님으로부터 벗어나고 떠나서는 안 된다. 내 믿음이 하나님으로부터 멀어지는 것이다. 성도들의 사업이나 가정에 어려움이 닥칠 수가 있다. 하지만 그것 때문에 하나님으로부터, 믿음으로부터 멀어진다면 시험에 드는 것이다.

예수님은 인간의 연약성을 잘 아신다. 욥은 온전하고 정직하여 하나님을 경외하며 악에서 떠난 자였다. 하지만 극한 환난에 빠지자 초반에는 믿음의 대처를 하다 나중에는 하나님께 대들고 믿음에서 떠날 뻔했다. 하나님께서 마지막에 나타나셔서 그를 붙들어 주셨을 때 비로소 그는 탈선에서 돌아올 수 있었다. 그 누구도 자신의 신앙을 자랑하고 자만해서는 안 된다. 내일 일을 자랑하지 말아야 하듯, 자신의 신앙도 자랑해서는 안 된다. 오직 하나님께서 내 믿음을 굳게 하시고 견고하게 하셔서 끝까지 이 신앙을 잃지 않게 해달라고 기도해야 한다.

한편 이런 기도는 예방기도이기도 하다. 일용할 양식을 구하는 것이 현재 지향적 기도라면, 죄를 용서하게 해달라는 것은 과거 지향적 기도다. 하지만 시험에 들고 악에 빠지지 않게 해달라는 것은 미래 지향적인 기도이면서 영원을 지향하는 기도다. 기도는 예언이다. 기도한 대로 진행될 것이기 때문이다. 미래에 시험에 들지 않고 악에 빠지지 않게 해달라고 기도할 때 그런 예방기도는 그대로 성취되어 나타날 것이다. 이런 예방기도를 많이 하게 되면 우리도 더욱 영적으로 안전한 삶을 살게 될 것이다. 만약 시험에 든다고 할지라도, 악에서 건져 주실 것이다. 그래서 이것은 이중의 안전장치라고 할 수 있다.

마지막으로 예수님은 송영에 해당하는 기도를 하신다. "나라와 권세와 영광이 아버지께 영원히 있사옵나이다 아멘." 어떤 사본에는 있기도 하고, 어떤 사본에는 없기도 해서 번역본에서는 괄호를 사용해서 표기해 놓았다. 알파와 오메가, 처음과 마지막이 되시는 하나님의 주권과 권세와 영광이 영원토록 찬송받기를 기원하는 것이 우리 기도의 목적이다.

예수님은 이 짧은 기도 속에 기도의 내용을 완벽하게 담아 두셨다. 먼저 하나님과의 관계에서 하나님의 영광과 나라가 임하기 위해서 하나님의 뜻대로 살기를 구하는 기도를 드렸다. 인간 세상에서는 겸손하게 일용할 양식을 구하고, 이웃과 하나님에 대해 죄의 문제를 모두 처리할 수 있기 위해 기도하고, 미래에 알지 못하는 일들에 대해 예방기도를 드리며 시험과 악에서 건져 주시기를 비는 기도를 드렸다. 주기도문의 정신을 이어받은 기도야말로 현생과 내생의 안전을 도모하는 지혜다. 노후 준비를 위해 많은 준비를 하는데 진정한 노후 준비, 영원 준비는 신앙생활이요 그중의 중심은 기도다. 기도를 통해 영원에 투자하라. 영원을 준비하라.

우루과이 한 작은 성당 벽에 이런 글이 있다고 한다.

"하늘에 계신"이라고 하지 마라. 세상일에만 빠져 있으면서. "우리"라고 하지 마라. 너 혼자만 생각하며 살면서. "아버지"라고 하지 마라. 아들딸로 살지도 않으면서. "아버지의 이름이 거룩히 여김을 받으시오며" 하지 마라. 자기 이름만 빛내기 위해서 안간힘을 쓰면서. "아버지의 나라가 오게 하시며" 하지 마라. 물질 만능의 나라를 원하면서. "아버지의 뜻이 이루어지이다" 하지 마라. 내 뜻대로 되기를 원하면서. "오늘 우리에게 일용할 양식을 주시고" 하지 마라. 죽을 때까지 먹을 양식을 쌓아 두려 하면서. "우리에게 잘못한 이를 우리가 용서하오니 우리 죄를 용서하시고" 하지 마라. 누구에겐가 아직도 앙심을 품고 있으면서. "우리를 유혹에 빠지지 않게 하시고"라고 하지 마라. 죄 지을 기회를 찾아다니면서. "악에서 구하소서" 하지 마라. 악을 보고도 아무런 양심의 소리를 듣지 않으면서. "아멘"이라고 하지 마라. 주님의 기도를 진정 자신의 기도로 바치지 않으면서.

주기도문의 정신을 배워 평생 참된 기도를 드리시기 바란다.

19
무엇을 먼저 구할까?

[19]너희를 위하여 보물을 땅에 쌓아 두지 말라 거기는 좀과 동록이 해하며 도둑이 구멍을 뚫고 도둑질하느니라 [20]오직 너희를 위하여 보물을 하늘에 쌓아 두라 거기는 좀이나 동록이 해하지 못하며 도둑이 구멍을 뚫지도 못하고 도둑질도 못하느니라 [21]네 보물 있는 그 곳에는 네 마음도 있느니라 [22]눈은 몸의 등불이니 그러므로 네 눈이 성하면 온 몸이 밝을 것이요 [23]눈이 나쁘면 온 몸이 어두울 것이니 그러므로 네게 있는 빛이 어두우면 그 어둠이 얼마나 더하겠느냐 [24]한 사람이 두 주인을 섬기지 못할 것이니 혹 이를 미워하고 저를 사랑하거나 혹 이를 중히 여기고 저를 경히 여김이라 너희가 하나님과 재물을 겸하여 섬기지 못하느니라 [25]그러므로 내가 너희에게 이르노니 목숨을 위하여 무엇을 먹을까 무엇을 마실까 몸을 위하여 무엇을 입을까 염려하지 말라 목숨이 음식보다 중하지 아니하며 몸이 의복보다 중하지 아니하냐 [26]공중의 새를 보라 심지도 않고 거두지도 않고 창고에 모아들이지도 아니하되 너희 하늘 아버지께서 기르시나니 너희는 이것들보다 귀하지 아니하냐 [27]너희 중에 누가 염려함으로 그 키를 한 자라도 더할 수 있겠느냐 [28]또 너희가 어찌 의복을 위하여 염려하느냐 들의 백합화가 어떻게 자라는가 생각하여 보라 수고도 아니하고 길쌈도 아니하느니라 [29]그러나 내가 너희에게 말하노니 솔로몬의 모든 영광으로도 입은 것이 이 꽃 하나만 같지 못하였느니라 [30]오늘 있다가 내일 아궁이에 던져지는 들풀도 하나님이 이렇게 입히시거든 하물며 너희일까보냐 믿음이 작은 자들아 [31]그러므로 염려하여 이르기를 무엇을 먹을까 무엇을 마실까 무엇을 입을까 하지 말라 [32]이는 다 이방인들이 구하는 것이라 너희 하늘 아버지께서 이 모든 것이 너희에게 있어야 할 줄을 아시느니라 [33]그런즉 너희는 먼저 그의 나라와 그의 의를 구하라 그리하면 이 모든 것을 너희에게 더하시리라 [34]그러므로 내일 일을 위하여 염려하지 말라 내일 일은 내일이 염려할 것이요 한 날의 괴로움은 그 날로 족하니라 마 6:19-34

앞에서 예수님은 신앙생활, 경건생활에 꼭 필요한 것들에 대해서 말씀해 주셨다. 즉 구제할 때, 기도할 때, 금식할 때 어떻게 해야 하나님 앞에 올바른 것인지에 대해 구체적으로 말씀하셨다. 핵심은 '은밀하게 행하라'는 것이다. 은밀한 중에 계신 하나님, 은밀한 중에 보시는 하나님 앞에 해야 한다는 것이다. 본문에서는 교회 안에서의 생활이 아니라 사회생활을 할 때 기독교인이 어떻게 처신해야 하는지를 밝혀 주신다. 종교적 영역이 아니라 이제 세속적인 영역에 대한 가르침을 주신다. 예수님은 교회와 세상 모두를 아울러 교훈을 주신다.

예수님은 본문에서 세 가지 메타포(은유)를 사용하신다. 첫 번째는 보물에 관한 이야기(마 6:19-21), 두 번째는 두 눈에 관한 이야기(마 6:22-23), 세 번째는 두 주인에 관한 이야기(마 6:24-34)다. 점층적 배열이다. 이를 통해 기독교인이 어떻게 인생살이를 해야 하는지를 밝혀 주신다.

하늘에 쌓아 둔 보물

첫 번째는 보물 이야기다(마 6:19-21). 보물이란 당신이 소중히 여기는 것이다. 당신에게는 무엇이 보물인가? 어떤 이에게는 재물, 어떤 이는 성공, 어떤 이는 권력과 지위, 어떤 이는 지식, 어떤 이는 능력, 어떤 이는 지식, 어떤 이는 자녀일 수 있다. 내 방에는 한 첼로 연주자가 비에 젖지 않도록 우산으로 악기를 받치고 있는 모습의 사진이 있다. 자기 몸은 젖을지라도 악기만큼은 젖지 않게 하겠다는 프로 의식이 돋보이는 그림이다. 그에게는 악기가 보물이다. 보물은 우리가 가치를 부여하고 간직하려는 물건이다. 사람은 누구에게나 보물이 있다. 보물은 마음을 사로잡는다. 마음이 보물을 따라간다. 보물이 바로 마음의 자리다. 마음의 현주소다. 보물은 인생의 목적이며, 인생의 소중한 가치가 된다. "네 보물이 있는 그곳에는 네 마음도 있느니라"(마 6:21). 그래서 사람들은 보물을 잃었을 때 세상을 잃은 것처럼 상심하고 슬퍼하기도 한다. 당신의 보물은 무엇이며 어디에 보관되어 있는가?

문제는 그 보물에도 두 가지가 있다는 것이다. 하늘에 있는 보물도 있고, 땅에 있는 보물도 있다. 예수님은 땅에 자기 보물을 쌓아 두지 말고, 하늘에 쌓아 두라고 권고하신다. 이것이 인생과 신앙생활을 지혜롭게 이끄는 비결이다. "너희를 위하여 보물을 땅에 쌓아 두지 말라 거기는 좀과 동록이 해하며 도둑이 구멍을 뚫고 도둑질하느니라 오직 너희를 위하여 보물을 하늘에 쌓아 두라 거기는 좀이나 동록이 해하지 못하며 도둑이 구멍을 뚫지도 못하고 도둑질도 못하느니라"(마 6:19-20). 하늘의 보물이야말로 영원한 것이며, 하늘 쌓기야말로 진정으로 자신을 위한 길이다.

사람들은 지금껏 땅에 재물, 명예, 권력 등 자기의 보물을 쌓아 두었다. 이런 것들은 잠깐 동안은 좋을지 몰라도 영원하지 않다. 일생을 다 바쳐, 정성을 다해 땅에 보물을 쌓아 두었는데 그 보물이 결국 사라지고 만다면 그 인생이 얼마나 허무해지겠는가! 그때는 인생을 다시 복구할 기회조차 없을 것이다. 땅에 있는 보물은 절대 안전하지 않다. 보물을 담아 두는 금고를 영어로 'safe'라고 하는데 그 안에 담겨 있다고 해서 다 안전한 것(safe)은 아니다. 과거에 화폐로 사용된 구리 동전은 시간이 경과하면 동록(녹)이 슬어 그 가치가 손상되었다. 의복이 보물이라면 좀이 먹어 치울 것이다. 그뿐인가! 내가 보물을 많이 쌓아둘수록 더욱 도둑의 표적이 되어 위험에 처하게 된다. 이처럼 땅에 있는 보물은 외부의 침입에 취약하고, 스스로도 변질되고 자연 소실된다. 땅의 보물의 일시성이다. 땅의 보물은 유한하다.

그러면 대안은 무엇인가? 예수님의 지혜는 "보물을 하늘에 쌓아 두라"는 것이다. 거기는 하나님이 지켜 주시고 다스리시는 곳이기 때문에 절대적으로 안전하다. 소멸하거나 사라지거나 도난당하지 않고 확실하게 내 곁에 영원히 있게 된다. 하늘 보물의 속성은 영원성과 안전성이다. 하나님 나라 밖에서 안전을 구하려는 노력은 헛되다. 세상 사람들처럼 땅의 것을 보물로 삼으면 불안, 염려, 걱정이 끝이 없다. 반면 마음을 하늘에 두면 평안, 안전, 불변, 영원을 얻는다.

땅의 보물을 어떻게 하늘로 가져갈 수 있을까? 죽을 때 직접 가지고 갈 수 없다. 우리는 공수래공수거(空手來空手去), 즉 빈손으로 왔다가 빈손으로 간다. 이 땅에서 아무리 많은 것들을 성취하고 모아 두었다고 해도 한 푼도 들고 갈 수 없다. 그러면 어떻게 할 것인가? 죽어서 가져갈 수는 없지만 살아 있을 때 '미리 송금'할 수는 있다. 살아생전에 미리 송금하는 것은 정말 지혜로운 것이다. 그러면 어떻게 미리 송금하는가? 미리 송금하는 방법은 우리의 물질을 하나님이 기뻐하시는 일에 사용하는 것이다. 나의 보물이 하나님의 보물이 되어야 한다. 하나님을 위해, 하나님의 영광을 위해, 하나님 나라와 교회와 이웃을 위해 주신 것을 선용하는 것이다. 보이는 것이 아니라 보이지 않는 것에 투자하는 것이다. 세속적 가치가 아니라 영적 가치에 투자하는 것이다. 물질을 예로 들자면, 물질을 목적으로 삼는 것이 아니라 물질을 통해 하나님 나라와 이웃을 섬기는 행위를 하는 것이다. 그리하면 재물이 흩어져 없어지는 것 같지만 실상 하늘에 내 영원한 보물로 쌓이게 된다. 하늘에 쌓여 있는 보물은 하나님이 지켜 주시기 때문에 좀과 동록이 해치지 못하고 도둑이 구멍을 뚫고 도둑질도 하지 못한다. 나의 영원한 보물이 되는 것이다. 그냥 두었다면 사라지고 말았을 보물이 먼저 하늘나라에 가서 나를 기다리고 있다. 그래서 나는 죽음조차도 두렵지 않다. 보물이 있는 그곳에 이미 내 마음이 있기 때문이다.

두 눈

두 번째는 두 눈 이야기다(마 6:22-23). "눈은 몸의 등불이니 그러므로 네 눈이 성하면 온 몸이 밝을 것이요"(마 6:22). 나는 산상수훈(마 5-7장)의 핵심 구절이 이 구절이라고 생각한다. 보는 것(view)은 중요하다. 눈은 세상을 바라보는 안목이요 세계관이다. 산상수훈은 하나님 나라의 세계관을 주는 것이다. 바른 세계관으로 세상을 보고 살도록 가르쳐 주신다. 옛말에 "몸이 천 냥이면 눈은 구백 냥"이라는 속담이 있다. 백체 중 눈의 중요성을 강조한 말이다. 눈이 몸 전체에 영향을 미친다. 인생 전체에 엄청난 영향을 미친다. 눈이 나쁘면 일상생활에 지장을 받고 삶의 질도 뚝 떨어진다. 하지만 예수님께서 말씀하신 것은 육적인 시력에 대한 것이 아니라, 영적인 시력에 대한 것이다. 눈은 삶을 인도하는 등불이다.

여기 두 가지 종류의 눈이 있다. '성한 눈'과 '나쁜 눈'이다. 성한 눈은 기독교적 진리에 입각한 세계관으로 세상을 바르게 보는 눈이다. 나쁜 눈이란 타락한 세상 원리대로, 정욕의 원리대로, 사탄의 원리대로 세상을 왜곡되게 보는 눈이다. 이 두 눈은 결코 타협할 수 없다. 만약 한 사람이 서로 다른 눈을 가지고 살아간다면 어떻게 되겠는가? 제대로 걷지도 못하고 틀림없이 충돌이 일어날 것이다. 기독교인들이 역사 속에서 계속해서 박해와 핍박을 받아온 이유는 눈이 다른 사람들과 달랐기 때문이다. 세상 사람들이 보는 대로 보지 않았기 때문이다. 오늘날에도 박해가 없지 않다. 오히려 더 위험하게 다가온다. 오늘날에는 문화의 옷을 입고 교묘하게 성한 눈을 손상시켜서 영적 시력을 떨어뜨리고 나쁜 눈으로 만들려 하고 있다. 오늘날 교인 중 시력을 잃어 영적 시각 장애인이 된 자가 얼마나 많은가! 이 세상의 가치관 즉 세속주의, 물질주의, 쾌락주의, 상대주의가 밀려와서 성한 눈을 손상시키고, 희뿌연 아지랑이로 초점을 잡지 못하게 한다. 바른 인생관은 가치 있는 삶으로 이끌고, 바람직하지 않은 인생관은 무가치한 삶으로 이끈다. 세상은 빛의 자녀와 어둠의 자식 간의 가치관 전쟁이다.

시력이 흔들리면 믿음도 흔들린다. 현대인의 믿음은 위기에 처해 있다. 현재는 영적 빙하기를 맞고 있다. 요즘 나는 하나님의 말씀을 듣는데 이런 말씀을 자주 하신다. "인자가 올 때에 세상에서 믿음을 보겠느냐"(눅 18:8). 또 다른 말씀도 들린다. "내가 너를 위하여 네 믿음이 떨어지지 않기를 기도하였노니"(눅 22:32). 코로나 19 상황은 우리를 흔들어 대고 있다. 교회에 모여 예배할 수 없는 상황은 성도들의 믿음을 위협하고 있다. 나는 하나님께 나를 붙들어 달라고, 우리 교우들을 붙들어 달라고, 한국 교회를 붙들어 달라고, 전 세계 교회를 붙들어 달라고 기도한다. 믿음이 떨어지지 않기를 기도한다.

성한 눈, 기독교적인 세계관으로 살아간다는 것은 무척이나 어렵다. 하지만 예수님은 산상수훈을 비롯한 진리의 말씀을 통해 올바른 성경적 세계관, 기독교적 세계관을 굳게 잡을 것을 계속해서 요청하고 계신다. 성한 눈을 가진 자는 진정한 보물이 무엇인지를 알아보며 그것을 어디에 쌓아 두어야 할지를 안다. 성한 눈을 가진 자는 자신이 진정으로 섬겨야 할 주인이 누구인지를 안다. 진짜 보물을 볼 수 있는 눈이 열려야 한다. 진짜 주인을 바로 볼 수 있는 눈이 열려야 한다. 요즘 사람들은 보물이 아닌 것을 보물이라고 한다. 반짝인다고 다 금은 아닌데도 말이다. 지금 사람들은 주인 아닌 것을 주인이라고 섬기며 살아간다. 눈이 성해야 몸이 바르게 되고, 바른 몸이어야만 인생의 과정과 목적을 제대로 밟아 갈 수 있다. 눈이 나쁘면 인생도 잘못된 방향으로 흘러가고 만다.

코로나19를 통해 우리는 많은 영적인 교훈을 얻는다. 코로나19 바이러스는 눈에 보이지 않는다. 하지만 엄연히 존재한다. 그리고 그 바이러스는 인간을 숙주로 삼아 전 세계에 퍼져 인류의 삶과 생명에 엄청난 영향을 미치고 있다. 코로나19는 인간의 욕망을 따라 움직인다. 인간이 욕망을 제어하지 않는 한 코로나19의 완전 퇴치는 없다. 코로나19는 인류의 발을 꼼짝없이 묶어 놓고 공포를 퍼뜨리고 있다. 보이지 않지만, 그 위력은 대단하다. 하나님의 나라도 동일하다. 하나님이 하시는 일과 하나님의 역사, 하나님의 권능은 보이지 않는다. 하지만 하나님의 역사와 권능은 하나님의 뜻을 따라 이 땅 위에 진행되고 있고 강력하게 영향을 미치고 있다. 우리가 성한 눈을 가질 때, 비로소 이런 역사를 볼 수 있다. 우리는 하나님의 역사를 볼 수 있는 성한 눈을 가져야 한다.

두 주인

세 번째는 두 주인 이야기다(마 6:24-34). '누가 너의 진짜 주인인가'라는 물음이다. 원래는 주인이 종을 선택하는 것이 맞지만, 이 이야기에서는 종이 주인을 선택할 자유를 가진다. 어떤 이는 하나님을 주인으로 삼지만, 어떤 이는 재물을 주인으로 삼는다. 하나님은 인간을 창조하실 때, 위로 하나님을 섬기고, 옆으로 이웃을 사랑하고, 밑으로 재물을 다스리도록 창조하셨다. 물질보다 인간을 더 귀하게 만드셨다. 타락은 가치 전도 현상으로, 물질을 하나님의 자리로 이동시키는 것이다. 물질을 하나님처럼 섬기는 것이다. 기독교인 중에는 재물을 하나님처럼 섬기지는 않는다고 해도 재물과 하나님을 겸하여 섬기려는 자도 많다. 아니 섬길 수 있다고 생각하는 사람들이 많다.

하지만 예수님은 분명하게 말씀하신다. "하나님과 재물을 겸하여 섬길 수가 없다." 왜냐하면 하나님과 재물은 서로 화합할 수 없기 때문이다. 정반대의 것을 명령하고 주문하기 때문이다. 두 신을 섬긴다는 것은 한 다리는 땅에 두고 한 다리는 하늘에 두는 양다리를 걸치게 된다는 것인데 이렇게 되면 다리가 찢어지게 될 것이다. 사람이 하나님을 섬기면 재물의 신(맘몬 신)이 좋아하지 않는다. 사람이 맘몬 신을 섬기면 하나님이 기뻐하지 않을 것은 자명하다. 그래서 갈등을 일으키는 것이다. 기독교인 중에 심적인 고통을 느끼는 사람들이 있는 이유가 바로 여기에 있다. 두 신을 섬기면 괴롭다. 하지만 한 신만 섬긴다면 고통은 없다. 그런 점에서 불신자들은 기독교인보다 일정 부분에서는 심적 부담이 없이 편안하다고 말할 수도 있겠다. 그들은 세상의 신, 물질의 신만 섬기고 하나님으로부터 자유롭기 때문에 갈등이 일어날 소지가 없다. 하지만 그런 편안함은 진정한 평안일 수 없다. 거짓 평안이다. 오히려 지금 기독교인으로서 마음속에서 큰 갈등을 겪으면서 올바른 길을 모색해 가는 편이 더 낫다. 배부른 돼지가 되기보다는 배고픈 소크라테스가 되는 편이 영적으로 낫다. 우리는 궁극적으로 마음과 뜻과 정성을 모아 하나님만 섬기는 방향으로 나아가야 한다. 여기에 참된 소망이 있다.

두 신을 섬기는 자들을 하나님께서는 얼마나 안타깝고 어리석게 보실까? 하나님만을 섬기면 하나님께서 그가 필요로 하는 모든 것, 모든 물질을 다 공급해 주실 터인데, 어찌하여 스스로 그 무거운 짐을 지려고 하는가? 사실 맘몬 신이 준다고 생각되는 물질도 하나님의 선물일 뿐이다. 하지만 사람들은 선물을 주시는 분과 선물을 제대로 구분하기 못해서 이런 어리석은 일을 벌이는 것이다. 선물을 주시는 분을 지극 정성으로 섬기면 어찌 그가 선물을 풍성하게 주시지 않겠는가! 재물을 신으로 섬기는 것은 재물에 눈이 어두워져 주시는 분을 제대로 보지 못했기 때문이다. 그래서 재물이 하나님과 나 사이에 끼어들어, 하나님께서 받으셔야 할 사랑과 존경과 헌신과 충성을 가로채고 있다. 재물을 하나님의 자리에까지 높여 놓았다. 재물이 하나님에 대한 나의 신뢰를 가로챈다. 재물에 집착하는 것은 결국 우상숭배다.

하나님 대신 재물을 신으로 섬기고 구하는 것은 본질 대신 비본질을 추구하는 어리석은 행위다. 이를 예수님은 목숨과 음식, 몸과 의복의 관계를 통해 증명하신다. "그러므로 내가 너희에게 이르노니 목숨을 위하여 무엇을 먹을까 무엇을 마실까 몸을 위하여 무엇을 입을까 염려하지 말라 목숨이 음식보다 중하지 아니하며 몸이 의복보다 중하지 아니하냐"(마 6:25). 예수님은 명령법을 사용하여 염려하지 말라고 하시면서, 음식보다 더 중요한 것은 목숨이고 옷보다 더 중요한 것은 몸이라고 하시며 결국 영혼이 제일 중요하다고 말씀하신다. 더 오래 가는 것, 더 본질적인 것이 무엇인지를 일깨워 주신다. 먹고 마시고 입는 것 같은 필수품이든지, 더 나아가 기호품이든지, 사치품이든지 필요하다면 하나님은 우리 영혼을 위해 모두 공급해 주신다. 그런데도 왜 맘몬 신을 따로 섬겨야 하는가? 우리를 사랑하시는 하나님은 우리의 모든 필요를 채워 주신다.

하나님은 이런 원리를 이미 자연 만물에 적용하고 계셨다. 공중에 나는 새는 심지도 않고 거두지도 않고 창고에 모아들이지 않지만, 하나님은 이 미물에게 먹을 것을 공급하신다. 들에 핀 백합화도 자신을 치장하기 위해 수고도 아니 하고 길쌈도 아니 하지만 솔로몬의 모든 영광으로도 입은 것이 이 풀 한 포기만도 못하게 하셨다. 오늘 있다가 내일 아궁이에 던져지는 들풀도 이처럼 하나님이 입히신다. 참새와 나, 백합화와 나를 비교하시며 하나님의 돌보심을 말씀하신다. 창조주 하나님께서 모든 자연만물을 주관하신다. 솔로몬의 인위적인 영광도 하나님의 피조세계에 불과하다. 하나님의 은혜와 우주의 섭리는 도무지 헤아릴 수 없다. 이 땅에 존재하는 억조창생과 모든 피조물이 어떻게 자기 먹을 것을 제때에 먹고, 자기 입을 것을 적당히 입고 살아가는지는 하나님의 신비에 속해 있다. 그만큼 하나님은 자기의 피조물에게 극진한 관심과 돌봄을 쏟고 계신다. 하나님께서 참새와 백합화도 돌보시는데 인류는 말해서 무엇하랴! 예수님의 제자 된 자들은 또한 어떠하겠는가! 그래서 주님은 생활의 수단 때문에 근심하고 걱정하는 자를 "믿음이 작은 자들아"라고 하신다. 세상 왕의 영광보다 하나님의 돌보심이 더 위대하다.

본문 중에 제일 많이 나온 말은 "염려하지 말라"로서 6회 나온다(6:25, 27, 28, 31, 34절에 두 번). 왜 염려하는가? 거짓 신을 섬기기 때문이다. 왜 염려하는가? 보물을 땅에 두고 살기 때문이다. 왜 염려하는가? 하나님을 보지 못하기 때문이다. 염려가 많은 사람은 믿음이 자랄 수 있는 절호의 기회를 가졌다. 주님께 가져갈 것이 그만큼 많기 때문이다. 주님은 우리가 염려를 주님께 가져오기를 원하신다. 염려가 신뢰로 바뀔 수 있기 때문이다. 우리 마음속에는 불안과 망상과 불화가 가득하지만, 염려의 배후는 구원받지 못한 우리 마음이지 위험한 사건 자체가 아니다. 염려는 객관적 사실의 문제가 아니라 주관의 문제다. 따라서 염려의 처방은 믿음이다. 염려의 반대는 낙관이 아니라 믿음이다. 염려하지 말고 믿어라. "두려워하지 말고 믿기만 하라"(막 5:36).

믿음은 미래의 불확실성을 알면서도 주님이 함께하심을 믿는 것이다. 우리의 관심사는 '하나님이 도우실 것인가?'가 아니라 '하나님이 어떻게 도우실까?'여야 한다. 수천 명을 먹여야 하는 문제도 주님께 가져오라. 오병이어의 기적을 보이실 것이다. 혼인 잔치에서 포도주가 떨어졌는가? 문제를 주님께 표출하라. 물을 포도주로 만드실 것이다. 또한 믿음은 우리 염려를 기도로 바꾸게 한다. 같은 상황이라도 생각의 방향을 어디로 하느냐에 따라 염려가 되거나 기도가 된다. 염려와 기도를 동시에 할 수는 없다. 염려하든지, 기도하든지다. 문제가 자기를 향할 때는 염려가 되지만, 주님을 향하면 기도가 된다.

산상수훈에는 기도와 기도의 가르침 사이(마 6:5-15, 7:7-12)에 염려에 대한 말씀(마 6:25-34)이 나온다. 기도와 기도 사이에 염려가 끼어든다. 그러면 어떻게 염려를 물리칠 수 있는가? 쉬지 말고 기도하면 염려를 물리칠 수 있다. 염려가 떠오르면 바로 기도로 생각을 바꾸어야 한다. 염려하지 말고 기도하라. 특별히 우리는 이방인이 아니라 그분의 자녀인 것을 기억해야 한다. "너희 하늘 아버지께서 이 모든 것이 너희에게 있어야 할 줄을 아시느니라"(마 6:32). 우리 아버지 되신 하나님은 이미 우리가 필요로 하는 것을 알고 계신다.

예수님은 우리에게 "염려하여 무엇을 먹을까 무엇을 마실까 무엇을 입을까 하지 말라"고 하신다. 대신 "먼저 그의 나라와 그의 의를 구하라"고 하신다. '이렇게 하지 말라'는 부정적 명령과 함께 '이렇게 하라'는 긍정적인 명령을 주신다. 우리의 문제는 '하라'는 것은 하지 않고, '하지 말라'는 것은 한다는 데 있다. 이렇게 잘못된 삶의 자세로는 염려로부터 영원히 해방될 수 없다. 영원히 염려의 노예가 된다. 우리가 '먼저' 구해야 할 것이 있다. 내가 총력을 기울여 힘써야 할 일은 다름 아니라 '하나님의 나라의 그의 의'다. 하나님의 나라를 구하면 이 땅의 것들이 따라온다. 으뜸을 구하기 때문에 버금은 뒤따르는 것이다. 이 세상의 것을 구하면 그것으로 끝이다. 하지만 하나님의 것을 구하면 땅의 것들도 고구마 줄기처럼 줄줄이 딸려온다.

하나님의 나라와 의를 '구한다'는 것은 하나님을 위해서 열심히 노력해서 공적을 쌓으라는 것이 아니다. 구하는 것은 기도하는 것이다. 기도하면 마음에 평안을 주시고, 내 삶에 역사를 일으키시고, 나도 모르는 방식으로 채워 주신다. 하나님의 나라와 의를 위하여 구하는 우리에게 하나님은 모든 것을 더하여 주신다. 즉 우리를 염려하게 했던 세속적인 문제들, 물질의 문제들이 해결된다. "더하신다"는 것은 '은혜 위에 은혜'를 의미한다. 하나님 나라와 의로움에 더하여, 먹을 것, 마실 것, 입을 것, 건강, 행복, 형통 등등을 선물로 풍성하게 주신다. 그것도 하나님께서는 좋은 것으로 더하여 주신다. 이것은 주기도의 취지와 일맥상통한다. 주기도에서도 사실 하나님의 나라와 의를 먼저 구하고, 나중에 현실적인 문제들을 구했다. 하나님의 나라를 구하고 사는 것은 세상의 모든 것을 이미 극복한 것이다.

예수님은 염려의 원인과 치료법을 말씀하신다. "내일 일을 위하여 염려하지 말라 내일 일은 내일이 염려할 것이요 한 날의 괴로움은 그 날로 족하니라"(마 6:34). 내일 일은 예측되는 일, 모르는 일들이다. 걱정은 내일에 초점을 맞추는 것이며, 염려는 예측 못할 일을 상상하는 것이다. 재물은 내일이 아니라 오늘을 위한 것이다. 예수님은 의인법을 사용해서서 내일 일은 내일이나 염려하게 하라고 하신다. 즉 우리가 염려할 것이 아니라는 것이다. 염려는 내 몫이 아니다. 나는 오늘 하나님이 주신 은혜 가운데 살겠다고 선언하라.

　우리는 이 땅에 살아 있는 기간보다 죽어 있을 기간이 훨씬 더 길다. 지금 무엇을 위해 살 것인가를 생각해 보라. 단기적으로 살 것인가 영원을 위해 살 것인가? 영원은 지금 진행 중이다. 나는 지금 영원히 지속될 삶을 살고 있다. 이를 위해 하늘에 보물을 쌓아 두고, 성한 눈으로 올바르게 보면서 삶의 길을 걷고, 올바른 주인을 선택해서 온전한 마음으로 섬기는 삶을 살아가라. 이것이 주기도를 진실로 드린 자가 살아가는 방식이다.

20
눈의 티를 빼주는 법

¹비판을 받지 아니하려거든 비판하지 말라 ²너희가 비판하는 그 비판으로 너희가 비판을 받을 것이요 너희가 헤아리는 그 헤아림으로 너희가 헤아림을 받을 것이니라 ³어찌하여 형제의 눈 속에 있는 티는 보고 네 눈 속에 있는 들보는 깨닫지 못하느냐 ⁴보라 네 눈 속에 들보가 있는데 어찌하여 형제에게 말하기를 나로 네 눈 속에 있는 티를 빼게 하라 하겠느냐 ⁵외식하는 자여 먼저 네 눈 속에서 들보를 빼어라 그 후에야 밝히 보고 형제의 눈 속에서 티를 빼리라 ⁶거룩한 것을 개에게 주지 말며 너희 진주를 돼지 앞에 던지지 말라 그들이 그것을 발로 밟고 돌이켜 너희를 찢어 상하게 할까 염려하라 마 7:1-6

마태복음 6장 후반부에서 예수님은 기독교인과 재물의 관계를 말씀하셨다. 재물을 주인으로 삼지 말고 오직 하나님만을 주로 섬기라고 하시며, 염려하고 근심하는 대신 모든 것을 공급하시는 풍성하신 하나님을 전적으로 믿고 기도하라고 하셨다. 하나님은 그의 자녀들이 물질에 대한 염려와 근심 없이 오직 하나님의 나라와 의를 추구하면서 살아가기를 원하셨다. 본문은 이제 그리스도인의 대인 관계에 대해서 말씀하신다. 공동체 안에 있는 형제들에게 어떤 자세와 태도를 지니고 살아가야 하는지를 밝혀 주신다.

형제를 향한 올바른 태도는 "비판하지 말라"다. 물질에 대해서는 "염려하지 말라"였다면, 형제에 대해서는 "비판하지 말라"고 하셨다. 우리는 형제라는 이유로 간섭하고 충고하고 비판하고 비난하고 판단하고 정죄하고 심판까지 하려고 한다. 마치 당연한 듯이 이런 말들을 쏟아 낸다. 이 교훈은 앞부분에서 어느 정도 중첩적으로 다뤄졌다. 형제를 향해 분노하고 욕설을 퍼붓지 말라는 말씀(5:21-26), 보복하지 말라는 말씀(5:38-42), 형제에 대한 증오를 포기하라는 말씀(5:43-47)이 비판 금지의 교훈(7:1-6)과 맥락을 같이 하고 있다.

비판하지 말라

비판은 변질된 사랑이다. 시골에서 목회하는 분을 만났는데 그분이 이런 말을 했다. "우리 교회에는 BMW가 두 대나 있습니다." "그래요? 시골에도 부자가 많나 보죠?" "사실은 Big Mouth Woman이 두 분 계신다는 말이에요. 그분들이 교인들의 삶에 어찌나 간섭하는지, 옷을 입는 문제에서부터 자동차, 집, 교육, 가정, 자녀 문제에 이르기까지 그분들의 입방아에서 벗어난 사람이 없어요." 교회마다 이런 분들로 인해서 큰 고통과 괴로움을 겪고 있고, 심지어 갈등과 분열이 일어나기도 한다. 그분들이 하는 소리를 들어보면 나름대로 논리도 있고 타당한 듯 보인다. 그렇다고 해서 다른 사람들의 행태가 잘못되었다고 볼 수는 없다. 비판을 잘하는 분들은 다름과 틀림을 잘 구별하지 못하고, 자기 기준이 올바름의 정석이라고 착각한다. 모든 사람의 삶의 배경과 성장 과정과 달란

트와 관심사와 주께 받은 사명이 다 다른데, 이것을 도외시한다. 우리는 상대를 이해하고 포용해야 하는데 자기 기준에 맞추다 보면 결국 다른 사람들을 다 배척하게 되고 그를 향한 하나님의 역사까지도 부인하게 된다.

고린도교회에서는 바울파, 아볼로파, 게바파, 심지어 그리스도파 등 4개의 분파가 있었다. 추종자들끼리 서로 충돌을 하면서 우위 다툼을 벌였다. 하지만 바울은 모든 사역자의 활동 모습은 서로 다를지라도 모두 하나님의 동역자들임을 선언한다. 그리고 각자의 사역은 하나님께서 주신 사명에 따라 이루어져야 한다고 본다. 그래서 하나님의 부르심에 따라 충성스럽게 일하는 사역자들을 폄훼하거나 비판하지 말라고 했다. "그러므로 때가 이르기 전 곧 주께서 오시기까지 아무것도 판단하지 말라 그가 어둠에 감추인 것들을 드러내고 마음의 뜻을 나타내시리니 그 때에 각 사람에게 하나님으로부터 칭찬이 있으리라"(고전 4:5).

이사야에 따르면 메시아조차도 외모로 판단하거나 비판하지 않는다고 했다. 누군가를 비판하고 심판한다는 것은 하나님의 권위를 찬탈하는 행위다. "그가 여호와를 경외함으로 즐거움을 삼을 것이며 그의 눈에 보이는 대로 심판하지 아니하며 그의 귀에 들리는 대로 판단하지 아니하며"(사 11:3). 눈에 보이는 대로, 귀에 들리는 대로 판단하는 것은 자기 억측과 선입견에 따라 판단하는 것보다는 낫지만, 이것도 결코 올바른 것이 될 수 없다. 진실은 이면에 숨겨져 있으며 우리는 죽을 때까지 그 진실을 모르고 지나갈 때가 많다. 사람은 외모를 보지만 하나님은 중심을 보신다. 오직 하나님만이 중심을 보시고 정확한 판단과 심판을 내릴 수 있는 분이시다.

많은 사람이 산상수훈의 핵심 구절로 7장 12절을 든다. "그러므로 무엇이든지 남에게 대접을 받고자 하는 대로 너희도 남을 대접하라 이것이 율법이요 선지자니라"(마 7:12). 이것을 소위 황금률(golden rule)이라고 부른다. 자기가 원하는 것은 남에게도 해주고, 내가 싫은 것은 남에게 하지 말라는 의미다. 자기가 느끼는 감정 상태를 기준점으로 삼아, 내가 타인에게 어떻게 대우해야 할지를 이심전심으로 알라는 뜻이다. 역지사지(易地思之)의 지혜다. 이런 지혜는 율법과 선지서, 즉 성경이 말하고자 하는 인간관계의 요체라고 할 수 있다. 본문도 같은 원리다. "비판을 받지 않으려거든" 남을 비판해서는 안 된다. 황금률의 반명제라고 볼 수 있다.

예수님은 비판과 헤아림을 말씀하신다. '헤아린다'는 것은 '숫자를 센다'는 의미로, '헤아림'은 곧 '잣대'를 의미한다. 우리는 동일한 잣대를 지니고 있어야 하는데, 대개는 이중 잣대를 가지고 있다. 자기에게는 한없이 관대하고 너그러운 잣대를 들이대지만, 타인에게는 엄격하고 가혹한 잣대를 댄다. 그런 가혹한 잣대를 통과할 자가 과연 이 세상에 존재할까 싶을 정도다. 이런 일들은 정치권에서 비일비재하게 일어난다. 야당일 때는 이렇게 말을 하지만 여당일 때는 저렇게 말을 바꾼다. 자신이 비판하던 것을 자기도 동일하게 하면서 다른 이유를 댄다. 이것이 내로남불이요 위선이다. 그래서 사람들이 그 사람이나 그 정당이 했던 어록이나 행적을 들추어 공격 포인트를 찾기도 한다. 인간은 누구나 연약하고 실수와 허물이 많은 존재들인데 왜 그렇게 타인에 대해서는 엄격한가! 자기 자신조차도 지킬 수 없는 말로 비판을 일삼는다.

남을 비판하고 정죄하는 것이 자기 직업인 것처럼 생각하는 사람도 있다. 영적으로 교만한 사람이다. 그는 자기 자신을 의롭고 완벽하다고 생각하면서, 비판과 정죄를 통해 자기 의를 드러낼 기회로 삼는다. 우월의식일 수도 있다. 적어도 나는 당신들보다는 훨씬 낫다는 생각이 깔려 있다. 바리새인들이 이런 생각으로 예수님의 사역을 비판했다. 비판은 비판하는 사람을 높이고 비판당하는 사람을 낮추는 권력 관계를 은연중에 형성한다. 다른 사람의 잘못은 과장하고, 자신의 잘못은 사소하게 만드는 경향이 있다. 다른 사람을 비판하는 것이 자신의 우월함을 드러낸다고 생각한다.

하지만 심판은 하나님의 것이다. 누구도 하나님 자리에 앉을 수 없다. 만약 앉는다면 이는 월권이요 찬탈이다. 하나님이 되려는 주제넘은 야망을 내려놓아야 한다. 하나님만이 옳다. 비판을 일삼는 것은 결국 하나님 놀이(Playing God)를 하는 것으로서, 자신을 신격화하는 우상숭배나 진배없다. 우리는 재판관이나 위선자가 되어서는 안 되고 형제가 되어야 한다. 예수님의 제자들은 다른 사람들을 판단하는 사람이 아니다. 서로 격려하고, 권면하고, 기도해 줘야 한다. 서로의 성숙과 완전을 위해 겸손히 동행해야 할 동료다.

오늘날 유튜브나 페이스북, 각종 사이트에 올라가 있는 글을 보라. 악성 댓글, 인격 모독, 인신공격, 신상 털기, 비방, 침소봉대 등 언어폭력과 배설하는 말들이 난무하다. 온통 비난, 조롱, 정죄, 막말, 심지어 저주까지 넘쳐난다. 이렇게 할수록 더 많은 동조자와 '좋아요'를 얻기도 한다. 물론 건전한 비판마저 포기하라는 것은 아니다. 분명 잘못된 일은 잘못되었다고 지적해 주어야 한다. 요지는 분별은 해야 하지만 긍휼을 잃어서는 안 된다는 것이다.

예수님은 '비판을 받다'라는 수동태를 사용하고 있는데, 이는 신적 수동태로서 종말에 하나님께서 그의 언행을 심판하신다는 의미다. 비판하는 이나 비판받는 이나 우리는 모두 다 하나님의 심판대 앞에 서게 될 것이다. 살아생전에 형제를 엄격하고 가혹하게 대우했다면 그도 종말에 백보좌 심판대 앞에서 그렇게 엄격하고 가혹하게 심판을 받을 것이다. 하나님은 형제를 대하는 그의 태도, 형제에게 들이댄 잣대에 대해서 문제를 삼으실 것이다. "긍휼히 여기는 자는 복이 있나니 그가 긍휼히 여김을 받을 것임이요"(마 5:7). "긍휼을 행하지 아니하는 자에게는 긍휼 없는 심판이 있으리라 긍휼은 심판을 이기고 자랑하느니라"(약 2:13).

우리는 헤아림의 표준을 잘 만들어야 한다. 동일한 기준을 나와 상대방에게 대야 한다. "그러므로 남을 판단하는 사람아, 누구를 막론하고 네가 평계하지 못할 것은 남을 판단하는 것으로 네가 너를 정죄함이니 판단하는 네가 같은 일을 행함이니라"(롬 2:1). 따라서 먼저 자기 자신에게 대입해 보라. "우리가 우리를 살폈으면 판단을 받지 아니하려니와"(고전 11:31).

다윗은 하나님의 마음에 합한 사람이었지만, 그도 연약한 인간이었기에 육신의 정욕을 통제하지 못했다. 밧세바와 간음하고 그의 남편 우리아를 간교한 방법으로 죽였을 때, 선지자 나단이 찾아와 이야기를 들려주었다. 가난한 자와 부자가 있는데, 부자는 자기에게 온 손님을 대접하기 위해 자신의 많은 양 가운데 하나를 잡지 않고 가난한 자가 자기 딸처럼 여기는 하나밖에 없는 암양을 빼앗았다는 것이다. 이 이야기를 듣던 다윗은 몹시 흥분하며 그 부자는 죽여 마땅하다고 판결을 내렸다. "다윗이 그 사람으로 말미암아 노하여 나단에게 이르되 여호와의 살아계심을 두고 맹세하노니 이 일을 행한 그 사람은 마땅히 죽을 자라"(삼하 12:5).

이렇게 남이 잘못한 것은 잘 안다. 그런데 양 한 마리 빼앗은 부자가 더 잘못했는가? 아니면 남의 아내를 빼앗고 그 남편을 죽음에 몰아놓은 다윗이 더 잘못했는가? 다윗은 부자보다 더 큰 죄를 지은 사람이다. 부자는 남의 양 한 마리를 빼앗았기에 지금이라도 변상할 수 있지만 다윗은 남의 아내를 가로채고 그의 남편을 죽게 한 사람이다. 그런데도 자신에게는 관대하고 남에게는 엄격하다. 다윗은 부자를 정죄하기에 앞서 먼저 자기 자신을 객관화시켜 보았어야 했다. 우리는 남에 대해서는 이렇게도 판단을 잘하면서 자신이 그런 사람인지는 모른다. 이것이 인간의 한계요 수치다.

심판의 세계와 은혜의 세계는 그 결과가 전혀 다르다. 인간의 비난과 비판은 절대로 악을 바로잡을 수 없고 오히려 더 악화시킨다. 다른 사람의 허물에 초점을 맞추는 것은 비생산적이다. 다른 사람을 보는 우리의 시각은 객관적이지 않고 주관적이다. 우리는 사물을 있는 그대로 보지 않고, 우리의 마음대로, 우리가 보고 싶은 대로 본다. 만약 내 눈에 들보가 들어있다면 잘못 볼 가능성은 훨씬 커진다. 그러므로 남과 비교하고 남을 비판하고 남을 변화시키려고 하지 말고, 자신이 먼저 변화되자. 예수님은 남에게는 관대하라고 요구하신다. 하나님은 나에게 관심이 많으시다.

티끌과 들보

예수님은 평소 타인을 향해 비난하고 정죄하는 인생에게 충격을 안겨 줄 말씀을 하신다. 우리는 타인을 비난할 자격이 없는 무자격자임을 알려 주신다. 본래 예수님은 아버지 때부터 목수였기 때문에 목공 일에 친숙하시다. 그래서 티끌과 들보를 들어 영적인 깨우침을 주신다. "어찌하여 형제의 눈 속에 있는 티는 보고 네 눈 속에 있는 들보는 깨닫지 못하느냐"(마 7:3). 자신의 눈에는 들보가 있고, 타인의 눈에는 티끌이 있다. 영적 실상으로 보자면 남에게 손가락질하는 우리야말로 더 큰 허물 가운데 있다. 그런데도 우리는 타인의 작은 잘못과 허물을 비방했던 어리석은 자였다. 그런데 남의 약점은 크게 만들고 자기 약점은 작게 만드는 침소봉대의 달인이었던 셈이다. 우리 모두는 타인을 비판할 능력이 없다. 내 눈에 있는 들보 때문에 그렇다. 들보가 있는 한 그렇다. 제대로 보지도 못하는데 어떻게 남을 고쳐 주겠는가.

그래도 들보와 티끌의 비유에서 희망을 발견하게 되는 것은 이런 인간의 약점이 치료 불가능한 질병이 아니라는 것이다. 우리의 눈에 티끌이 들어오면 어떻게 되는가? 눈물이 나고 눈을 깜빡이게 된다. 눈이 아파 오면 타인에게 눈에 입김을 불어 달라고 한다. 그래도 안 빠지면 병원에 간다. 모든 인간의 허물, 잘못된 시선은 눈에 들어간 이물질과 같다. 우리는 눈과 이물질을 구별할 줄 알아야 한다. 인간의 가장 민감한 부분에 외부에서 무엇인가가 침투한 것이다. 몸의 기관과 이물질을 구분하지 못하면 유능한 의사가 못 된다. 지금 인류의 눈에 이물질이 들어갔다. 그래서 코로나19로 인류가 신음하고 있다. 이것은 하나님이 창조하신 본모습이 아니다. 귀신들림도 이질적인 것이 정상적인 사람에게 들어온 것이다. 사람의 질병도 다 이물질이 우리에게 들어온 탓이다. 치유란 이물질을 본모습에서 분리해 내는 것이다. 눈을 돌볼 때 눈 속의 티만 보지 말고 눈 자체도 보아야 한다. 그럴 때 본래의 눈을 회복시킬 수 있다.

내 눈 속에 들보가 있고, 타인의 눈 속에 티가 있다고 해서 그 형제의 허물에 대해서 입을 닫고 침묵하라는 것은 아니다. 남의 잘못에 관심을 끄라는 것이 아니라 나보다 작은 결점을 가진 형제에게 관대하라는 의미다. 남에게 충고한다는 것이 쉬운 일은 아니다. 하지만 내 눈에 '티'가 있고, 그에게는 '들보'가 있다는 교만한 마음으로는 안 된다. 내 눈에 '들보'가 있고, 그에게는 '티'가 있다는 겸손한 마음으로 접근해야 한다. '나에게는 들보가 있지만, 내게도 당신의 티가 보이네. 당신은 그것만 고치면 정말 좋겠네'라는 마음으로 접근해야 한다. 그러면 그가 마음의 문을 열지 않겠는가? 그렇다면 형제의 허물을 통해 형제와 나 모두가 영적인 성숙을 꾀할 수 있는 방법은 무엇인가?

첫 번째는 형제의 허물을 통해 내 잘못을 깨닫는 것이다. "어찌하여 형제의 눈 속에 있는 티는 보고 네 눈 속에 있는 들보는 깨닫지 못하느냐"(마 7:3). '보고' '깨달음'은 정말 귀한 것이다. 탕자의 비유에 나오는 탕자는 그 깨달음에 도달하기까지 물질을 다 탕진하고 시간도 버리고 건강도 해쳐가며 고생도 죽도록 했다. 형제의 허물을 보고 깨달음에 도달할 수 있다면 이것은 축복이다. 이 말씀은 책망의 말씀이기는 하지만 달리 생각해 보면, 형제의 허물을 통해 자기 허물을 돌아보라는 의미다. 형제의 허물은 결국 반면교사(反面敎師)가 되고 타산지석(他山之石)이 되는 것이다. 남의 실수를 통해 먼저 배우는 것이다. 하나님이 우리 눈에 형제의 허물을 보게 하신 것은 당장에 그것을 지적하고 비판하고 비난하라는 것이 아니라, 자신을 돌아보라는 것이다. 다른 사람은 나를 비추는 거울이다. 나에게는 그런 점이 없나? 나는 그런 잘못 안 했나? 이렇게 자기 성찰로부터 시작해야 한다. 파괴적인 비판이 아니라 건설적인 비평을 해주기 위해 꼭 필요한 사전 준비다. "외식하는 자여 먼저 네 눈 속에서 들보를 빼어라"(마 7:5상). 먼저 자기 눈 속에서 들보를 빼야 한다. 이것은 형제가 준 선물이다.

두 번째는 잘 보아야 한다. "그 후에야 밝히 보고 형제의 눈 속에서 티를 빼리라"(마 7:5하). 내 눈 속에서 들보를 빼낸다고 해서 밝히 볼 수 있는 것은 아니다. 관심과 사랑이 없으면 눈 뜨고 있으면서도 잘 보지 못한다. 심판은 눈을 멀게 하지만, 사랑은 눈을 뜨게 한다. 그를 심판하려는 마음을 갖는 것은 아직 제대로 보지 못하고 있다는 증거다. 사랑은 타인을 십자가 아래에서 용서받은 사람으로 인식하는 것이다. 나는 용서를 받고 타인은 심판을 받아야 한다고 말하는 것은 잘못이다. 용서를 경험한 사람만이 남을 용서할 수 있다. 상처를 입어 본 사람만이 남의 상처를 이해할 수 있다. 회개한 사람의 눈에는, 사랑을 품고 있는 사람의 눈에는 티끌같이 미세한 것도 잘 보인다.

세 번째는 손을 깨끗이 씻어야 한다. 자기 자신부터 정결해야 한다. 눈보다 더 예민한 기관은 없다. 잘못하면 오염된다. 비록 하나님께 용서를 받았다고 해도 우리는 현실 생활 속에서 끊임없이 죄로 오염된다. 죄로 오염된 영혼과 마음으로는 형제의 눈 속에 있는 티끌을 꺼내 줄 수 없다. '오지랖 넓은 지적질'이 아니라 '사랑의 조언'이 되려면 우리는 먼저 성결을 유지해야 한다. 목욕을 했어도 여전히 우리는 손을 매일 씻어야 한다. 특별히 형제자매의 티끌을 빼줄 때는 민감하고 긍휼에 찬 손이 필요하다.

네 번째는 신뢰를 쌓아야 한다. 신뢰는 자본이라서 오랜 동안의 적립이 필요하다. 신뢰는 하루아침에 생기지 않는다. 눈처럼 예민한 기관이 어디 있는가? 그것을 상대에게 내어 맡기려면 어느 정도의 신뢰가 필요할까? 전폭적으로 믿고 맡길 수 있는 사람이 아니라면 절대 자기 눈을 보여 줄 리 없다. 눈을 콕 쑤시면 어떻게 하라고! 상대가 형제로 보여야지 개, 돼지로 보여서는 절대로 눈을 대주지 않는다. 그러므로 감정은행에 신뢰도가 쌓여야 한다. 신뢰를 쌓으려면 언행일치의 삶을 살아야 하고 친밀도가 높아져야 한다.

다섯 번째는 정교한 기술이 있어야 한다. 티끌을 뺀다고 하면서 집게를 가지고 가서 티끌 대신 눈을 뽑아서는 안 된다. 정확한 지식과 숙련된 기술이 필요하다. 어설프게 했다가는 오히려 사태를 악화시킬 수 있다. 앞의 과정을 잘 밟은 사람은 전문적인 지식과 탁월한 커뮤니케이션 능력으로 상대의 문제를 지혜롭게 해결해 줄 수 있을 것이다. 상대의 눈에서 티를 빼주는 다섯 단계를 말했는데, 이처럼 상대방에게 충고하는 것은 어렵다.

개와 돼지 비유

그리고 반전 스토리가 나온다. 개와 돼지 비유다. "거룩한 것을 개에게 주지 말며 너희 진주를 돼지 앞에 던지지 말라 그들이 그것을 발로 밟고 돌이켜 너희를 찢어 상하게 할까 염려하라"(마 7:6). 이것은 예외적인 상황이다. 비판은 아니라도 분별은 해야 한다. 예수님은 우리에게 개와 돼지를 주의하라고 하신다. 형제자매가 아니라 개와 돼지로 분류되는 자는 어떤 사람인가? 본래 개와 돼지는 유대인들에게 부정한 짐승으로 여겨졌다. 복음의 가치를 모르는 자들, 복음을 버리고 다시 세상으로 돌아간 불신자를 의미할 것이다. 당시 사람들은 개와 돼지의 습성은 토한 것으로, 더러움으로 다시 돌아가는 것이라고 생각했다. "개가 그 토하였던 것에 돌아가고 돼지가 씻었다가 더러운 구덩이에 도로 누웠다 하는 말이 그들에게 응하였도다"(벧후 2:22).

정말 그가 개, 돼지라면 그에게 던져 주는 진주의 가치를 모를 것이다. 진주의 가치를 모르는 자들, 어리석은 자들은 먹는 것 외에는 원하는 것이 없다. 개에게 거룩한 것, 돼지에게 진주는 아무 소용이 없다. 개와 돼지에게는 좋은 뜻으로 충고를 해도 좋게 받아들이지 않을 것이니 무슨 소용이 있겠는가? 앞에서 말한 단계를 충실하게 따라 했는데도 반발을 하면 개나 돼지인 것이 분명하다. 당신을 탓하지 마라. 개나 돼지는 충고를 받기는커녕, 충고하는 자를 역으로 공격할 것이다. 감사하기는커녕, 오히려 해를 입힌다. "그들이 그것을 발로 밟고 돌이켜 너희를 찢어 상하게 할까 염려하라." 그런 자들에게는 충고하지 말라. 자신을 위해서 하는 것을 그들은 모른다.

앞 단락에서는 물질에 대해서 "염려하지 말라"고 말씀하셨는데, 여기서는 이런 자들은 "염려하라"고 하신다. 물질은 손해가 나도 공격을 하지 않지만 사람은 공격을 한다. "거만한 자를 책망하지 말라 그가 너를 미워할까 두려우니라 지혜 있는 자를 책망하라 그가 너를 사랑하리라"(잠 9:8). 사람과 상황을 분별하여 지혜롭게 처신하라. 그가 개와 돼지가 아니라면 너의 사랑을 알게 될 것이다. 너의 진심을 몰라주면 개와 돼지로 여기라. 너무 상처받지 말

라. 심판과 죄 용서는 하나님의 몫이다. 그래도 하나님이 하실 영역은 남겨 두어야 한다.

　물질과 관련해서는 염려하지 말고 기도하라고 하셨다. 형제자매와 관련해서는 비판하지 말고 기도해야 한다. 물질이나 인간관계에 하나님을 개입시켜라. 그럴 때 공동체가 평화 가운데 온전히 서게 될 것이다.

21
좋은 것으로 주심

⁷구하라 그리하면 너희에게 주실 것이요 찾으라 그리하면 찾아낼 것이요 문을 두드리라 그리하면 너희에게 열릴 것이니 ⁸구하는 이마다 받을 것이요 찾는 이는 찾아낼 것이요 두드리는 이에게는 열릴 것이니라 ⁹너희 중에 누가 아들이 떡을 달라 하는데 돌을 주며 ¹⁰생선을 달라 하는데 뱀을 줄 사람이 있겠느냐 ¹¹너희가 악한 자라도 좋은 것으로 자식에게 줄 줄 알거든 하물며 하늘에 계신 너희 아버지께서 구하는 자에게 좋은 것으로 주시지 않겠느냐 ¹²그러므로 무엇이든지 남에게 대접을 받고자 하는 대로 너희도 남을 대접하라 이것이 율법이요 선지자니라 마 7:7-12

앞 단락(마 7:1-6)이 '형제와의 관계'를 다루고 있다면, 본문(마 7:7-12)은 '하나님과의 관계'를 다루고 있다. 전체를 연결시키면 형제를 비판하지 말고 하나님께 기도하라는 것이다. 이와 관련해서 공통되는 구절을 회상해 볼 필요가 있다. "거룩한 것을 개에게 주지 말며 너희 진주를 돼지 앞에 던지지 말라 그들이 그것을 발로 밟고 돌이켜 너희를 찢어 상하게 할까 염려하라"(마 7:6). 하나님은 제자들에게 거룩한 것, 진주를 주려 하시는데, 개와 돼지 같은 자들은 먹을 것만 구하고 하나님이 주시는 것의 가치를 모른다. 땅의 것만 추구하고 하늘의 것을 도외시한다면 그에게는 아무 유익도 없다. 오히려 해롭기까지 하다. 한편 형제에게 귀한 충고를 주는데도 가치를 모르는 자들에게 너무 마음을 쓰지 말고 하나님께 기도하라는 것이다. 우리도 하나님이 주시는 귀한 것의 가치를 알기 위해서는 계속해서 기도해야 한다. 기도하면 하나님이 우리의 영안을 열어 주시고 영감을 주셔서 참으로 고귀한 것을 깨닫게 하신다.

구하고 찾고 두드리라

"구하라 그리하면 너희에게 주실 것이요 찾으라 그리하면 찾아낼 것이요 문을 두드리라 그리하면 너희에게 열릴 것이니"(마 7:7). 세 가지 동사가 나온다. '구하다', '찾다', '두드리다', 영어로 보면 asK, seeK, knocK이다. 단어의 마지막 글자를 따라 '3K'라고 할 수 있다. 여기 사용된 헬라어 동사들은 모두 현재형이다. 즉 '계속해서 구하라, 그러면 너희에게 주실 것이요, 계속해서 찾으라, 그러면 찾을 것이요, 계속해서 문을 두드리라, 그러면 너희에게 열릴 것이니." 바울은 데살로니가 교인들에게 "항상 기뻐하라 쉬지 말고 기도하라 범사에 감사하라"고 했는데 쉬지 말고 기도함을 여기서 요구하고 있다. 무엇인가 필요한 것이 있을 때 응답될 때까지 하나님께 끊임없이 구하고 간구하라는 의미다.

필요한 것이 있을 때 끊임없이 구해서 자기 수중에 받아내고야 마는 수완가들이 있다. 하나님뿐 아니라 사람들에게서도 곧잘 얻어내곤 한다. 나는 비록 이렇게 구하라고 설교를 하고 있지만,

일생 이런 일에 익숙하지 못하다. 특별히 모금을 못한다. 다른 사람이나 교회의 사역, 선교의 일을 위해서도 말하기가 힘들다. 나는 유학을 갈 때도, 개척교회 사역을 할 때도, 심지어 부모에게도 학비를 달라고 말하지 못했다. 알아서 주면 몰라도, 남에게 부담을 주고 싶지 않았다. 그래서 '계속해서' 구하지 못했다. 이러한 이유로 나는 이 말씀이 어렵다. 이런 습관이 있다 보니 하나님을 향해서도 끊임없이 줄기차게 구하지는 못했다. '전지전능하신 하나님이 내 필요한 것을 아시고 그냥 알아서 주시지 왜 이렇게 자꾸 구하라고 하시나?' 하는 생각이 들었다. 그런데도 뒤돌아보면 부족한 것이 하나도 없었다. 하나님은 우리 마음을 살피시기 때문이다. 나는 오히려 생각하지도 못한 곳에서도 하나님의 도우심을 많이 받았다. 내가 깨달은 바로는 기도는 말로만 표현되는 것이 아닌 것 같다. 그래서 오히려 나 같은 사람이 이 말씀의 능력을 경험하기가 쉬운 것 같다.

기도할 때는 기도의 준비, 기도의 내용, 기도의 방식을 유념해야 한다. 주기도는 기도의 내용에 대한 말씀이었지만, 이제는 기도의 방식에 대한 말씀이다. 예수님은 기도를 '구하라, 찾으라, 두드리라'고 세 번에 걸쳐 말씀하셨다. 현재형 동사가 아니더라도 이것 자체만으로도 '계속해서' 기도하라는 의미가 담겨 있다. '기도하고 또 기도하고 또 기도하라.' 요청의 강도도 더 강해진다. 음악으로 치면, 포르테, 포르테시모, 포르테시시모로 점층적으로 진행된다. 게다가 비슷한 말씀을 두 번 말씀하시는 반복법을 구사하셨다(7절과 8절).

문제는 여기서 동사의 목적어가 없다는 것이다. 무엇을 구하고, 무엇을 찾고, 무엇의 문을 두드리는지는 괄호 상태다. 그러니 우리는 그 괄호 안에 무엇이든지 넣어도 된다. 당신은 그 괄호 속에 무엇을 넣겠는가? 건강과 물질과 축복을 구하겠는가? 배우자와 직장과 좋은 집을 찾을 것인가? 진로의 문, 진학의 문, 취업의 문을 두드리겠는가? 기도자의 열정과 간절함도 증가한다. 처음에는 말로 구하고, 다음에는 두 발로 찾아 나서고, 마지막에는 손을 들어 문을 두드린다. 입으로 발로 손으로, 점점 더 실체에 가까이 나아간다. 기도를 했으면 응답을 찾고, 믿음으로 행동을 하라는 의미다. 이런 전 과정이 기도의 행위라고 할 수 있다. 기도는 구체적으로 지속적으로 적극적으로 행해야 한다. 기도만큼 적극적인 행위는 없다. 베드로가 옥에 갇혀 죽음을 앞두고 있을 때, 교인들은 사도의 석방을 위해 간절히 기도했다. 하지만 막상 천사의 도움으로 베드로가 기적적으로 탈옥했을 때 그들은 기도 응답을 믿지 않고 베드로를 문 밖에 세워 두었다(행 12장). 기도는 수동적인 것이 아니라 능동적인 행위요, 소극적인 행위가 아니라 적극적인 행위다.

7절과 8절은 사실상 동일한 내용인데, 주체라는 관점에서 표현을 달리하고 있다. 7절은 전체적으로 볼 때 신적 수동태(divine passive) 동사를 사용해서 주시는 분, 문을 열어 주시는 분이 하나님임을 암시한다. 반면 8절은 은혜를 받는 사람을 전면에 앞세우고 있다. "구하는 이마다 받을 것이요 찾는 이는 찾아낼 것이요 두드리는 이에게는 열릴 것이니라"(마 7:8). 예수님은 구하고 찾고 두드리라고 명령하시면서, 그 말씀에 순종하는 모든 자는 받고 찾아내고 문이 열릴 것이라는 약속을 주시고 있다. 헬라어 원어 '파스 호'는 '~하는 모든 사람'이라는 의미로, "구하는 이마다"에서 "~마다"에 해당하는 개념이다. 하나님은 분명 받게 하시고, 찾게 하시고, 문을 열어 주신다. 하지만 이는 무조건적인 약속이 아니다. 구하고, 찾고, 두드려야 한다. 하나님은 구하고 찾고 두드리는 자의 필요를 채우신다. 하나님은 먼저 기도하게 하시고 주신다. 입으로 먼저 시인하게 하시고 주신다. 부지런히 찾게 하시고 발견하게 하신다. 우리의 일은 구하고 찾고 두드리는 것이고, 하나님의 일은 주시고 찾게 하시고 열어 주시는 것이다. 우리는 우리 할 일만 하면 된다. 그러면 하나님은 하나님이 하실 일을 하신다. 하나님이 하실 일에 대해서는 염려할 필요가 없다.

하나님은 미리 준비하고 계신다. 구하기 전에 우리에게 필요한 것을 아시고 최고의 것으로 준비해 두신다. 이것은 아브라함이 모리아 산에서 확인한 것이다. 아브라함에게 독자 이삭을 번제로 바치라고 했을 때, 하나님은 이미 숫양 한 마리를 준비하고 계셨다. 아브라함은 여호와 이레, 준비하시는 하나님을 체험했다. 하나님은 어제나 오늘이나 영원토록 동일하시되, 아브라함에게나 우리에게나 동일하시다. 하나님은 모든 것을 아시며, 모든 것이 가능하시며, 언제든지 함께하신다. 하나님은 주실 준비가 되어 있고, 우리는 주어진 것을 발견하게 될 것이고, 문은 열리게끔 만들어졌다. 그래도 문을 두드리는 것은 예의다. 내 집이라면 문을 두드릴 필요가 없지만 다른 사람의 방에 들어가려면 노크를 해야 한다. 예수님도 내 마음의 문을 두드리신다. "볼지어다 내가 문 밖에 서서 두드리노니 누구든지 내 음성을 듣고 문을 열면 내가 그에게로 들어가 그와 더불어 먹고 그는 나와 더불어 먹으리라"(계 3:20). 나도 하나님께 나아가는 문 앞에서 문을 두드린다. 그 문 너머에는 너무나 놀라운 세계가 나를 기다리고 있다. 주님과의 친밀한 교제, 새로운 세상, 소망 찬 미래가 열린다. 기도로 주님이 준비하신 세상으로 들어간다. 당신의 앞이 막혀 있어서 답답하게 느껴지는가? 문을 두드리라. 우리가 맞닥뜨린 것은 막힌 동굴이 아니라 터널임을 알게 될 것이다. 갇혀 있는 감옥이 아니다. 나갈 길이 반드시 있다.

비록 하나님은 여호와 이레, 공급의 하나님으로서 우리 필요를 알고 미리 채워 주시지만, 예수님은 우리에게 적극적인 기도 활동을 요청하셨다. 기도했으면 행동으로 도전하게 하시고 그 결과 길과 문을 열어 주시는데, 이렇게 해야 기도의 응답이 우리에게 유익하다. 기도는 은혜가 풍성한 하나님, 자비로운 아버지로부터 선물을 받을 준비를 시키고, 또한 받은 뒤에는 감사함을 갖게 한다. 우리가 누리게 되는 것이 결코 우연히 얻은 횡재(橫財)가 아니라 하나님의 따스한 손길임을 느끼게 하기 위함이다. "온갖 좋은 은사와 온전한 선물이 다 위로부터 빛들의 아버지께로부터 내려오나니"(약 1:17). 고대했던 선물을 통해 선물을 주신 분을 더욱 사랑하게 된다. 그리고 기도를 통해 얻어야 귀히 여기고 허랑방탕하지 않고 유익하고 보람 있게 사용하게 된다. 그리고 우리 마음속에는 믿음이 더욱더 굳건해지고 확신과 평강 가운데 있게 된다.

　예수님은 우리 평생의 신앙생활이 기도와 응답의 연쇄작용으로 이루어지기를 원하신다. 기도와 응답은 진학, 결혼, 취업과 같은 인생 중대사에만 이루어지는 단발성 사건이 되어서는 안 된다. 기도하면 응답받고, 새로운 기도를 해서 새로운 응답을 받고 살아가야 한다. 오늘 실컷 밥을 먹었다고 해도 내일 다시 밥을 먹어야 살듯, 기도와 기도 응답도 동일하다. 이런 거룩하고 복된 연쇄작용은 습관이 되게 해야 한다. 지속적으로 기도하면 우리 인생 전체에 긍정적인 결과와 열매를 맺는다. 지속적으로 기도할 때 우리 믿음이 자라고 인내가 커진다. 우리에게 진실로 필요한 것이 무엇인지를 깨닫게 되고, 하나님의 선하시고 기뻐하시고 온전하신 뜻을 차츰 알아 가기도 한다. 내 뜻을 내려놓고 하나님의 뜻을 받아들이게 된다. 내 역할이 무엇인지를 깨닫고 궁극적으로 공급하시는 하나님의 자비와 능력을 체험하게 된다. 결국 우리는 지속적 기도를 통해 참된 하나님의 사람, 하나님의 자녀, 하나님의 백성이 되어 간다. 가랑비에 옷 젖는 줄 모르듯, 기도를 통해 우리는 어느새 변화되어 가고 거룩해져 간다. 끈질긴 기도의 진정한 가치는 '무엇을 얻느냐'보다 '어떤 사람이 되느냐'에 있다.

　초보적인 단계에서는 우리가 끈질기게 기도하는 접근 방식을 취하지만, 결국은 하나님께서 우리를 구하고, 찾고, 두드리셨음을 알게 된다. 나는 하나님을 향하고, 하나님은 나를 향하는 것이다. 터널을 뚫는 것을 보았는가? 양쪽에서 뚫고 오다가 만난다. 그러면서 관통이 된다. 유다 히스기야 왕 시절에 예루살렘 터널을 뚫을 때 공사가 급하였기 때문에 양방향에서 서로를 향해 뚫어 가게 하여 정확하게 중간에서 만났다. 이처럼 기도는 양방향이다. 처음에는 자기 소원을 아뢴다 할지라도 시간이 흘러 대화가 깊어지면 하나님의 뜻에 도달하게 된다. 끈질기게 기도하는 과정에서 인간적인 욕망과 계획은 차츰 하나님의 뜻이나 섭리와 조화를 이루게 된다.

우리가 구하는 것보다

그런데 사실은 구하는 자의 끈질긴 노력이 응답을 받아내는 것이 아니라, 하나님의 사랑과 은혜가 선한 응답을 주시는 것이다. 즉 구하는 자의 노력이 응답을 쟁취해 내는 것이 아니라, 주시는 분의 사랑이 좋은 응답을 가능하게 한다. "너희 중에 누가 아들이 떡을 달라 하는데 돌을 주며 생선을 달라 하는데 뱀을 줄 사람이 있겠느냐 너희가 악한 자라도 좋은 것으로 자식에게 줄 줄 알거든 하물며 하늘에 계신 너희 아버지께서 구하는 자에게 좋은 것으로 주시지 않겠느냐"(마 7:9-11).

예수님은 기도 응답의 확실성을 말씀하시면서 아버지와 아들의 비유를 들어 주셨는데, 이는 기독교인들이 드리는 기도의 본질을 잘 보여 주고 있다. 기도는 인격과 인격이 만나는 관계다. 기도는 인격적 관계다. 예수님께서는 기도를 들어주시는 분과 기도하는 자의 관계를 아버지와 아들, 친구와 친구, 재판관과 과부로 설명하셨다. 본문에서 하나님과 기독교인은 아버지와 아들의 관계다. 이 세상에서 더 친밀할 수 없는 그런 관계다. 이를 통해 우리는 기도에 대한 확신을 더욱 가질 수 있다. 하나님은 결코 우리의 아저씨가 아니다. 우리는 종이 아니다. 하나님은 우리 아버지요, 우리는 그분의 사랑을 받는 자녀다. 눈에 넣어도 아프지 않은 아들, 그를 위해 자기 목숨도 줄 수 있는 바로 그 아들임을 명심해야 한다. 하나님을 아버지라고 부른 것은 당시로서는 획기적인 일이었다. 충격적인 파격이었다. 하지만 이것은 영적인 진실이다.

아들은 아버지에게 떡과 생선을 구할 수 있다. 이것은 먹을 것들이다. 악한 자는 떡 대신 돌을 주고, 생선 대신 뱀을 주어 해를 끼칠 수 있다. 악한 자들은 구한 것보다 못한 것, 나쁜 것, 해로운 것을 준다. 하지만 악한 자라도 자기 자식에게만은 떡을 구하면 떡을, 생선을 구하면 생선을 어떻게든 구해 줄 것이다. 그것은 아버지의 본능이다. 하지만 우리의 진정한 아버지 되신 하나님은 어떻게 하실까? 우리가 떡을 구하고 생선을 구할 때, 구하는 것을 주시는 것은 물론이요, 그 이상의 것을 허락하신다. 선하신 아버지 하나님은 '좋은 것'으로 주신다.

본문을 이해하기 위해서는 하나님 성품에 대한 이해가 필요하다. 하나님의 사랑이 우리 기도의 전제 조건이다. 하나님은 구하는 자에게 '구한 대로 주신다'고 하지 않고 '좋은 것으로 주신다'고 한다. 우리는 구하지만 정말 무엇이 좋은 것인지 모른다. 그러면 기도할 때 얼마나 조심해야 구해야 하겠는가? 그런데 하나님은 좋은 것으로 응답해 주신다. 그래서 안심하고 기도할 수 있다. 하나님은 내가 기도한 대로 주시지 않고 항상 더 좋은 것으로 응답하신다. 하나님은 항상 '좋은 것'을 '기도'라는 그릇에 담아 주신다. 우리가 구하고 찾고 두드리다 보면 자신이 생각했던 것보다 '더 좋은 것'이 주어지는 것을 경험하게 된다. 만약에 아이가 모르고 먹지 못할 돌과 생선을 구한다면 어떻게 하실까? 그때도 좋은 것으로 주신다. 우리가 모르고 잘못 구하면 하나님은 그것을 변경하여 좋은 것으로 주시고, 좋은 것을 구하면 그보다 더 좋은 것으로 주신다. 아무리 악한 부모라 하더라도 자기 자녀에게는 좋은 것을 주고 싶어 한다. 문제는 부모의 한계다. 인간은 애정의 한계, 성품의 한계, 지식의 한계, 능력의 한계 때문에 좋은 것을 주고 싶어도 못 준다. 하지만 하나님은 전능하신 분이다. 주고자 하시면 못 주실 것이 없다.

병행 기사인 누가복음에는 이렇게 표현되어 있다. "너희가 악할지라도 좋은 것을 자식에게 줄 줄 알거든 하물며 너희 하늘 아버지께서 구하는 자에게 성령을 주시지 않겠느냐"(눅 11:13). 누가는 마태가 '좋은 것'이라고 한 것을 '성령'으로 바꾸었다. 성도가 받을 수 있는 최고의 기도 응답은 성령이다. 성령을 주심으로 모든 것을 주시는 것이다. 성령 안에는 은혜와 은사 그리고 능력과 지혜를 포함한 모든 것이 있다. 기도하다가 성령 받고, 성령의 사람이 되니 모든 것이 달라진다.

왜 성령님이 최고의 기도 응답인가? 하나님만이 주실 수 있는 것이기 때문이다. 사람이 줄 수 있는 것을 구하는 것은 아직 최고의 것이 아니다. 모든 기도의 목표점은 성령 충만이다. 모든 좋은 것은 성령 안에서 나타나며 성령은 모든 좋은 것의 총체이고 절정이다. 성령님 안에 모든 것이 다 포함되어 있다. 성령님은 하나님 나라의 보증이며, 성령님은 우리를 돕는 보혜사다. 성령님은 진리 가운데로 우리를 인도하신다. 성령님은 믿음의 원동력이다. 기도의 능력이 바로 성령님이다. 위로부터 능력이 임해야 모든 문제가 해결된다. 성령님은 하나님의 역사와 예수님의 사역을 현재화시킨다. 성령님이 삶의 모든 영역에 깊은 영향을 끼치기 시작한다. 죽음, 두려움, 능력, 물질 등 모든 문제가 성령님으로 해결된다. 성령님은 우리의 힘으로 할 수 없는 일을 할 수 있도록 놀라운 능력을 주신다. 무엇을 구하고 찾고 두드리겠는가? 결국 성령을 구해야 한다.

남에게 대접을 받고자 하는 대로

12절은 소위 황금률(golden rule)로 알려져 있다. "그러므로 무엇이든지 남에게 대접을 받고자 하는 대로 너희도 남을 대접하라 이것이 율법이요 선지자니라"(마 7:12). 공자는 '기소불욕 물시어인'(己所不欲 勿施於人) 즉 '자기가 하기를 원하지 않는 일은 다른 사람에게도 베풀지 말라'고 했다. 예수님의 황금률은 공자의 소극적인 성격을 적극적인 성격으로 변화시킨다. '네가 남에게 대접을 받고자 하는 것이 있느냐? 그러면 네가 먼저 그에게 그렇게 대접해 보라.' 소극적이든 적극적이든 공통된 것은 입장을 바꿔 생각해 보라는 의미다. 즉 역지사지(易地思之)의 태도로, 내가 좋아하는 것은 타인도 좋아할 터이니 그에게 해주고, 내가 싫어하는 일은 타인도 싫어할 터이니 강요하지 말라는 뜻이다. 이웃을 향한 이런 정신은 율법과 선지자 즉 성경이 가르치고자 하는 교훈의 요체다. 다른 사람의 자리에 서서 생각해 보면 합당한 길, 선한 길이 발견될 것이고, 그 원리대로 살아가는 것이 참된 지혜라는 말이다. 어떤 길이 올바른 길이며 지혜로운 처신인가는 자기를 기준으로 해서 상대방의 마음을 헤아려 보면 알게 된다는 것이다.

"그러므로"라는 인과관계 접속사가 구절 첫머리에 나온다. 황금률은 앞 단락(마 7:7-11) 즉 구하고, 찾고, 문을 두드리는 '기도의 교훈'과 연관되어 있다는 의미다. 우리가 하나님께 기도할 때 하나님께서 응답하시되 선하고 좋은 것으로 응답하신다는 교훈을 바탕으로 황금률을 다시 생각해 보게 된다. 누군가가 나를 위해 기도해 주기를 바랄 때가 있다. 위기에 빠졌거나 힘든 일이 있을 때, 나 혼자만의 기도로는 어려움을 헤쳐나갈 자신이 없을 때 중보기도를 요청한다. 이 경우 황금률을 적용하면 이렇다. '다른 사람이 너를 위해 기도해 주기를 원하는가? 그러면 네가 먼저 타인을 위해 중보기도 하라.' 하나님과의 관계에서는 이렇다. '하나님이 너의 기도를 듣고 가장 좋은 것으로 응답하실 것을 기대할 것이다. 그러면 너도 기도할 때 하나님이 너에게 무엇을 원하시는지 헤아려 보라.' 우리는 기도를 할 때도 하나님을 먼저 대접해야 한다. 오직 내 육신과 정욕과 욕심을 위해 간구하지 말고, 먼저 그의 나라와 그의 의를 위해서 간구하는 것이다. 하나님이 원하시는 일을 먼저 하는 것이다. 하나님에게 응답을 받고자 하는 대로 먼저 하나님의 뜻에 응답하는 것이다. 하나님의 응답을 기대하면서 먼저 하나님이 기뻐하시는 일을 행하는 것이다. 이처럼 황금률을 기도에 적용하면, 기도할 때 하나님의 마음을 알게 된다.

황금률을 통해 예수님은 우리에게 하나님의 마음을 알려 주신다. 하나님은 우리에게 먼저 은혜를 베풀어 주신다. 왜냐하면 하나님은 우리에게 그런 대접을 원하시기 때문이다. 우리가 좋은 아들이 되기를 원하셔서 하나님은 먼저 좋은 아버지가 되셨다. 그렇다면 기도하는 우리도 하나님을 먼저 대접해 드리는 마음을 가져야 한다. 순종의 제사, 감사의 제사, 헌신의 제사를 드려야 한다. 서로를 먼저 대접하려는 이런 마음이 율법과 선지자로 대변되는 성경을 이루는 것이다. 그것은 우리 영적 유익에 이바지할 것이다.

22
좁은 문, 좁은 길

¹³좁은 문으로 들어가라 멸망으로 인도하는 문은 크고 그 길이 넓어 그리로 들어가는 자가 많고 ¹⁴생명으로 인도하는 문은 좁고 길이 협착하여 찾는 자가 적음이라 ¹⁵거짓 선지자들을 삼가라 양의 옷을 입고 너희에게 나아오나 속에는 노략질하는 이리라 ¹⁶그들의 열매로 그들을 알지니 가시나무에서 포도를, 또는 엉겅퀴에서 무화과를 따겠느냐 ¹⁷이와 같이 좋은 나무마다 아름다운 열매를 맺고 못된 나무가 나쁜 열매를 맺나니 ¹⁸좋은 나무가 나쁜 열매를 맺을 수 없고 못된 나무가 아름다운 열매를 맺을 수 없느니라 ¹⁹아름다운 열매를 맺지 아니하는 나무마다 찍혀 불에 던져지느니라 ²⁰이러므로 그들의 열매로 그들을 알리라 ²¹나더러 주여 주여 하는 자마다 다 천국에 들어갈 것이 아니요 다만 하늘에 계신 내 아버지의 뜻대로 행하는 자라야 들어가리라 ²²그 날에 많은 사람이 나더러 이르되 주여 주여 우리가 주의 이름으로 선지자 노릇하며 주의 이름으로 귀신을 쫓아 내며 주의 이름으로 많은 권능을 행하지 아니하였나이까 하리니 ²³그 때에 내가 그들에게 밝히 말하되 내가 너희를 도무지 알지 못하니 불법을 행하는 자들아 내게서 떠나가라 하리라 마 7:13-23

다른 나라도 마찬가지겠지만, 한국 사람들은 유난히 '큰 것'을 좋아한다. 문(門)도 큰 것 즉 대문(大門)을 좋아한다. 동대문, 남대문, 서대문처럼 '큰 대(大)' 자를 붙여 놓고, 거기에 각양 문양을 새겨 화려하게 꾸민다. 다리도 대교(大橋)를 좋아한다. 한강대교, 반포대교, 성수대교, 잠실대교…. 하지만 '큰 문', '큰 길'이라고 해서 들

어가 봤는데 그 안은 별 볼 일 없을 수도 있다. 세상에서 미혹하거나 사기 치는 사람들은 '무엇인가 대단한 것', '큰 것'이라고 광고한다. 겉보기에는 대단해 보이는데도 그 안은 실속 없는 경우가 비일비재하다. 세상에 사는 사람들도 이런 불편한 진실을 알기 때문에 좁은 문에 들어가려고 애를 쓰기도 한다. 모든 사람이 가는 길보다는 소수의 사람에게만 허락된 그 문으로 들어가야 나중에 어느 위치에 올라가고 무엇인가를 할 수 있는 사람이 될 수 있다는 것을 안다. 입시의 문이 좁을수록 더욱 치열하게 공부하고 준비해서 들어가며, 좁은 취업의 문을 들어가면 큰 보수와 보상을 받게 된다. 좁은 문을 통과하기는 힘들지만, 통과하고 나면 탄탄대로가 열린다. 일부 안목 있는 사람은 넓은 길을 놔두고 일부러 좁은 길로 간다.

예수님도 문을 두 개로 대별하신다. 하나는 넓고 쉽고 인기 있는 문(wide, easy, popular)이다. 하나는 좁고 힘들고 소외된 문(narrow, hard, nonpopular)이다. 그런데 사실은 보이는 문보다 문 뒤에 무엇이 있느냐가 더욱 중요하다. '어디로 들어가는 문이냐'가 관건이다. 어떤 문은 '멸망으로 인도하는 문'이고, 어떤 문은 '생명으로 인도하는 문'이다. 안타깝게도 생명으로 인도하는 문은 좁지만, 멸망으로 인도하는 문은 넓다. 그래서 수많은 사람이 넓은 문으로 들어가다가 멸망으로 끝난다. 아무리 문이 넓으면 무엇하겠는가! 결국 파멸로 끝이 난다면 잘못 가는 것이다.

문은 그 너머의 세상을 차단하는 속성이 있다. 문 때문에 그 너머의 세상을 짐작하기 힘들다. 사람들은 잘 모르기 때문에 우선 보이는 대로 넓은 문을 선택한다. 그래서 넓은 문은 찾는 사람들이 많다. 그러나 사람들에게 인기가 있다고 좋은 것은 아니다. 지혜의 근원 되시고 전지하신 예수님께서는 그 문 너머에 무엇이 있는지 아시기에 우리를 자신 있게 초대하신다. "좁은 문으로 들어가라." 달리 말하자면 '보이는 대로 선택하지 말고, 다수결의 원리에 따라 선택하지 말고, 쉬운 쪽을 선택하지 말고, 좁은 문으로 가라! 그 문으로 들어가면 결국 생명을 얻게 될 것이다!'라는 뜻이다. 그뿐만 아니라 그 문이 좁을지라도 내가 들어가고자 한다면 얼마든지 열어 주시겠다는 약속이 들어 있기도 하다. 좁은 문은 홀로 들어가는 것이지 여러 사람이 함께 들어가는 것이 아니다. 아무도 나를 대신할 수 없고 함께 갈 수도 없다. 신앙생활은 '함께' 그리고 '홀로' 가는 일이다. 그리고 그 문은 비록 눈에 보이지 않지만, 세상과 나를 분리시킨다. 이제부터 세상 사람들과 다르게 살기 위해서는 그 문, 즉 좁은 문으로 들어가야 한다.

문제는 좁은 문으로 통과한다고 끝이 아니라는 것이다. 예수님은 한발 더 나아가신다. 좁은 문을 통과한 뒤에는 평탄대로가 아니라, 좁은 길이 펼쳐질 것이라고 말씀하신다. 좁은 문은 좁은 길로 이어진다. 시쳇말로 "고생 끝 행복 시작"이 아니라, 좁은 문을 지나 목표점까지 십자가를 지고 가는 길이 펼쳐진다는 의미다. 이것이 신앙생활의 본질이다. 신앙생활은 입문하는 것만 힘든 것이 아니고, 과정 자체도 힘들다. 그런데도 예수님은 좁은 문으로 오라고 부르고 계신다. "좁은 문으로 들어가라 멸망으로 인도하는 문은 크고 그 길이 넓어 그리로 들어가는 자가 많고 생명으로 인도하는 문은 좁고 길이 협착하여 찾는 자가 적음이라"(마 7:13-14). 넓은 문을 통과했는데 좁은 길이 나타난다면 이는 유혹당해 속은 것이며, 좁은 문을 통과했는데 넓은 길이 나타난다면 세상이 소망하는 행복의 길을 걷는 것이다. 그런데 좁은 문으로 통과한 뒤 여전히 좁은 길로 가야 한다면 이는 참된 제자도를 보여 준다. 지금까지 가르친 산상수훈은 '좁은 문, 좁은 길로 가라'는 말로 깔끔하게 요약될 수 있다.

병행 본문인 누가복음 13장 24절에는 독특한 단어가 추가되어 있다. "좁은 문으로 들어가기를 힘쓰라 내가 너희에게 이르노니 들어가기를 구하여도 못하는 자가 많으리라." '힘쓰라'라는 동사가 이목을 사로잡는다. '힘쓰다'는 헬라어로 '아고니제스테'인데, 이는 체육관에서 상대방을 무너뜨리기 위해 붙들고 애를 쓰는 씨름에 사용된다. 레슬링 경기에서 우승하기 위해서 땀을 흘리며 사력을 다해 상대를 몰아붙이고 넘기고 조르고 하는 장면을 연상시키는 단어다. 좁은 문은 자동적으로 떠 밀려들어 가는 것이 아니다. 좁은 문으로 들어가기를 위해, 목숨을 걸고 젖 먹던 힘을 쏟아내며 사력을 다해야 한다.

좁은 문으로 들어가려면 조건이 따른다. 넓은 문은 짐 크기에 제한이 없고, 모든 것으로 치장하고도 넉넉히 들어갈 수 있다. 하지만 좁은 문이라면 과감히 버릴 것은 버리고 들어가야 한다. 최대한 몸을 움츠리고 낮추어야 들어갈 수 있다. 세속적인 것들, 거추장스러운 것들, 무거운 것들, 얽매이는 것들을 먼저 내려놓아야 한다. 미워하는 마음, 원망하는 마음, 정욕적인 생각, 교만한 마음도 다 내려놓아야 한다. 즉 옛사람과 그 행실을 버리고 새사람을 입어야 한다. 좁은 길로 가라는 것은 결국 회개함으로 가벼워진 심령으로 들어가라는 의미다. '과거의 사람은 밖에 벗어 두고 들어오세요.' 반면 넓은 길은 그럴 필요가 없는 문이다. 회개가 필요 없는 문이다.

그래서 좁은 문은 찾는 이가 적다. 신앙생활은 다른 사람들과 경쟁하는 것이 아니라, 자신과의 치열한 싸움이다. 무리 중에서 소수만 뽑기 때문에 적은 것이 아니고, 힘이 들기 때문에 그냥 '찾는 이가 적다'. 선택은 자유인데, 선택하는 사람이 적다. 사람들에게는 매력이 없어 보이기 때문이다. 베들레헴 예수님 탄생교회에 가 보면, 그 출입구가 일부러 좁게 만들어졌다. 원래는 큰 문이었는데 고관들이 말 타고 치장하고 들어오기 때문에, 세상에서 아무리 높은 사람이라도 말에서 내려 겸손하게 머리를 숙이고 들어오라고 원래 있던 문을 좁혀 놓았다고 한다. 좁은 문으로 들어가려면 많이 내려놓아야 하고, 배척당해야 하고, 인내해야 하고, 헌신해야 하고, 순종해야 한다. 그래서 무리 가운데 소수만이 제자가 된다. 소문 듣고 예수님을 찾아왔다가도 실망하여 그냥 돌아가는 사람도 많다. 자기 소유를 팔아 가난한 자들에게 주고 너는 나를 따르라는 예수님의 말씀을 듣고 부자 청년이 근심하며 돌아갔을 때,

예수님은 "낙타가 바늘귀로 들어가는 것이 부자가 하나님의 나라에 들어가는 것보다 쉬우니라"(마 19:24)고 말씀하셨다. 예수님은 "나는 양의 문"(요 10:7)이라고 하셨는데, 그 문은 좁은 문이다. 그러나 그 좁은 문은 소망의 문이다. 문이 닫힌 후에 문을 두드리며 "주여 열어 주소서" 하는 사람들이 많을 것이다. 하지만 그때 하나님은 "내가 너희를 도무지 알지 못하니, 불법을 행하는 자들아 내게서 떠나가라" 하실 것이다. 문 안으로 들어가면 일단 세상과 분리된다. 그러나 이것으로 끝이 아니다.

좁은 길로 연결되는 좁은 문

좁은 문을 통과하면 협착(狹窄)한 길이 나온다. 좁은 문으로 들어왔다고 해도 넓은 길, 탄탄대로가 준비되어 있는 것은 아니다. 좁은 문으로 어렵게 들어온 자라도 결단은 여전히 필요하다. 신앙생활은 천국 가는 그 순간까지, 온전한 구원을 받을 때까지 결단의 연속이다. 사도 바울은 "나는 매일 죽노라"고 했는데 우리는 매일 결단해야 한다. '나는 과연 이 좁은 길을 계속해서 걸어갈 것인가? 아니면 좌우로 치우쳐 이탈한 뒤에 넓은 길로 돌아갈 것인가?' 주님은 처음 그대로 길을 가기를 원하신다. 끝까지 인내하면서 믿음의 길을 걷기를 원하신다. 에베소교회처럼 처음 사랑, 처음 행위를 잃어버리지 않기를 원하신다. 예수님은 손에 쟁기를 잡고 뒤를 돌아보는 자를 기뻐하지 않으신다. "의의 도를 안 후에 받은 거룩한 명령을 저버리는 것보다 알지 못하는 것이 도리어 그들에게 나으니라"(벧후 2:21).

그런데 언제부터인가 신앙생활이 편한 길, 영광의 길, 인기 있는 길, 출세의 길이 되었다. 교회마다 사람들이 넘쳐나고, 신학교에 학생들이 몰리고, 목사가 좋은 직업이 되었다. 많은 사람이 찾는 넓은 길이 되었다. 그러면서 타락했다. 예수님은 이 비유를 통해 '문'과 '길'의 비유를 들고 계신데, 문은 입문(入門) 성격이지만, 길은 목적지를 향하여 가는 과정(過程)으로 봐야 한다. 문으로 들어와 문 주변에 머물러 있는 것이 아니다. 매일 주어진 길로 걸어가는 것이다. 우리는 존 번연의 「천로역정」이 보여 주는 바와 같이 하나님 나라를 향한 순례자와 나그네다. 시작하는 결단도 힘들지만, 살아나가는 과정은 더 힘들다.

입문이 거듭남, 즉 중생(重生) 혹은 신생(新生)이라면, 협착한 길로 가는 것은 성화(聖化)와 성결(聖潔)이다. 무엇이든 시작했으면 끝을 봐야 하지 않겠는가. 그리스도인의 삶은 거룩한 삶으로 결실을 맺어야 한다. 예수님을 영접함으로 좁은 문으로 들어왔다면 현재 자신이 좁은 길을 가고 있는지 점검해 보라. 신앙생활은 외로운 길, 수고의 길, 고통의 길, 희생의 길, 헌신의 길, 심지어 죽음의 길이기도 하다. 신앙생활은 스승 되신 예수님의 뒤를 따르는 제자의 길이다. 자기 십자가를 지고 제일 앞에 가시는 예수님을 따르는 길이다. 예수님이 좁은 문으로 들어가 좁은 길을 걸으셨으며, 앞서간 성도들도 그 뒤를 따랐다. 예수님은 "내가 곧 길이요"(요 14:6)라고 선언하셨다. 예수님이야말로 하나님께 이르는 유일한 길인데, 예수님은 십자가를 지고 걸어가셨다. 신앙생활은 좁은 길이다. 사탄은 예수님을 넓은 길로 유혹해 보았다(마 4:1-11). 십자가가 없는 지름길이다. 당시 사람들이 선호하는 길을 가라고 유혹했다. 물질적 풍요의 헬라의 길, 정치적 권력의 로마의 길, 종교적 기적의 히브리인의 길을 가라고 말이다. 하지만 예수님은 그 모두를 거부하시고 십자가의 길을 가셨다. 손수 좁은 길을 가셨다.

초대교회는 4세기 초반까지 로마제국에 의해 극심한 핍박을 받았다. 요한을 제외한 모든 사도는 순교를 당했다. 기독교 선교는 순교의 역사다. 교회는 순교자의 피를 먹고 자라갔다. 특별히 로마 시대에는 기독교 10대 박해 사건도 있었다. 이는 신앙을 갖고 살아가는 것이 얼마나 어려운지, 얼마나 좁은 문을 통과해야 하는지를 극명하게 보여 준다. 박해한 황제와 박해 연도를 살펴보면, 네로(AD 64년), 도미티아누스(90-96년), 트라야누스(98-117년), 하드리아누스(117-138년), 마르쿠스 아우렐리우스(161-181년), 셉티미우스 세베루스(202-211년), 막시미누스(235-251년), 데키우스(249-251년), 발레리아누스(257-260년), 디오클레티아누스(303-311년)로서, 교회 박해는 장기간에 걸쳐 진행되었다. 인생의 연수가 70이요 강건하면 80밖에 되지 않는 인생들이 보기에, 교회에 대한 고난과 박해가 과연 끝이 있을 것인가 하고 의구심이 들 정도였다.

하지만 이 어려운 시기에 기독교인들은 신구약 정경을 완성했다. 로마 카타콤 지하교회, 터키 데린구유, 카파도키아 동굴교회

등 지하에서 평생을 빛을 보지 못하면서도 믿음의 순수성을 지켜냈다. 하지만 그 좁은 문, 좁은 길을 걸어간 소수의 기독교인이 종국에 로마를 정복하기에 이르렀다. 콘스탄틴 대제가 313년 밀라노칙령을 통해 종교의 자유를 보장함으로써 기독교가 종교로서 공인되게 되었고, 380년에는 테오도시우스 황제가 기독교를 로마 국교로 선포했다. 이제 기독교가 국교가 되면서 지하교회는 사라지고 지상으로 올라오게 되었다. 그 후부터 기독교인이 되고 제자가 되는 것이 넓은 문, 넓은 길로 가는 것이 되었다.

한홍 목사의 「종교개혁 히스토리」에 보면 국교가 된 기독교의 타락상을 잘 묘사하고 있다. 왕과 귀족이 크리스천이 되었고, 왕궁같이 화려한 교회들이 세워지고, 감독과 주교가 막강한 권력자가 되고, 정교 유착이 되었다. 왕은 공권력을 동원하여 교회 성직자를 돕고, 수많은 교회당 건축을 지원했다. 교회와 국가는 돈독한 밀월 관계에 접어들었다. 국가의 정치권력이 교회 일에 개입하고, 교회가 국가의 정치에 개입했다. 교회 치리가 느슨해지고, 교인이 되는 것은 사회적으로 아주 멋있는 유행이 되었다. 더 이상 교인들은 희생하거나 헌신하지 않았고, 교회는 정부로부터 부동산과 기부금을 받는 것에 익숙해졌다. 성직자들은 지역사회에 막강한 영향력을 행사하며 국가 고위 공직자에 준하는 예우를 받았다. 많은 성직자들이 말씀과 기도에 집중하기보다 고위층들과 즐기는 일이 점점 많아졌다. 교회는 엄청난 부를 축적하게 되었는데, 중세기에 이르러서는 유럽 부동산의 40%를 교회가 갖고 있었다. 중세시대가톨릭교회는 막강한 권력과 엄청난 부를 소유하고 있었다. 교황과 추기경, 사제들은 영혼을 돌보는 일보다 서로 권력과 돈을 챙기기에 혈안이 되었다. 교회의 돈궤를 채우기 위해 막대한 세금을 걷고, 성직을 매매하고, 정치권력과 야합하였다. 교회의 자리나 특권을 돈으로 사고파는 성직매매가 비일비재하게 일어났다. 절대권력이 부패하는 것과 마찬가지로 종교도 권력과 물질을 가지게 되면 부패한다.

종교개혁의 선구자인 존 위클리프는 "그리스도는 진리이시다. 그러나 교황은 거짓 그 자체다. 그리스도는 가난하게 사셨는데, 교황은 세상의 화려함을 위해 땀 흘린다. 그리스도는 이 땅의 한정된 권세를 거절하셨는데, 교황은 그걸 갖지 못해 안달이다. 그리스도만이 교회의 진정한 머리이시고, 교황청은 독으로 가득 찼다. 교황은 적그리스도의 화신이며, 자신을 하나님 위에 올리려는 죄인이다. 심판이 임할 것이다"라고 말했다. 좁은 길을 외쳤던 존 위클리프의 시체는 불태워져 강에 뿌려졌고, 그를 따르던 체코의 얀 후스는 화형을 당했다.

지금의 상황은 어떤가? 목회자나 신자들이 좁은 길을 걷고 있는가? 지방에 계신 목사님들은 부교역자 구하기가 어렵다고 한다. 모두 다 수도권에서 사역지를 구하기 때문이다. 선교사도 대체로 각 나라 수도 중심으로 모여 있다. 부모가 목사나 장로이면 자녀 목회자가 더 나은 환경에서 목회할 수 있는 길을 찾기에 바쁘다. 그래서 담임목사직 세습 문제도 나오는 것이다. 교회를 매매하고,

성직을 매매한다. 목회자만 그런 것이 아니다. 신자들도 마찬가지다. 이제 교회에서 봉사자를 구할 수가 없다. 헌신하려고 하지 않는다. 모든 형편이 더 나아졌는데도 예배를 위해 시간을 낼 수가 없다. 기도도 하지 않는다. "무릇 내게 오는 자가 자기 부모와 처자와 형제와 자매와 더욱이 자기 목숨까지 미워하지 아니하면 능히 내 제자가 되지 못하고"(눅 14:26)라는 말씀이 부인되고 있다.

거짓 선지자들을 삼가라

앞에서 '좁은 문, 좁은 길로 가라'고 명령하신 예수님은 이제 거짓 선지자를 조심하라고 말씀하신다(마 7:15-20). 신자도 그렇지만 사역자도 넓은 문, 넓은 길로 가고 있는 사람들이 많다. 그런 사람들의 영적 지도를 받으면 유익이 하나도 없고 해로울 뿐이다. 맹인이 맹인을 인도하면 둘 다 구덩이에 빠지지 않겠는가. 지도자의 중요성, 목자의 중요성은 아무리 강조해도 지나침이 없다. 그러므로 사역자를 잘 분별해야 한다. 거짓 선지자를 조심해야 한다. "거짓 선지자들을 삼가라 양의 옷을 입고 너희에게 나아오나 속에는 노략질하는 이리라"(마 7:15).

거짓 선지자는 양의 옷을 입고 있어서 겉보기에는 선량해 보인다. 하지만 그 안은 노략질하는 이리다. 참된 목자는 양으로 생명을 얻게 하고 풍성히 얻게 하지만, 이리들은 양을 해치고 흩어지게 한다. 양은 눈이 나쁘기 때문에 양의 탈을 쓴 이리를 구별하기가 쉽지 않다. 스스로 예수님의 제자라고 하면서 주님을 따르는 자들 사이에도 거짓 선지자가 많이 출현했다. 그리하여 회중을 혼란시키고 미혹했다. 그들은 참된 제자가 아니라 사이비 제자. 특별히 거짓 선지자들은 포장을 잘한다. 자신을 광명한 천사, 의의 일꾼들로 가장하는 것은 일도 아니다. 따라서 언변, 외모, 학위 등 보이는 것에 현혹되어서는 안 된다. 이들은 자기 목적을 위해 다른 사람들을 이용하는 자들로서, 영적 남용을 저지르는 자들이다. 이들을 중직에 세운다면 고양이에게 생선을 맡기는 꼴이 될 것이다. 영적 분별력이 필요하다. 어떻게 분별할까? 가짜를 구별하는 방법은 다음과 같다. "그들의 열매로 그들을 알지니"(마 7:16). 가시나무에서 포도를 딸 수 없고, 엉겅퀴에서 무화과를 딸 수 없다. 그런 일은 있을 수가 없다. 열매로 나무를 판별하는 것은 절대 틀림이 없다. 말하는 입보다 행실의 열매를 보라.

여기서 예수님은 '나무와 열매의 비유'를 드신다. 우리가 나무를 볼 때 그 나무가 어떤 특성과 건강 상태를 지녔는지 모를 때가 있다. 하지만 열매를 맺게 되면 한눈에 파악할 수 있다. 동종의 수목이라도 열매의 차이가 난다. "좋은 나무마다 아름다운 열매를 맺고 못된 나무가 나쁜 열매를 맺나니"(마 7:17). 나무만 보아서는 잘 모르지만, 시간이 흘러 열매를 보면 그 나무를 알 수 있다. 세상을 만드신 창조주 하나님은 모든 피조물의 유지자로서, 생명의 근원이 되신다. 모든 피조물은 끊임없이 그분에게서 오는 선물을 받아야 한다. 사람은 하나님으로부터 오는 영육간에 양식을 받아야 산다. 따라서 예수님께서 전해 주신 진리와 생명의 말씀에 뿌리를 깊이 내리고 살아가는 자는 충분한 수분과 영양분으로 발육도 잘 되고 아름다운 열매를 맺게 된다. 특별히 예수님이 말씀하신 산상수훈의 가르침을 내면화하고 그대로 순종하려고 하는 자는 좋은 기초 위에 서 있는 건강한 나무이기 때문에 좋은 결실을 맺을 수밖에 없다.

반면 겉보기에 아무리 화려해도 이 진리 위에 기반을 두지 않는다면 점차 메마르고 못쓸 열매만을 낸다. 우리는 그 열매와 그 나무를 매칭해서 봐야 한다. 포도를 맺지 못하는 포도나무의 실상은 가시나무다. 무화과를 맺지 못하는 무화과나무의 실상은 엉겅퀴다. 그들은 위장하고 있는 것이다. 가시나무가 포도를 맺는 것은 불가능하며 엉겅퀴가 무화과를 맺는다는 것은 전혀 불가능하다. 이것이 영적 분별력의 열쇠다. "나무도 좋고 열매도 좋다 하든지 나무도 좋지 않고 열매도 좋지 않다 하든지 하라 그 열매로 나무를 아느니라"(마 12:33). 구별의 때가 온다. 열매가 나무의 정체를 드러낸다. 그들의 말만 듣지 말고, 열매를 보라.

선지자의 열매에는 '사역의 열매'도 있지만 더 중요한 것은 '성품의 열매'다. 사역의 열매는 다음 단락(마 7:21-23)에서 보듯이 허위가 개입될 수 있기 때문이다. 좋은 열매로서의 성품과 관련해서 예수님은 이미 팔복에서 말씀하셨다. 심령의 가난, 애통, 온유, 의에 주리고 목마름, 긍휼, 청결, 화평, 의를 위해 박해받음이다. 그뿐 아니라 우리는 성령의 아홉 가지 열매도 잘 알고 있다. 사랑, 희락, 화평, 오래 참음, 자비, 양선, 충성, 온유, 절제다. 내면적 성품의 외적인 증거가 나타나는 것이 열매다. 참된 선지자는 예수님이 전해 주신 진리의 말씀을 품고 살기 때문에 옥토에 뿌려진 씨앗처럼 30배, 60배, 100배의 결실을 맺는다. 풍성하게 드러나게 된다. 만약 이런 열매가 보이지 않거든 그와는 상관하지 말라. 하나님은 이런 거짓 선지자들을 처벌하실 것이다. "아름다운 열매를 맺지 아니하는 나무마다 찍혀 불에 던져지느니라"(마 7:19). 좁은 문으로 입문하여, 좁은 길의 과정을 거친 다음에는, 심판에 도달한다. 마지막 도달하는 곳이 다르다. 아름다운 열매는 천국 곳간에, 가시나무와 엉겅퀴는 지옥 불에 들어가게 될 것이다.

주여 주여 한다고 해서

거짓 선지자는 그의 열매로 알아채야 한다. 하지만 사역적으로 성공하는 거짓 선지자도 있다. 큰 사역, 위대한 사역을 전개하면 우리는 그 사역자가 좋은 선지자라고 평가한다. 하지만 주님은 꼭 그런 것이 아니라고 경고의 말씀을 전하신다. 사역의 성패는 그의 본질과는 무관할 수 있다. "나더러 주여 주여 하는 자마다 다 천국에 들어갈 것이 아니요 다만 하늘에 계신 내 아버지의 뜻대로 행하는 자라야 들어가리라"(마 7:21). "주여 주여"라는 말 때문에 한국교회는 웃지 못할 해프닝이 벌어지곤 한다. 통성으로 기도할 때 "주여"를 한 번만 부르거나 세 번을 부르지, 두 번 하지 않는다. 누군가 "주여"를 두 번 불러서 기도한다고 잘못되는 것은 아니다. 그렇다면 "주여 주여"라고 하는 말의 정확한 의미는 무엇일까? 주님을 호기롭게 부르는 선지자가 상당한 수준의 사역적 결과를 내고 있다는 의미가 아닐까? '주님은 내 편이시고, 나를 최고로 편애하시며, 나만 한 사역자가 없고, 나는 성공한 사역자다'라는 확신과 자신만만함과 의기양양함이 느껴지는 표현이다. "주여 주여." 물론 이는 그의 신앙고백에 해당한다. 하지만 성품의 열매 없는 신앙고백, 삶이 뒷받침되지 않는 신앙고백은 무의미하다. "너희는 나를 불러 주여 주여 하면서도 어찌하여 내가 말하는 것을 행하지 아니하느냐"(눅 6:46). 사역에서는 성공했지만, 내면적 삶에서는 실패한 사역자가 얼마나 많은가. 외화내빈(外華內貧)형의 사람이다. 고백은 하면서 행함과 순종함이 없다면 이는 자기 미혹이요 자기모순에 빠질 뿐이다. 종교적인 말만큼 하기 쉬운 것도 없고, 실천하기 어려운 것도 없다.

사실 그는 놀라운 사역자다. 주의 이름으로 귀신을 쫓아낸다. 주의 이름으로 선지자 노릇을 한다. 주의 이름으로 많은 권능을 행한다. 예수님은 모르신다는데 "주의 이름"을 꽤나 들먹이고 있다. 예수님의 이름을 널리 알려 구원받는 자들이 많아지도록 하기 위해서 하나님은 거짓 선지자를 때로 이용하시는 모양이다. 하기야 하나님은 그분의 원대한 구원 경륜을 이루시기 위해 사탄까지도 이용하실 줄 아신다. 마찬가지로 하나님은 거짓 선지자라도 복음 전파를 위해 이용하신다. 하나님의 신비에 속한 일이다. 그렇다고 해서 그 거짓 선지자가 구원을 받을 수 있다는 말은 아니다. 종말에 예수님은 천국 문 앞에서 그들에게 청천벽력 같은 선언을 하실 것이다. "내가 너희를 도무지 알지 못하니 불법을 행하는 자들아 내게서 떠나가라." 천국에 들어가려면 하늘에 계신 아버지의 뜻대로 살고 사역해야 한다.

여기 두 개의 문과 길, 두 종류의 선지자와 나무가 나온다. 좁은 문, 좁은 길을 걸으며, 좋은 열매를 맺는 참된 제자가 되어야 한다. 직분이나 사역이나 업적이나 성공보다 섬김과 순종이 낫고, 은사보다 열매가 있어야 하고, 지위가 아니라 은혜가 우선이 되어야 한다.

23
무너지지 않는 삶

²⁴그러므로 누구든지 나의 이 말을 듣고 행하는 자는 그 집을 반석 위에 지은 지혜로운 사람 같으리니 ²⁵비가 내리고 창수가 나고 바람이 불어 그 집에 부딪치되 무너지지 아니하나니 이는 주초를 반석 위에 놓은 까닭이요 ²⁶나의 이 말을 듣고 행하지 아니하는 자는 그 집을 모래 위에 지은 어리석은 사람 같으리니 ²⁷비가 내리고 창수가 나고 바람이 불어 그 집에 부딪치매 무너져 그 무너짐이 심하니라 ²⁸예수께서 이 말씀을 마치시매 무리들이 그의 가르치심에 놀라니 ²⁹이는 그 가르치시는 것이 권위 있는 자와 같고 그들의 서기관들과 같지 아니함일러라 마 7:24-29

예수님은 산상수훈의 마지막 부분에서 종말의 심판을 암시하는 세 가지 비유를 연거푸 제시하신다. 좁은 문과 넓은 문, 좋은 나무와 못된 나무, 반석 위에 지은 집과 모래 위에 지은 집이다. 특별히 첫 번째 비유와 세 번째 비유는 의미상 유관하다. 두 개의 문과 길에 이어서, 두 개의 집에 대한 말씀은 연속선상에 서 있다고 할 수 있다. '사람은 문을 통과하여 길을 걸어가다가 집에 들어간다.'

여기서 주의해야 할 것은 동시에 두 문을 통과하지 못하고, 동시에 두 길도 걸어가지 못하며, 동시에 두 집에서 살지 못한다는 점이다. 둘 중에 하나를 선택해야만 한다. 한쪽을 선택하면 다른 쪽은 포기해야 한다. 경제학적으로 말하자면 선택에는 기회비용이 발생한다는 것이다. 하지만 올바른 것을 선택했다면 그 비용은 그리 크지 않다. 넓은 문과 넓은 길, 모래 위에 지은 집은 언젠가는 허무하게 사라질 것이기 때문에 아까워할 이유가 없다. 결국 예수님은 선택의 문제를 다루고 계신다. '과연 너는 무엇을 선택할 것인가? 좋은 것을 선택하라.'

당신은 어느 집에 살기를 원하는가? 당신은 현재 어떤 집을 짓고 있는가? 본문에서 말하는 집은 큰 집과 작은 집, 자가 주택과 전세 주택이 아니다. 그것이 '안전한 집'이냐 '무너지는 집'이냐 하는 것이다. 더 근본적이고 중요한 안전의 문제를 다루고 있다. 안전이 제일이다. 예수님의 산상수훈 마지막 당부는 마치 모세가 느보산에서 유언을 하는 것 같다. "내가 오늘 하늘과 땅을 불러 너희에게 증거를 삼노라 내가 생명과 사망과 복과 저주를 네 앞에 두었은즉 너와 네 자손이 살기 위하여 생명을 택하고"(신 30:19). 모세는 생명과 복을 선택해야 한다고 했다. 예수님도 좁은 문과 좁은 길, 그리고 반석 위에 지은 집을 선택해야 한다고 하신다. 그것이 생명을 얻고 복을 받는 길이다.

본문은 집을 짓는 두 사람에 대한 짧은 비유다. 예수님은 집을 짓는 목수였기 때문에 누구보다 이 비유를 잘 아신다. 모두 경험에서 나오는 이야기다. 요사이 내가 3살짜리 손자에게 거의 매일 읽어 주는 동화가 있다. '아기돼지 삼 형제'(three little pigs)다. 돼지 삼 형제가 각자 집을 짓는데 첫째는 짚더미로, 둘째는 나무로,

막내는 벽돌로 짓는다. 그런데 늑대가 나타나 공격해 온다. 첫째와 둘째의 집은 늑대가 '후~' 하고 입김만 불어도 무너졌다. 모두 셋째의 집에 피신했는데, 셋째의 집은 벽돌로 견고하게 지어졌기 때문에 끄떡하지 않았다. 그래서 삼 형제는 늑대로부터 무사했다는 이야기다. 이 이야기를 들려주고 손자가 잘 알아들었는지 알고 싶어서 "이 이야기는 무엇을 말하려고 하지?"라고 물었더니, "집을 튼튼하게 지어야 해요"라고 말한다. 집은 튼튼하게 안전하게 지어야 한다. 그것을 무시한다면 그 어떤 화려함과 편리함도 의미가 없다.

    새로 짓는 건물의 크기나 규모는 기초공사를 보면 알 수 있다. 땅을 깊게 파고 견고히 할수록 높은 건축물이 들어선다. 보이지 않는다고 소홀히 하고, 쉽게 하겠다고 부실 공사를 하면 평소에는 모르지만 어려움이 닥치면 붕괴된다. 이제 우리나라도 지진 안전지대가 아니다. 특히 토지 개발로 축적된 모래 위나 개간지에 건물을 짓는 경우가 많은데, 이런 경우 토지 액상화 현상이 나타날 수 있다. 흙에 물이 섞여 진흙처럼 되어 지반을 불안정하게 하는 현상이다. 토지 액상화 현상을 막기 위해서는 기초를 깊이 파서 자갈층을 만들거나 콘크리트나 약품을 사용해서 땅속을 딱딱하게 만들어 지반을 강화해야 한다. 우리는 와우아파트, 삼풍백화점, 성수대교 등 큰 건물이 붕괴하는 모습을 종종 봐왔다. 건물 붕괴가 얼마나 위험한가? 행복하게 살기 위해서 지은 건물이 오히려 인간의 생명을 위협한다. 그래서 건물은 튼튼하고 안전하게 지어야 한다. 하지만 이 땅에서 완벽하게 안전한 건물은 없다. 진도 7의 강진에 견디도록 내진설계를 해도, 진도 10의 강진이 오면 어떻게 되겠는가!

본문은 두 종류의 집을 정밀하게 대조하고 있다. 모든 것이 대칭적이다. 두 집에 똑같이 비가 내리고 창수가 나고 바람이 불어 그 집에 부딪힌다. 비, 창수, 바람은 집에 다가오는 세 가지 시험을 나타낸다. 오스왈드 챔버스는 이것을 세상, 육체, 사탄으로 보았다. 한편 비는 위로부터 오는 시련, 창수는 아래로부터 임하는 재난, 바람은 옆에서 몰아닥치는 환난을 의미한다. 이것이 한꺼번에 닥치면 어떻게 되겠는가? 욥처럼 정말 정신을 차릴 수가 없을 것이다. 폭우, 홍수, 태풍은 최후의 심판을 포함한 삶의 온갖 시험들, 시련들, 문제들이다. 그런데 같은 상황에서 딱 한 가지 다른 점이 있다. 한 집은 반석 위에 지은 집이고, 다른 집은 모래 위에 지어진 집이라는 점이다. 그 결과 반석 위에 지은 집은 폭우와 홍수와 광풍에 직면해도 끄떡없었지만, 모래 위에 지은 집은 쉽게 무너져 버리고 말았다. 어떤 기초에 세우느냐가 생명과 죽음, 견딤과 무너짐을 갈랐다.

그런데 왜 어떤 사람은 집을 모래 위에 지을까? 모래 위에 집을 지으면 빨리 지을 수 있고, 비용이 적게 들며, 외관이 화려하고, 칭찬도 많이 받을 수 있기 때문이다. 아마 스스로는 지혜롭다고 생각했을 것이다. 진도 7.0보다 5.0으로 낮춰서 내진 설계를 하고 시공하면 비용과 공사 기간이 절약되어 이윤이 커진다. 그리고 건설자가 상황을 낙관하면 그렇게 지을 수도 있다. '이 정도면 되겠지? 설마 큰 지진이 오겠어?' 또한 그 지역에 발생했던 자연재해를 분석하여 나온 통계자료를 기초로 별문제 없다고 판단했을 수도 있다. 누군들 쉽게 무너지는 집을 짓고 싶겠는가? 하지만 인생사는 그 누구도 예측할 수 없다. 작디작은 코로나19 바이러스가 전 인류의 삶을 송두리째 바꿀 줄 누가 알았겠는가. 이 땅에서는 전대미문의 일들이 얼마든지 벌어진다. 생각하지 못한 재난들이 나타난다. 시간의 문제일 뿐이다. 심지어 단단한 바위 위에 짓는다고 해도 불가항력적인 사태로 깨어지고 무너질 때가 있다. 이 세상에 안 깨지는 바위는 없다. 그런 기초는 없다. 반석은 모래 위에 지은 것보다는 안전하지만 지상의 반석도 영원한 반석은 될 수 없다.

그렇다면 영원한 반석은 무엇인가? 깨어지지 않는 바위는 무엇인가? 주님뿐이다. "여호와 외에 누가 하나님이며 우리 하나님 외에 누가 반석이냐"(삼하 22:32). "너희는 여호와를 영원히 신뢰하라 주 여호와는 영원한 반석이심이로다"(사 26:4). "오직 그만이 나의 반석이시요 나의 구원이시요 나의 요새이시니 내가 크게 흔들리지 아니하리로다"(시 62:2). "다 같은 신령한 음료를 마셨으니 이는 그들을 따르는 신령한 반석으로부터 마셨으매 그 반석은 곧 그리스도시라"(고전 10:4).

오직 산 돌이신 예수 그리스도만이 반석이시다. 하지만 현대인들은 이런 기초와 반석을 무시하려 한다. 포스트모던의 회의주의

자들은 기초가 필요 없다고 말한다. 종교 다원주의자들은 어느 기초도 괜찮다고 한다. 하지만 예수님 외에 다른 기초는 없다. 이 기초석을 붙잡지 않는다면 죄와 사망의 격류에 휩쓸려 떠내려갈 것이다. 주님 같은 반석은 없다. "이 닦아 둔 것 외에 능히 다른 터를 닦아 둘 자가 없으니 이 터는 곧 예수 그리스도라 만일 누구든지 금이나 은이나 보석이나 나무나 풀이나 짚으로 이 터 위에 세우면 각 사람의 공적이 나타날 터인데 그 날이 공적을 밝히리니 이는 불로 나타내고 그 불이 각 사람의 공적이 어떠한 것을 시험할 것임이라"(고전 3:11-13).

예수님의 말씀에 따르면 우리는 자기 집을 짓는 건축가다. 우리는 각자 인생의 집을 짓는 사람들이다. 그리고 자기가 지은 집을 통해 심판과 평가를 받게 된다. 물론 인생의 집을 지어 가는 과정 가운데 여러 사람의 도움을 받는다. 아버지, 어머니, 형제, 배우자, 선생님, 친구, 학교, 교회, 직장 생활 등. 하지만 결국 내 집을 짓는 사람은 나 자신이고, 그 모든 책임은 나에게 있다. 당신이 지은 집은 당신을 지켜 줄 수 있는가? 인생에 어떤 태풍이 불어와도 견뎌낼 수 있는 집인가? 최선을 다하는 것만으로는 부족하다. 가능성만 가지고는 안 된다. 어떤 경우에도 확실해야 한다. 세상에서 성공을 거두고 이름을 날렸다고 되는 것이 아니다. 한 번도 경험하지 못한 재난이 닥쳐올 때 내 인생은 안전한가, 아니면 위험한가? 높이 지을수록 더 크게 무너진다. 따라서 기초부터 잘 지어야 한다.

누가는 어리석은 부자의 이야기를 들려준다. 한 부자가 밭에 소출이 풍성해지자 행복한 고민에 빠졌다. 곡식을 쌓아 둘 곳이 부족하였다. 결국 부자는 곳간을 헐고 더 크게 짓고 모든 곡식과 물건을 쌓아 둠으로써 편안히 먹고 마시고 즐거워하겠다고 생각했다. 세상 관점에서는 선견지명이 있고 총명하고 성공한 부러운 사람이다. 재물을 허랑방탕하게 허비하지도 않고 그 재물을 잘 보관하고 관리하겠다는 호모 에코노미쿠스(경제인)이기도 하다. 자본주의가 지향하고 모범으로 삼을 만한 인간이다.

하지만 하나님의 관점에서는 어리석은 사람이다. 우선 그는 육신의 필요와 영혼의 필요를 혼돈하였기 때문이다. 그는 영혼의 갈망을 알고 있었지만 물질로 영혼의 불안과 허기를 채울 수 있다고 착각했다. "내가 내 영혼에게 이르되 영혼아 여러 해 쓸 물건을 많이 쌓아 두었으니 평안히 쉬고 먹고 마시고 즐거워하자 하리라" (눅 12:19). 영혼이 허한 것은 물질로 채울 수 없고, 오직 하나님으로만 채울 수 있다. 그리고 부자는 자기를 위해서만 재물을 쌓아 두고 하나님을 향해서는 부요하지 못했기 때문에 어리석다. "하나님은 이르시되 어리석은 자여 오늘 밤에 네 영혼을 도로 찾으리니 그러면 네 준비한 것이 누구의 것이 되겠느냐 하셨으니"(눅 12:20). 죽음과 함께 땅에 자신이 지은 집이 무너진다.

사실 우리는 이 세상에 빈손으로 와서 빈손으로 간다. 지상에 아무리 웅장한 건물을 짓는다고 해도 그것은 내 집은 아니다. 진짜 내 집은 천국에 있다. 신앙인은 그 집을 짓고 있는 자들이다. 만약 하나님이 허락하신 생명의 기간 동안 그 집을 허술하게 모래 위에 지었다면 내 인생과 영혼은 겨처럼 날아가고 말 것이다. 심판 앞에 모든 것이 와장창 무너지게 되리라.

누구나 인생의 집을 제대로 짓기를 원하고, 누구나 지혜로운 사람이 되기를 원한다. 그럼 어떻게 해야 반석 위에 집을 짓는 지혜로운 사람이 되는가? '말씀을 듣고 행하는 자'는 지혜로운 사람인 반면, '말씀을 듣고 행하지 않는 자'는 어리석은 사람이다. '말씀을 듣는 것'까지는 같고, '행하는 것'과 '행하지 않는 것'에서 차이가 난다. 말씀을 듣지도 않는 자는 집을 짓는 것을 시작도 못 했다. 반석 위에 집을 짓는다는 것은 말씀을 듣고 행하는 것이다. 듣는 것이 중요한 것이 아니라 행하는 것이 더 중요하다. 들음이 차이를 만들어 내는 것이 아니라 행함이 차이를 만든다. 말씀을 들으면 행하느냐, 행하지 않느냐의 선택만 남는다. 듣는 것에서 끝내지 말고 행동으로 옮기라.

앞 단락에서는 "주여 주여" 말로만 했던 사람들의 문제였다면, 본문에서는 "아멘 아멘" 듣기만 하는 사람들의 문제를 다룬다. 듣기만 하고 행함이 없는 사람에 대해서 주님은 전과 동일하게 "내가 너희를 도무지 알지 못한다"라고 하실 것이다. 외식하는 바리새인과 서기관들은 말은 잘하였지만 그대로 실천하는 행함이 없었다. 그들은 겉으로는 화려한 외관을 하고 있으나 기초가 부실한 건물에 비할 수 있다.

사실은 하나님의 생명 말씀에 관해서는, 듣지 않는 사람, 듣기만 하는 사람, 실행하는 사람으로 분류해야 통계적으로 옳다. 그런데 왜 예수님은 '듣고 행하지 않는 사람'과 '듣고 행하는 사람'으로만 양분했는가? 현재 상황은 예수님께서 산상수훈을 마무리 짓는 단계다. 이제 저 사람들을 보내실 터인데, 무리가 될 것인가 제자가 될 것인가는 스스로 선택해야 한다. 또한 제자들 가운데서도 행함이라는 기준으로 나누어지게 될 것이다. 산상수훈을 들었으니 그 말씀대로 실천할 것인가, 거부할 것인가, 양단간에 결단만이 남아 있다.

행함이 없는 사람은 마치 듣지 않은 사람과 마찬가지다. 아니, 행함이 동반되지 않은 지식은 더욱 위험하다. 듣고 행하지 않는 사람은 거울을 통해 자기 모습의 흠결을 보고서도 씻지 않는 자와 같다. "자유롭게 하는 온전한 율법을 들여다보고 있는 자는 듣고 잊어버리는 자가 아니요 실천하는 자니 이 사람은 그 행하는 일에 복을 받으리라"(약 1:25). 행함이 없는 자는 사기꾼이다. "너희는 말씀을 행하는 자가 되고 듣기만 하여 자신을 속이는 자가 되지 말라"(약 1:22).

한 율법교사가 예수님에게 "선생님 내가 무엇을 하여야 영생을 얻으리이까"라고 질문한 적이 있다. 그는 예수님의 지적인 수준을 가늠해 보고자 시험한 것이다. 이에 대해 예수님은 역질문으로 응수하셨고, 율법교사는 자기의 신학 지식을 자랑하기 위해서 '하나님 사랑'과 '이웃 사랑'을 답으로 제출했다. "네 대답이 옳도다 이를 행하라 그러면 살리라"(눅 10:28). 그는 이미 영생의 길을 알고 있었다. 하지만 행함이 없었다. 행함 없는 신학 지식이 자기에게 무슨 유익이 있을까?

　예수님이 반석이 되실 뿐만 아니라, 예수님이 주신 말씀이 우리의 반석이 된다. 말씀 옆에 집을 지어서는 소용이 없고 오직 말씀 위에 집을 지어야 한다. 말씀 위에 집을 짓는다는 것은 그 말씀을 절대적으로 신뢰하고 그 말씀대로 순종하고 행하는 것이다. 들은 말씀이 아니라 행한 말씀만 우리의 기초가 된다. 말씀을 가져다가 당신 인생의 반석으로 삼으라. 오직 실천한 말씀만 영원히 선다. 행하는 것은 말씀에 순종하는 것이다. 기독교인은 오직 믿음으로(sola fide) 구원을 받지만, 행함 없는 기독교인을 향한 경고도 많다. 하나님의 뜻을 알고 있음에도 불구하고 그 뜻대로 살지 않는 것은 어리석은 일이다. 우리의 행함이 값없이 받은 은혜를 값있게 만든다. 그렇지 않으면 예수님의 십자가를 값싼 은혜로 만든다.

　신행일치(信行一致) 해야 된다. 이것이 평상시에는 잘 구별이 안 된다. 모두 다 교회 잘 다니고, 예배도 드리고, 헌금도 봉헌하고, 성경도 읽고, 설교도 듣는다. 우리는 선한 말씀, 좋은 말씀을 들으면 저절로 선해지는 줄 안다. 하지만 행함이 없다면 믿음의 뿌리조차 약해진다. 우리의 믿음은 가정에서, 일터에서, 사회에서 증명된다. 산상설교는 팔복의 '마카리오이' 즉 '복이 있도다'로 시작했다. 산상설교의 진짜 복 있는 사람은 산상수훈의 말씀을 듣고 실천하는 사람이라는 결론이다. 이들은 옥토에 심겨진 씨앗처럼,

30배, 60배, 100배의 열매가 맺어진다. 100배의 복을 받는다.

예수님이 시험받으신 사건을 생각해 보라. 예수님은 말씀으로 사탄의 모든 시험을 물리치셨다. 이것은 우리에게 보여 주시는 본보기다. 시험이 올 때 오직 말씀 위에 세워진 집만이 흔들리지 않는다. 말씀 '위'가 아니라 말씀 '옆'에 세워진 영적 구조물들은 쓰러진다. 말씀 옆에 세우면 폭풍이 들이닥칠 때 순식간에 사라진다. 마지막까지 남는 것은 말씀이다. "천지는 없어질지언정 내 말은 없어지지 아니하리라"(마 24:35). 말씀이 천지보다 먼저 있었고, 말씀에서 우주 만물이 나왔기 때문이다.

인생의 수없이 많은 시험과 환난은 말씀 위에 서 있어야만 이겨낼 수 있다. 말씀은 폭우, 홍수, 태풍, 지진, 불을 다 모은 것보다도 더 심한 마지막 심판도 견딘다. 행한 말씀만이 우리를 굳건하게 붙들어 준다. 우리는 주님과 그분의 말씀을 반석으로 삼아야 한다. 찬송가 488장의 가사처럼 말이다. "주 나의 반석이시니 그 위에 내가 서리라, 그 위에 내가 서리라." 당신을 보장해 주는 것은 반석, 오직 예수님밖에 없다. 그것은 엄청난 위기가 오더라도 절대 흔들리지 않을 것이다.

그런데도 어떤 이들은 왜 듣고도 행하지 않을까? 불신, 자기기만, 안일이 원인이 될 수 있다. 안일하게 말씀을 들었을 수도 있다. 자기 실력으로 벼락치기를 하면 단번에 보충할 수 있다고 생각했을 수도 있다. 하지만 절대 그렇지 않다. 말씀 위에 자기 인생의 집을 짓는 것은 순식간에 할 수 없다. 내면을 가꾸어 가는 것도 한순간에 되는 것이 아니다. 로마는 하루아침에 이루어지지 않았듯, 우리 내면세계도 마찬가지다. 말씀 위에 인생의 집을 짓는 것도 순간마다 정성을 기울여서 내면화하고 순종하고 실천해야 한다. 내면의 변화를 동반한 순종을 계속해야 한다. 그렇게 할 때 좋은 나무가 아름다운 열매를 맺을 수 있는 것이다. 성품을 그대로 둔 채 행동만 바꿀 수는 없다. 인생의 업적이나 성취, 성공을 향한 외적 세계만이 아니라 성숙, 성품을 향한 내면세계도 잘 가꾸어 나가야 한다. 그렇지 않으면 '싱크홀 신드롬'이 생긴다. 갑자기 훅 하고 꺼진다. 인생의 최고 정점에서 내면적으로 붕괴되어 가는 사람들이 얼마나 많은가.

당신 인생의 궁극적 기초는 무엇인가? 세상, 권세, 물질, 지식, 친구 위에 집을 지어 봐야 다 헛되고 위태롭다. 심판 때에 절대로 당신을 지켜 주지 못한다. 타이틀, 권세, 아름다움, 지식, 재물, 심지어 가족도 언젠가는 파괴되거나 떠나가서 남는 것이 없다. 당신을 지켜 주는 것이 있는가? 안전을 보장해 주는 것이 있는가? 예수님이 반석이시다. 반석과 내가 일체가 되어야 한다. 들은 말씀대로 행하는 청행일치(聽行一致)의 삶을 살면, 즉 내가 말씀 위에 서면 예수님이 붙들어 주신다. 예수님이 나를 세워 주신다.

말씀은 죽음에 생명을, 가난에 풍요를, 절망에 희망을 공급한다. 말씀은 언제나 어느 곳에서나 적절하고 유효하다. 말씀이 인생에 필요하지 않았던 적은 한 시도 없다. 인생의 희로애락에, 죄와 질병과 재앙과 전염병 상황에, 모태에서 천국까지 모든 상황 속에서 말씀은 필요하다. 그 말씀 위에 인생이 서야 한다. 평상시에는 모르지만, 위기의 때에 빛을 발한다. 반석 위의 집은 지옥의 권세가 감히 흔들지 못한다. 예수님은 우리에게 도전하신다. '너는 굳건한 반석인 나에게 너의 인생을 세우겠는가? 아니면 사람들이 말하고 네가 옳다고 생각하는 것에 세우겠는가? 인생에 다가오는 폭풍을 보면서 선택하라.'

권위 있는 자

산상수훈을 마치자 무리들이 그 가르치심에 깜짝 놀랐다. "이는 그 가르치시는 것이 권위 있는 자와 같고 그들의 서기관들과 같지 아니함일러라"(마 7:29). 무리가 느낀 것은 예수님의 권위가 그들의 종교 지도자인 바리새인과 서기관과 확연히 다르다는 것이었다. 예수님에게는 범접할 수 없는 영적 권위가 있으셨다. 예수님의 말씀과 행동은 무리에게 놀라움을 주었고 권위를 느끼게 했다. 무엇이 예수님을 권위 있게 만들었는가? 남다른 학위, 지위, 신분, 소유, 권력, 지식, 정보를 가지고 있었기 때문인가? 아니다. 브루스(A. B. Bruce)는 말하기를, 서기관들은 '권위에 의해'(by authority) 말한 반면, 예수님은 '권위를 가지고'(with authority) 말씀하셨다고 한다. 서기관들은 소유한 것들을 의지하여 말했지만, 예수님은 존재 자체가 말씀이셨다. 예수님은 "진실로 진실로 내가 너희에게 이르노니", "너희는 들었으나, 나는 너희에게 말한다"와 같이 자신의 이름으로, 자신의 권위로 말씀하셨다. 이것은 말씀(로고스) 자체이신 예수님이시기 때문에 가능한 일이다.

　예수님의 권위는 그의 존재에서 나온 것일 뿐만 아니라 그의 삶에서도 나왔다. 형식적인 신앙을 갖고 있던 바리새인과 서기관들에게서는 느끼지 못하던 권위를 예수님에게 느낀 것은 그가 가르치신 대로 사셨기 때문이다. 여러모로 '말씀이 육신이 된 것'이다. 메신저가 바로 메시지다(Messenger is Message). 우리의 권위는 말씀대로 사는 삶에서 나온다. 말씀의 육화(embodiment)가 우리의 삶에 이루어질 때 살아있는 말씀의 역사가 나타난다. 말씀은 우리의 몸을 입고 싶어 하신다. 자신을 말씀에 내어 드려라.

　현대는 권위 상실의 시대이지만 진정한 권위는 필요하다. 타이틀이나 지위나 지식이 주는 외부적인 권위는 모두 사라졌다. 진정한 권위는 자신이 주장하는 것이 아니라 사람들이 부여하는 것이고 인정해 주는 것이다. 강요하는 강성 권위(hard authority)가 아니라 마음을 움직이는 연성 권위(soft authority)다. 권위는 바로 본이 되는 삶에서 나온다.

　애석하게도 한국교회는 영적 권위를 상실했다. 교회가 대사회적 신뢰도를 잃어버렸기 때문이다. 신뢰를 잃으면 리더십과 영향력이 사라진다. 이제 한국교회와 신자들은 떨어진 사회신뢰도를 회복해야 한다. 그 방법은 예수님의 말씀을 살아내는 길밖에 없다. 우리의 권위는 말씀대로 사는 삶에서 나온다. 말씀이 우리 삶에 담길 때 잃었던 권위를 회복하게 된다. 우리가 전하는 말씀에 하나님의 권위, 신적 권위를 가지게 된다. 목사든 교인이든 말씀을 행동으로 옮길 때 능력이 나온다. 말씀대로 살 때 세상을 이끌 수 있다. 모두 다 예수님처럼 세상에 대해 권위 있는 삶을 사시기를 기원한다.

산상수훈, 삶으로 읽다

ⓒ 한기채, 2021

1판 1쇄 인쇄 2021년 5월 6일
1판 1쇄 발행 2021년 5월 10일

지은이 한기채
발행인 조애신
책임편집 이소연
디자인 임은미
마케팅 전필영, 고태석
경영지원 전두표

발행처 도서출판 토기장이
주소 서울시 마포구 망원로 26 토기장이 B/D 3F
출판등록 1998년 5월 29일 제1998-000070호
전화 (02) 3143-0400
팩스 (02) 3143-0646
이메일 tletter@hanmail.net
페이스북 www.facebook.com/togijangibook
인스타그램 @book.library.togi

ISBN 978-89-7782-452-2

- 이 책은 저작권 법에 따라 보호를 받는 저작물이므로 무단 전재와 무단 복제를 금합니다.
- 이 책의 전부 또는 일부를 이용하려면 반드시 저자와 도서출판 토기장이의 동의를 받아야 합니다.

도서출판 **토기장이**는 생명 있는 책만 만듭니다.
"우리는 진흙이요 주는 토기장이시니 우리는 다 주의 손으로 지으신 것이니이다" (이사야 64:8)